项目资助

本书为山东省社会科学规划研究项目"新时代全面依法治国视域下大学生法治思维培育研究"（20CKSJ12）的科研成果。

当代大学生法治思维培育研究

李红玲 / 著

中国社会科学出版社

图书在版编目（CIP）数据

当代大学生法治思维培育研究 / 李红玲著. —北京：中国社会科学出版社，2020.10
　ISBN 978 – 7 – 5203 – 7437 – 8

　Ⅰ. ①当… Ⅱ. ①李… Ⅲ. ①大学生—社会主义法治—法制教育—研究—中国　Ⅳ. ①D920.4②G641.5

中国版本图书馆 CIP 数据核字（2020）第 210077 号

出 版 人	赵剑英
责任编辑	赵　丽
责任校对	王秀珍
责任印制	王　超

出　　版	中国社会科学出版社
社　　址	北京鼓楼西大街甲 158 号
邮　　编	100720
网　　址	http://www.csspw.cn
发 行 部	010 – 84083685
门 市 部	010 – 84029450
经　　销	新华书店及其他书店
印刷装订	三河弘翰印务有限公司
版　　次	2020 年 10 月第 1 版
印　　次	2020 年 10 月第 1 次印刷
开　　本	710×1000　1/16
印　　张	13.75
字　　数	212 千字
定　　价	79.00 元

凡购买中国社会科学出版社图书，如有质量问题请与本社营销中心联系调换
电话：010 – 84083683
版权所有　侵权必究

目 录

第一章　绪论 …………………………………………………… (1)
　　第一节　研究背景与意义 ……………………………………… (1)
　　第二节　国内外研究现状 ……………………………………… (8)
　　第三节　研究思路和研究方法 ………………………………… (16)
　　第四节　研究创新点 …………………………………………… (19)

第二章　当代大学生法治思维培育的理论概述 ……………… (21)
　　第一节　法治思维培育的内涵 ………………………………… (21)
　　第二节　大学生法治思维的构成要素 ………………………… (34)
　　第三节　大学生法治思维培育的理论基础 …………………… (46)

第三章　当代大学生法治思维培育的文化基因与发展历程 … (54)
　　第一节　大学生法治思维培育的文化基因 …………………… (54)
　　第二节　大学生法治思维培育的发展历程 …………………… (66)

第四章　当代大学生法治思维培育现状分析 ………………… (74)
　　第一节　大学生法治思维培育取得的成效 …………………… (74)
　　第二节　大学生法治思维培育存在的主要问题 ……………… (94)
　　第三节　大学生法治思维培育存在问题的成因分析 ………… (111)

第五章　国外大学生法治思维培育的经验与启示 …………… (120)
　　第一节　国外大学生法治思维培育的经验 …………………… (121)
　　第二节　国外大学生法治思维培育的启示 …………………… (128)

第六章　当代大学生法治思维培育的目标与原则 …………（138）
　　第一节　明确大学生法治思维培育的目标　…………………（138）
　　第二节　彰显大学生法治思维培育的原则　…………………（147）

第七章　当代大学生法治思维培育的体系与路径 …………（161）
　　第一节　完善大学生法治思维协同培育体系　………………（161）
　　第二节　拓展大学生法治思维培育路径　……………………（172）

第八章　结论 ……………………………………………………（193）

参考文献 …………………………………………………………（197）

附　录 ……………………………………………………………（214）

第一章

绪　　论

　　法治思维是法治在人类意识形态领域中的显现，用以指导人们的法治行为和法治方式，是人类在长期的法治实践中逐渐形成的最科学和先进的国家治理方式。中国的法治思维是在马克思主义指导下、以优秀的法治传统为基础、批判地借鉴和吸收西方法治的相关理论、进行创造性发展的理论成果，是实施依法治国，建设社会主义法治国家的根本思维方式。

第一节　研究背景与意义

　　1997年，党的十五大正式提出依法治国的方针，标志着中国社会主义法治建设正式启程。2012年，党的十八大将"法治"纳入社会主义核心价值观，提出了"科学立法、严格执法、公正司法、全民守法"的"新十六字方针"，用以指导中国的法治建设，同时把法治思维和法治方式列为治国理政的重要举措。党的十八届四中全会又进一步提出"把法治教育纳入国民教育体系，从青少年抓起，在中小学设立法治知识课程"。[①] 法治教育的重要性被推向一个新的高度，而法治教育的重心则转向法治思维的培育。法治国家的建设不仅要求领导干部要具备法治思维，更需要千千万万个社会公民都具有法治思维，否

[①] 习近平：《中共中央关于全面推进依法治国若干重大问题的决定》，《人民日报》2014年10月29日第1版。

则法治国家的建设目标就形同虚设。大学生将是国家建设的主力军，对他们进行法治思维培育是实现国家法治化建设的时代要求。2016年在全国高校思想政治工作会议上习近平总书记强调，"使各类课程与思想政治理论课同向同行，形成协同效应。"[①] 大学生法治思维培育的内容是思想政治理论课的重要组成部分，其重要性也被提高到一个前所未有的高度。教育部印发的法治宣传教育七五规划，进一步明确要求："青少年法治教育的实施与支持体系不断完善，实效性和针对性进一步提升。"[②] 要提高大学生法治教育的实效性和针对性，就必须改变传统的以具体法律知识传授为主的教育方法，探索以培育法治思维为主，以相关法律知识获取为辅，以多学科知识为背景的培育方式，着重提升大学生的法治思维能力，这是全面贯彻依法治国理念的重要体现，也是高校思想政治教育的重要任务。

一 研究背景

中华人民共和国成立以后，经过一系列的改造和调整，中国进入了社会主义社会。"这一事件不仅彻底创建了中国历史上全新的政治与法律，也使得与政治和法律相关的法律观及其指导下的法制教育出现了全新的面貌和性质。"[③] 中华人民共和国的建立开启了一个全面破旧立新的时代，社会主义法治建设的征程，也在马克思主义指导下逐步开启。在中华人民共和国成立初期，国家即确立了社会主义民主与法治建设的目标。在1956年，刘少奇同志在党的八大报告中指出："我们目前在国家工作中的迫切任务之一，是着手系统地制定比较完备的法律，健全我们国家的法制。"[④] 这份政治报告表明，在中华人民共和国成立初期，国家已经认识到法治建设的重要性，法治建设也有

---

① 习近平：《把思想政治工作贯穿教育教学全过程，开创我国高等教育事业发展新局面》，《人民日报》2016年12月9日第1版。

② 教育部：《教育部关于印发〈全国教育系统开展法治宣传教育的第七个五年规划（2016—2020年）〉的通知》，2016年7月22日，中华人民共和国教育部网（http://www.moe.gov.cn/srcsite/A02/s7049/201608/t20160805_274100.html）。

③ 陈甦：《当代中国法学研究》，中国社会科学出版社2009年版，第8页。

④ 刘少奇：《在中国共产党第八次全国代表大会上的政治报告》，《人民日报》1956年9月16日第8版。

了初步的发展,遗憾的是党在八大确立的法治建设主张并没有得到持续贯彻。一方面是中国的法治建设没有经验可循,于是出现了不顾国情照搬照抄苏联模式的情况,导致中华人民共和国成立初期的社会主义法治建设严重"水土不服",在起步阶段即举步维艰;另一方面是以"阶级斗争为纲"的"左"的错误思想的指导,阶级斗争扩大化导致了对人的权利的抹杀,违背了法治的基本原则,最终导致了十年"文化大革命"的浩劫。社会主义法治建设处在萌芽期即被摧残殆尽。

1978年,党的十一届三中全会召开,彻底结束了党的"左"的错误思想的指导,重新确立了马克思列宁主义和毛泽东思想在党的领导地位,并再次明确了"解放思想,实事求是"的思想路线,把中国的社会主义建设事业引向健康发展的道路。这是党的发展道路上的伟大转折,开启了对中国特色社会主义的新探索,意义重大。党的十一届三中全会开创了中国社会主义建设的新局面,社会主义法治建设的政治方针和理论实践日益清晰,并逐步提上了党和国家的工作日程。"我们国家缺少执法和守法的传统,从党的十一届三中全会以后就开始抓法制,没有法制不行。法制观念与人们的文化素质有关。现在这么多青年人犯罪,无法无天,没有顾忌,一个原因是文化素质太低。所以,加强法制重要的是要进行教育,根本问题是教育人。"[①] 社会主义法治建设和法治教育势在必行,这既是国家建设的需要,也是时代发展的需要。党的十一届三中全会开中国特色社会主义建设之先河,也是中国探索改革开放和社会主义市场经济建设的开始。改革开放和社会主义市场经济的发展犹如双轨,推动中国经济的发展进入快车道,不但在短短的几十年里摆脱了贫困落后的局面,还逐步跻身于世界强国之列。与世界的同向发展,不仅需要自身的强大,还需要在一定的"规则"下进行,而这个"规则"即"法治"。因此,社会主义法治国家的建设和法治教育的发展也是大势所趋。

法治思维伴随依法治国战略方针的发展由提出到确立,是一个逐步发展、成熟和完善的过程。1997年"依法治国"的方针正式提出,这是时隔四十年后,对社会主义民主与法治建设的再次理性审视。在

---

① 《邓小平文选》第3卷,人民出版社1993年版,第163页。

党的九届二次人民代表大会上,"依法治国"列入宪法,这是社会主义法治国家建设进入新的发展阶段的标志。"'依法治国'方略的提出,是中国共产党领导方式、执政方式、治国方略的重大进步,标志着新中国的社会主义民主法制建设进入了一个新的历史时期。"① 经过十五年的法治建设,2012年召开的党的十八大指出:"中国特色社会主义法律体系形成,社会主义法治国家建设成绩显著。"② 这是继党的十一届三中全会之后对国家民主法治建设的高度总结,并在此基础上进一步提出要"全面推进依法治国",这是在社会主义法治建设取得显著成果基础上提出的更高奋斗目标,同时提出要"深入开展法制宣传教育,提高领导干部运用法治思维和法治方式深化改革、推动发展、化解矛盾、维护稳定的能力"。③ 这表明,法治思维和法治方式成为治国理政的重要举措。2013年,党的十八届三中全会提出"坚持依法治理,加强法治保障,运用法治思维和法治方式化解社会矛盾"。④ 进一步强调了法治思维和法治方式的重要性。

2014年,具有开创性意义的党的十八届四中全会召开,会议颁布了《中共中央关于全面推进依法治国若干重大问题的决定》,法治建设成为国家发展的战略目标,被提到空前的高度,意义非凡。"依法治国"不是空谈,而是掷地有声的治国方式。建设法治国家需要彰显法律的权威,而这种权威来源于对法治发自内心的拥护和信仰。因此加强人民的法治观念和法治意识被提到重要的工作日程,法治教育的作用日益凸显,"坚持把全民普法和守法作为依法治国的长期基础性工作,深入开展法治宣传教育,引导全民自觉守法、遇事找法、解决问题靠法"。⑤

---

① 宋婷:《建国以来高校法制教育研究》,博士学位论文,南开大学,2013年,第90页。

② 胡锦涛:《坚定不移沿着中国特色社会主义道路前进,为全面建成小康社会而奋斗》,《人民日报》2012年11月18日第1版。

③ 胡锦涛:《坚定不移沿着中国特色社会主义道路前进,为全面建成小康社会而奋斗》,《人民日报》2012年11月18日第1版。

④ 习近平:《中共中央关于全面深化改革若干重大问题的决定》,《人民日报》2013年11月16日第1版。

⑤ 习近平:《中共中央关于全面推进依法治国若干重大问题的决定》,《人民日报》2014年10月29日第1版。

党的十八大后，国家的纲领性文件都把法治建设的目标定位在法治观念和法治意识的确立上，法治观念和法治意识不会自发产生，只能通过系统的法治教育才能具备，因此必须做好以法治思维培育为核心的法治教育。恰如邓小平同志曾经强调的，法治教育的根本问题是教育人，因此，不管是领导干部还是普通公民，要具备法治观念和法治意识就必须接受以法治思维培育为核心的法治教育。

大学生接受高等教育，是为了掌握专业知识，提高综合素质，为国家的现代化建设服务；对大学生进行法治思维培育，提高法治素质，是为推进法治国家建设服务。高校不仅肩负着培养高等专业技术人才的责任，也承担着培养高素质社会公民的责任。现代化的法治社会建设，需要公民具备较高的法治素养，法治思维培育的效果决定着大学生是否能够"尊法、学法、守法、用法"，是否能够具备法治观念和法治意识，是否能够成为社会主义法治国家的建设者和推进者。因此，对大学生进行法治思维培育是刻不容缓的社会需求和时代责任。

二 研究意义

大学生是社会主义法治国家建设的储备军，其法治思维状况关系到依法治国方略的实施。对大学生进行法治教育是思想政治教育学的重要内容，同时以法学的知识为教育重点，具有多学科融合的特性。随着法治国家建设的不断推进，法治思维培育在大学生思想政治教育中的重要性日益凸显。如何在现有的思想政治教育体系内更有效地推进大学生法治思维培育是一个重要的时代课题。以当代大学生的法治教育状况为出发点，深入细致地研究有利于大学生法治教育的方法，将契合法治国家建设的目标进程作为研究的着力点，能够促进高等法治教育的发展，使法治思维培育体系更加科学有效。大学生法治思维培育对于法治教育研究的深化、法治教育有效性和针对性的提高、高等法治教育有效性模式的探索以及创新思想政治教育的内容与方法具有重要意义。

1. 有利于拓展思想政治教育的学科范畴，深化法治教育的研究深度。

目前中国高等教育中面向全体大学生的法治教育涵盖在思想政治

教育之中，是公共必修课，不具有独立性，是思想政治教育的重要组成部分。通识性的高等法治教育，经历了从独立到与思想道德教育课融合的发展过程，是时代选择的结果。纵观法治教育内容的发展也有一个历史演变的历程，经历了"法制教育—法治教育—法治思维培育"的发展过程，而法治思维培育将是今后一段时期内高校法治教育的重点。当代大学生的法治教育不但融合了法学和思想政治教育学的学科知识，还涉及哲学、社会学、政治学等学科内容，是多学科的融合。对大学生法治思维培育的研究，将进一步深化学科理论研究，有效拓展学科研究范畴。为了提高大学生法治思维培育的针对性和有效性，必须优化教育途径和教育环境。教育实质上是一种知识传播，法治教育即法治知识传播，良好的法治传播环境为法治知识传播创造条件、营造氛围，因此，传播学的内容也与法治思维培育研究关系密切。对法治思维培育的研究整合了各学科的资源，极具交叉性、融合性，有利于打破学科研究壁垒，以开放的视野推动多学科融合，对于拓展思想政治教育的学科范畴有重要意义。

  法治思维培育研究是法治教育研究的发展趋势，是依法治国理论不断发展的产物，具有较高的理论意义和现实价值。"一般说，'法治思维'是一种思维方式，它是将法治理念、法律知识、法律规定运用于对象中的认识过程。"[1] 法治思维是一种意识形态，是以法治为核心的主体意识，它限制、约束权力的恣意妄为，用规则和程序引导和规范人们的行为。随着法治国家建设的发展，法治思维将逐步取代"人治"思维，成为社会主导的思维方式。法治是一种治理方式，法治思维是法治的灵魂，对法治方式起到引领和导向的作用。对法治思维的研究，是法治研究的高阶研究，是对法治研究的不断深化，为建设社会主义法治国家提供理论支持。

  2. 创新大学生思想政治教育内容，提高法治教育的有效性和针对性。

  1986年，中国高校开始设置《法律基础》课程，以传授基本法

---

[1] 李瑜青：《"法治思维"的核心内涵——兼论中国古代何以存在"法治思维"的雏形》，《社会科学辑刊》2016年第1期。

律知识为主，目的是通过系统教育使大学生掌握宪法的基本知识和基础性法律法规。中国的高等法治教育经过几十年的探索，取得了显著成效，但相对于法治国家建设来说，还远远不够。传统的以法律条文灌输为主的教育模式已经不适应飞速发展的法治建设需求。经济全球化、政治多极化、文化多元化带来的冲击，使当代大学生的世界观、人生观和价值观都出现了多样化的变化，传统的德育和法育如果不能与时俱进，反而会成为高等教育发展的桎梏。深化德育、法育改革，创新大学生思想政治教育的内容和方法，具有重大的现实意义和强烈的时代紧迫性。依法治国理念的推进，复杂的国际国内形势，大学生所肩负的历史使命和成长中不断出现的新情况、新问题，都迫切要求强化大学生的法治思维培育。

不仅如此，近年来高校频发的大学生权益受损、校园贷、电信诈骗、校园暴力等问题，也迫切需要改革和创新法治教育的内容和方法。对于如何切实维护大学生的权益、大学生在权益受到损害后如何寻求司法救济、在遭遇困境时如何通过合法途径得以解决，也需要深入地剖析和研究。这些问题的存在，一方面是由于大学生法治思维的欠缺，另一方面是由于法治教育不到位，再就是因为国家法治不健全，所以提高大学生的法治思维培育状况迫在眉睫，应突破现有的平面式教育方式，寻求多学科的理论支持，明确高校各个主体的权利和义务、职能与责任，使大学生养成"自觉守法、遇事找法、解决问题靠法"的法治思维，提升高等法治教育的成效。

3. 提高大学生法治素质，加强法治国家建设。

法治思维是以法治为主的思维方法或模式，其行为指向是法治方式。从目前中国公务员的选拔制度来看，大学生是未来领导干部的主要来源，是法治国家的建设者、组织者和领导者，党的十八届四中全会指出："提高党员干部法治思维和依法办事能力。"[①] 法治思维培育与思想政治教育相结合，有助于提高大学生的法治素质和综合能力，是培养素质过硬、全面发展的现代化建设合格人才，实现依法治国的

---

① 习近平：《中共中央关于全面推进依法治国若干重大问题的决定》，《人民日报》2014年10月29日第1版。

需要。"要经常在学生中开展纪律法制教育,增强他们的纪律法制观念,使他们懂得遵纪守法的道理。"① 对大学生的法治教育就是使他们具备法治思维,"法治思维应当是具备法律的知识、实现法治的情感和践行法治的意志三者的有机结合,"② 成为具备法治素质、掌握专业技能的高等专业人才,才能为推动依法治国的进程作出应有的贡献。

大学生法治思维培育是适应时代的需求,使法治教育逐步实现科学化、制度化和规范化,这既是当前高校法治教育的主要任务,也是今后中国高等教育的努力方向。"法学教育是国家民主与法制建设的基础性、先导性工作,法学教育的发展、法律人才的培养关系到国家政权的稳定和社会的进步,关系到我国社会主义现代化建设的历史进程。"③ 高等法治教育旨在提高大学生的综合素质和法治素养,使其能担负起实现中华民族伟大复兴的历史使命和时代重任,是关系社会主义法治国家建设成败的一项战略性工程。"一国法律教育的得失,有关于国家法治的前途。"④ 由此可见,法治教育承担着国家兴衰的历史重担,大学生的法治思维状况,关乎国家的命运前途。

第二节 国内外研究现状

在中国,法治思维不仅具有法学内涵,更注重其政治学内涵。法治思维作为一种治国理政的思维方式在党的十八大中被正式提出,引起高度关注。认真细致地梳理法治思维在国内外学术研究领域所取得的成果和存在的问题,是进行科学研究的基础和前提,不仅对法治思维理论的发展大有裨益,也将推动中国社会主义法治建设实践的发展。

---

① 江泽民:《关于教育问题的谈话》,《人民日报》2000年3月1日第1版。
② 宁立成、邓超:《法治思维与法治中国建设》,《广东行政学院学报》2016年第6期。
③ 董节英:《1949—1957年的中国法学教育》,博士学位论文,中共中央党校,2006年,第2页。
④ 孙晓楼:《法律教育》,中国政法大学出版社1997年版,第6页。

一　国内研究现状

1985年11月5日,《关于向全体公民基本普及法律常识的五年规划》颁布,这是中国实施普法教育五年规划的伊始。1986年中国高校开始设置《法律基础》课,大学生法律教育被正式纳入高等教育大纲。随着普法教育五年规划的推进,大学生的法治教育也不断发展,从最初的法律基础知识普及到法制教育常态化,再发展到法治教育,党的十八大后法治思维培育又成为大学生法治教育的新热点。大学生法治教育的演进伴随国家法治进程的发展而发展,三十余年的普法教育使大学生的法治思维水平有了一定的提升。与此同步,关于高等法治教育和法治思维的研究,也在不断拓展和深化。以2012年党的十八大的召开为分水岭,党的十八大之前对法治思维的研究极少,党的十八大后成为学术界的研究热点,相关的学术论文每年以几何倍数增长。

目前,对于法治思维的研究可分为两个领域,一是对法治思维内涵的研究,二是对法治思维的应用研究。法治思维的应用研究又可分为两个分支,一是研究领导干部的法治思维,二是研究普通公民的法治思维,大学生法治思维培育即包含在后者中。总体来看,这类研究都还处于起步阶段,研究过程中存在较多分歧和争议。对大学生的法治思维培育研究存在问题更多,还缺乏系统梳理和深入思考,问题主要集中在:研究方法较为单一,研究内容相对肤浅,研究视角不够开阔,还存在较大的拓展和上升空间。

关于法治思维研究的专著。自党的十八大以后,学术界对法治思维的研究日益重视,研究论文层出不穷,但相关的学术编著不多,专著更少。陈保重主编的《法治思维》,主要针对提高领导干部的法治思维,从提高执政能力,深化改革与发展,解决实际问题的角度出发,分别从理论层面和实践层面对法治思维的基本内涵和功能进行了探讨,并就如何在实践中提升领导干部的法治思维提出了建议和对策。同类书籍还有刘锐的《领导干部的法治思维十讲》、杨伟东的《领导干部的法治思维和法治方式案例读本》、孙笑侠的《法治思维》和刘平的《法治与法治思维》等,严格来讲这类书籍应归为教材读本，而非研究专著。作者或主编大多有长期的政府工作经历，以实际工作经验为基础，经过理论思考与提升，著作以提高干部的法治工作能力和法治工作水平为宗旨。其优点是对提升领导干部的法治思维大有裨益，缺点是学术价值不足。综合目前学术界的研究，主要集中在以下几个方面：

1. 关于法治思维内涵的研究。国家对"法治思维"并没有提出严格的理论界定，学术界对"法治思维"的研究在近四、五年内进入了高峰期，几乎每一位研究"法治思维"的学者都从自己的角度对"法治思维"的内涵进行了阐释。有的学者从法治理念的角度分析法治思维，认为法治思维是受法规、程序约束和引导的思维方式，核心是对权力的限制。代表人物是陈金钊，他长期关注"法律思维"和"法治思维"的研究，在《"法治思维和法治方式"的意蕴》和《对"法治思维和法治方式"的诠释》两篇文章中非常明确地表达了这一观点。有的学者从思维主体视角对"法治思维"进行研究论证，认为法治思维的主体应是执政者和领导干部，持有这种观点的学者较多，以姜明安为代表，他们认为领导干部在问政时要严格遵循法治的程序和规则，并接受法律的制约和监督。学者江必新对"法治思维"研究的视角是法治实践实施，对运用法治思维推进社会主义法治国家的建设提出了六项措施：提高立法质量，严格执法，依法独立公正行使审判权检察权，加强权力制约监督体系，完善司法保障机制和维护宪法法律权威。学者董节英则从"法治思维"的特征方面对其进行了阐释，认为"法治思维"有五个特征：领导干部为主体，法治观念为基础，规则意识为精髓，逻辑性为过程，理性思维为本质。综上所述可以看出，学者们分别从法学、政治学等不同学科和研究视角对"法治思维"的内涵进行了阐释，观点各异，但都以"法治"为基本考量点，体现了对法律至上的尊重。内涵界定的多样化有利于研究领域的拓展，但对研究的专业化和深度来说有一定的阻碍作用。

2. 关于大学生法治思维养成的研究。对大学生法治思维培育的研究是近年来思想政治教育领域的一个新热点，学者们从各个不同的视角对大学生的法治思维培育状况进行了深入细致地研究。

从大学生法治思维培育本体进行研究。蔡晓卫主张：合法性思维是法治思维的首要特征,应遵循法律的公平正义、权利义务、程序正当等规则。培养大学生的法治思维,应着重加强法律基础知识的普及和教育,增强社会主义法治理念;加强校园法治环境建设,营造高校法治学习氛围。此外,还需要政府、社会和家庭等多方面的共同努力。学者陈大文和孔鹏皓以阐释法治思维的内涵为起点,结合大学生自身成长成才的需求,提出以优化法治文化环境、端正权利义务关系、注重程序公正为着力点加强大学生法治思维培育。有的学者将思想政治理论课、社会实践、良好的校园法治文化环境,以及学校、家庭、社会的合力育人作用作为教育着力点。有的学者提出要通过培养大学生的法治价值认同感、优化课堂教学、改善高校法治育人环境、强化家庭法治教育等途径加强大学生法治思维培育。还有学者主张社会各界都应该支持大学生法治思维培育,着重培养大学生的法治意识,将法治宣传、文化建设与教师队伍的建设相结合,营造大学生法治思维培育的良好环境。还有部分学者在认同以上教育途径的前提下,主张运用新媒体等载体,提高大学生法治思维养成的效果。这些研究都结合大学生法治教育现状展开,针对目前教育中存在的问题,提出了有建设性的方案。总体来说,研究主要集中在法治思维的概念阐释和教育路径的探索上,相对来说研究还较为粗陋,在理论的支撑和现实的可行性方面还缺乏细致的梳理和归纳。

从大学生法治思维养成的对策和路径角度进行研究。探究提升法治思维的对策和路径,在目前的大学生法治思维研究中所占比例较多。徐科琼和赵红梅针对大学生法治思维培育中存在的培育过程压缩、培育方式单调、培育环境行政化等问题,主张通过"知法""守法""用法"三步来提升大学生法治素质。积极探索大学生法治思维养成路径,树立"以学生为本,以法为主线"的理念,课堂教学和社会实践两手抓,同时进一步做好培育系统的顶层设计,为大学生法治思维培育和养成奠定坚实的基础。唐献玲、张成飞以某高校90后大学生为研究对象,通过问卷调查发现法治教育中存在的问题,分别从制度管理者、法律课程主讲者、法治活动主体三个视角提出促进培育90后大学生法治思维的对策。郑寰宇、焦翠革以理工科学生的法治思维培育为视角,主张通过增设大学生法治教育公共选修课,实现课堂教学与课外法治实践相结合,加强校园法治文化环境建设,发挥法律专业大学生的带头引领作用,以提高大学生的法治思维运用能力。王国静则主张通过完善高等法治教育的内容、对法治教育形式进行积极的创新等方式来提升大学生的法治思维水平。这些研究以大学生法治思维培育的对策和路径为切入点,针对高等法治教育中存在的问题,在某一个点上提出了一些解决的方案,但整体来说,还缺乏全局性、整体性和系统性。

以大学生法治思维培育维度为视角的研究。学者杨英主张从环境、主体、话语和实践四个维度构建大学生法治思维的研究路径。还有的学者以新媒体为研究背景,从法律认知、法治教育方式、法治思维养成和法治思维能力四个维度分析大学生法治思维养成的现状和原因。也有学者试图从政治、市场、社会三重维度,通过深化依法行政、强化司法公正、发挥和利用企业文化正能量、转变社会管理方式、创新法治教育模式等途径培育大学生的法治思维。还有学者从本体论、认识论和方法论维度深入探讨大学生法治思维培育的架构。学者们从不同维度出发对大学生法治思维培育的研究,试图突破法治思维培育对策和路径研究平面化的弊端,有所创新,但这些研究还停留在表面意义的探索上,缺乏深入细致地研究。

3. 关于依托思想政治理论课培养大学生法治思维的研究。《思想道德修养与法律基础》是目前高校普遍开设的大学生法治思维培育的必修课程。李锦峰认为对法的信仰是大学生法治教育的目标。李学明等学者依托《思想道德修养与法律基础》课,基于大学生法治思维不足引发的诸多问题,欲通过合理地设计和安排法律课程,发挥课堂教学的主渠道作用,通过资源整合,提高大学生的法律意识和法治思维。卢进伟则强调在课程教学中,从教学方法创新、教学技能提升、教学管理优化和考核体系改革等方面着手,突出实践技能的作用,培养大学生的法治思维习惯,提高法治思维运用能力。这些研究紧扣课堂教学的重要性,关注大学生法治思维欠缺的现状,但对如何优化课程设计、如何提高课程的有效性、如何提高课程的吸引力还缺乏深入地探讨。

4. 关于法治思维在大学生管理中的应用研究。部分学者关注大学生管理过程中法治思维的应用研究。学者陈向军研究法治思维在具体学生管理活动中的运用，他认为应体现在规则制定、实施处分和处分救济等各个环节。储著斌主张大学生思想政治教育各主体要坚持法治思维和法治方式，保障大学生的各项权益，提高思想政治教育的专业化水平。李凤南主张共青团工作中要运用法治思维和法治方式保障大学生的合法权益。李红玲则将法治思维通过"体制""管理""载体"和"平台"四个着力点渗透到艺术教育中，以期提高艺术生的法治思维水平。此类应用研究是法治思维在高校教育管理研究中的另一个关注点，在法治思维培育研究中也有重要的意义，只是目前这类研究大多包含在学生教育管理研究中，作为大学生法治思维培育实际应用研究的认识还不足。

5. 关于法治思维与大学生素质能力提升关系的研究。有的学者将法治思维培育与大学生的综合素质和能力养成的直接关系作为研究重点，大学生作为合格公民所具有的公民素质、社会责任感、处事能力都与大学生的法治思维相关。这类研究以培养社会主义法治国家的合格公民为出发点，比较契合当前的社会需求。肖杰和刘贤芳在《浅析大学生法治思维能力和依法处事能力的培养教育》中提出，通过法治思维培育提高学生依法处事的能力。谷栋在《论高校大学生社会责任感与法治思维的培育》中，将大学生的社会责任感培育与法治思维培育相结合。尤佳在《论大学生公民意识教育与法治思维养成》中认为法治思维是公民素质教育的一部分。这类研究将大学生的法治思维培育和个人的素质、能力相关联，开阔了研究视野，但还没有上升到更高的理论阶段，没有跟马克思主义关于人的全面发展理论相结合，在理论性上还有所欠缺。

6. 关于宪法与大学生法治思维培育的研究。大学生法治思维培育以什么为教育内容，也是学术界研究的焦点之一。学者赵宴群在《论我国大学生宪法教育与法治思维的培养》一文中，借鉴欧美宪法教育的经验，提出大学生法治思维培育要从宪法教育入手，抓住权利与权力、规则与程序、爱国与责任这三对关键词，作为法治思维培育的主要内容，对目前大学生法治思维培育提出了一个非常有建设性和可行性的切入点。学者蔡宗坚在《如何培养大学生构建"宪法至上"的法治思维意识》中主张运用宪法学、法理学等相关理论，培养"宪法至上"的法治思维意识，突出了大学生法治思维培育中宪法的重要性。这些研究关注了大学生法治思维培育的内容，具有现实的研究和借鉴意义，但在研究中还存在一定的局限性，还应该注重法治思维培育内容的学科交叉与融合。

7. 各种背景和视域下大学生法治思维的培育研究。在"依法治国"背景下展开对大学生法治思维的研究较多，这类研究紧紧围绕"依法治国"的方针，将大学生法治思维的提升，提高到对建设法治中国具有基础性、长远性、战略性的重大意义上。宋建申、陈延华在依法治国背景下提出了大学生"四微一体"的法治思维培养模式；肖青松、赵文力、龚兵都在依法治国背景下提出了大学生应树立"法治观"的主张。新媒体是信息时代的新型传播媒介，也是影响力最大的传播载体，部分学者如石一龙、张亿瑞和王瑶珺等注意到大学生的法治思维培育应当积极运用新媒体以提升教育效果，主要体现了教育载体的创新。学者贾宝金关注经济新常态对大学生法治思维培育的影响。这类研究将大学生的法治思维培育放在特定的背景和视域下进行，但没有摆脱对法治思维培育路径和对策研究的藩篱，并没有进行实质上的创新研究。

二　国外研究现状

1. 关于法治和法治思维的研究。西方国家较早的运用法治手段来治理国家，可追溯到古希腊时期的雅典，梭伦改革被认为是法治的起源。柏拉图在晚年也主张法治，认为法治是"第二好"的国家管理方式，"如果一个国家的法律处于从属地位，没有权威，我敢说，这个国家一定要覆灭"。[①] 亚里士多德师承柏拉图，又超越了他的法治思想，提出了"良好的法律"的标准。亚里士多德的法治理论奠定了西方法学的基础，其思想得到西方思想家的普遍认可，后世的西塞罗、孟德斯鸠等人的观点都无出其右。在西方近代的法治研究中，以19世纪英国的宪法学家戴雪为代表，他提出影响近代法治发展的法治三

---

① [古希腊]柏拉图：《法律篇》，张智仁译，商务印书馆2005年版，第75页。

要义：第一，法律至高无上，所有人都受法律的统治；第二，法律面前人人平等；第三，法治是法律事件的表达方式。[①] 戴雪的法治观点承上启下，向前呼应了中世纪启蒙思想家孟德斯鸠等人的观点，向后影响了现代西方法治思想的发展。"近代以来法治理论得到发展，但思想的脉络与古希腊亚里士多德的理论有着内在联系，并由此规定了'法治思维'展开的逻辑。"[②] 现在，法治更加普及，法治思维内涵得到了更丰富的阐述，并且跨越国界，在全球范围内传播。著名经济学家哈耶克从维护市场经济的独立性和自由性出发，提出国家的主要职能就是维持法治。

2. 关于法治教育的研究。国外，尤其是西方国家有法治传统，法治教育开展较早，也取得了许多有意义的成果。国外的法治教育大多涵盖在公民素质教育之中，以培养懂法守法的合格公民为目标。目前学术界对国外法治教育的研究还不充分，其主要目的是为了比较和借鉴。学者李继辉在课程内容、教学方法、教育途径及目标等方面对中外高校的法治教育进行了全面的比较分析，在此基础上剖析了当前中国高校法治教育存在的问题，并提出了改进的对策。陈群辉的《国外高校中的法制教育及其启示》通过介绍美、英等国高校的法治教育况状，概括出国外法治教育政治功能强、形式多样、实践性强等特点。通过以上研究可以看出，中国学者对国外法治教育的研究还处于起步阶段，借鉴与启示是此类研究的重点。其缺陷是对国外的大学生法治教育研究面还比较狭隘，仅仅停留在对教育内容和教育形式的研究上，而且研究不够深入，没有挖掘到文化差异和历史传统层面，整体研究不够充分。

3. 关于国外大学生法治思维培育的研究。大学生从生理成长和身份认同上都已是成年社会公民，因此大学生的法治思维培育在国外都归属于公民素质教育。但从大学生的校园学习特点分析，在国外青少年的法治教育中也涵盖部分内容。因此关注国外大学生法治思维培育

---

① [英] A. V. 戴雪：《英宪精义》，雷宾南译，中国政法大学出版社 2001 年版，第 244—245 页。

② 李瑜青：《"法治思维"的核心内涵——兼论中国古代何以存在"法治思维"的雏形》，《社会科学辑刊》2016 年第 1 期。

的研究，必须分析国外青少年素质教育和社会公民素质教育两部分内容。就目前国内对国外大学生法治思维培育的研究来看，也主要集中在这两部分，研究对象、研究内容和支撑材料相对集中、雷同。

通过对国内外法治思维研究的分析与对比，目前的研究已经关注了法治思维的内涵、法治思维培育的意义和重要性。就国内研究而言，对大学生法治思维培育重要性的认识，学术界已基本达成共识，在研究中发现中国大学生法治思维培育过程中存在的众多问题，也提出了解决方案，但研究在深度和广度上都不够充分。主要表现在：一是对问题的研究只停留在对现象的研究上，深层次的文化和历史背景没有挖掘，致使对大学生法治思维培育中问题的关注流于表面和肤浅；二是对大学生法治思维培育存在问题的成因分析视野较窄，主要集中在社会层面，没有上升到学理研究层面；三是对大学生法治思维培育中出现的问题的解决路径还存在单一化、简单化的现象，不能从多学科、多视角、多维度提出解决问题的方法。就国外大学生法治思维研究而言，学术界关注较早，特别是对欧洲、美国、日本、新加坡等国家的国民素质教育的研究，对中国大学生法治思维培育有较大的启发意义，但研究系统性较差，与中国的法治实践契合度不高。国外的大学生法治思维培育切入点是公民的素质培育，而中国是基于大学生的政治素质培育，大部分学者在比较研究中多关注两者的相似点，对二者的不同没有深入地分析，因此对中外大学生法治思维培育的目标、定位、方式的研究还缺乏严谨的理论基础，仅停留在对表象的对比上，不够深入、细致。

第三节　研究思路和研究方法

一　研究基本思路

中华人民共和国成立以来，中国的法治建设经历了"破旧立新—从无到有—从有到优"的发展历程。中国的法治建设在不断地学习、借鉴、优化中逐步成长和完善，目前已建立了相对完善的法治体系。学术界对法治的研究也紧跟时代步伐，不断拓展和深入，取得了丰硕成果，为社会主义法治建设提供了理论支持。本书将在已有的研究成果基础上，依据"厘清概念—追溯历史—发现问题—分析成因—借鉴经验—解决问题"的逻辑思路展开，从提升大学生法治素养，推进法治国家建设进程角度出发，利用法学、思想政治教育学、传播学等学科理论知识，探寻大学生法治思维培育的有效方法。

首先，从法治教育的基本问题入手，阐释选题缘起、基本概念，寻求理论依据。

改革开放后，中国市场经济飞速发展，国家的崛起面临着国内和国际两个环境，复杂的国内国际环境不断呼吁加强法治建设，对内是治理国家的需要，对外是国际交流的规则要求。对于法治及其相关理论的研究是对社会主义法治国家建设的最大理论支持，其目的是为依法治国培育更多的合格人才。因此，本书从法治的基本概念入手，跟随法治发展的历程，厘清大学生法治思维培育的基础概念。在此基础上，从"知、情、意、信、行"五个方面梳理大学生法治思维培育的基本内容，而马克思主义则是社会主义法治思维培育的理论基础，为研究提供强有力的理论支撑，也为整个研究奠定了基础性的理论工作。

其次，追溯法治教育的历史发展进程，分析当代大学生的法治教育现状、存在的问题并分析原因，借鉴国外先进经验，寻求新的研究突破点。

追溯历史，寻找法治发展的历史文化基因。在中国历史上，"人治"一直是治国理政的主要方式，"德主刑辅"的观念影响深远。直到近代"西学东渐"，西方的宪政、法治等思想传入中国，法治的作用才逐渐增强。中华人民共和国成立后，国家经历了几个不同的发展时期，法治教育一直作为国家基础教育的一部分，在各个历史时期都发挥着举足轻重的作用。回顾中国高等法治教育的发展历程，几十年的普法教育已经取得显著成效。依法治国的实施，对大学生的法治素质提出了更高的教育期望，对于社会主义法治国家的建设需求来说，当代大学生的法治素养还不能满足社会的需求，还存在许多问题，原因是多方面的，既有传统法治教育不受重视的羁绊，也有不适应时代发展需求的弊端，更有法治思维培育供需不匹配的现实。改变和突破的最优路径就是学习,尤其是向法治体系比较完备的西方国家学习。追溯国外法治发展的历程可以看到,完备的法治体系是历经千年法治传统沉淀的结晶。学习国外法治思维培育的经验,经过借鉴、改造、吸收,打造适合中国大学生法治思维培育的有效方法,能够使中国的法治教育少走弯路,提高法治思维培育的有效性和针对性。

最后,结合时代背景,在多学科融合的基础上,依据相关理论,以实践为基础,探寻切实有效的大学生法治思维培育的方法。

寻找法治的历史文化基因,问诊大学生法治思维存在的问题,学习域外的先进经验,都是为提高大学生法治思维培育的有效性和针对性提供解决方案。当代大学生法治思维培育是一个跨学科的复杂课题,打破学科间的研究壁垒,以开放的视野探究学科融合的途径,从法学、思想政治教育学、传播学等多个学科领域探寻大学生法治思维培育的体系和路径,是研究的目标。

二 研究主要方法

文献研究法:文献研究是研究的起点。搜集、鉴别、整理已有相关文献,进行甄别分类,细致研究,对现有的研究成果进行科学认识,为本研究奠定理论基础。本书的文献研究主要分为三大类:一是对于法治的历史研究、二是对当代法治及法治思维现状的研究、三是对国外法治及法治教育的研究。在文献阅读和分类的基础上,对大学生法治思维培育相关理论和研究现状进行宏观把握。通过古今纵向梳理,把握法治思维培育发展的历史脉络;通过国内外研究的横向比较,厘清法治思维培育的各个关节点,为研究的深入展开奠定扎实的史料基础。

跨学科研究法:学科的交叉与融合是突破已有的研究瓶颈、拓宽研究领域的有效方法。大学生的法治思维培育研究本身具有学科交叉性质,运用法学、思想政治教育学、传播学等多学科的理论方法和成果,从整体上对当代大学生的法治思维培育进行综合研究,有利于学科发展的深化和拓展。在跨学科的宏大视野内,能够突破现有研究存在单一化、平面化的缺陷,试图建构大学生法治思维培育的多维体系,真正提高大学生法治思维培育的效果。

系统分析法：在研究过程中，将大学生法治思维培育作为一个系统，分析其组成要素，确定研究对象——法治思维培育的主要内容，进而分析诸要素之间的关系，并扩展到相关的知识领域。通过系统分析法，确定大学生法治思维培育的本质和起因，明确法治思维培育的目标，在已有研究成果基础上，探索各种可行性方案，通过系统地分析比较，试图在复杂的表象与本质中，确定最佳的培育方案。

访谈问卷调研法：通过实地调研，走访有经验的高校教师，了解目前思想政治理论课程的优缺点；走访学生管理者，了解管理者眼中大学生的法治思维现状；也通过对大学生的访谈，了解他们的法治思维情况。访谈法能够直接与研究对象交流，获取的一手资料对研究非常有利。其缺点是受访谈条件限制，被访谈对象不可能太多。通过问卷调查，对大学生获得法治思维的途径、法治思维的现状、对法律知识的需求类型和程度，进行系统了解。在认真分析调查数据的基础上，了解大学生法治思维的现状、存在的问题，有针对性地提出解决方案，使研究言之有据，有的放矢。

本书具有很强的学科交叉性，研究跨度大，现实性强，所需要的研究方法多种多样。除上述方法外，还需比较研究法、描述性统计法、案例分析法等等。

第四节 研究创新点

本书在前人研究成果的基础上，在宏大的新时代背景下展开，立足于大学生的法治思维培育，为依法治国的推进，提供理论上的支持，为社会主义法治国家的建设，寻求实践上的创新。主要在以下几个方面进行突破性的研究和理论创新：

首先表现在内容创新。明确了大学生法治思维的构成要素。对大学生法治思维的构成要素进行清晰地阐述是进行科学研究的基础，在以往的研究中，有的学者只是模糊地指出了法律知识、法治观念和法律的应用在法治思维中的重要性，并没有做出明确而清晰的界定。本书在前人研究的基础上，首次依据意识与物质、理论与实践的对应关系,从"知、情、意、信、行"五个方面对大学生法治思维的构成要素进行了全新界定:"知"是指对以宪法为核心的法律知识的掌握,这是法治思维的物质基础;"情"指对社会主义法治价值观的情感认同,这是法治思维的心理基础;"意"指要树立社会主义法治意识,这是法治思维的概念基础;"信"指要树立社会主义的法治信仰,这是法治思维的信念基础;"行"指法治思维指导下的法治实践,这是法治思维的最终落脚点。对大学生法治思维构成要素的清晰阐述,摈弃了以往研究的模糊性和不确定性。

其次是目标和原则创新。在深入研究的基础上,阐明了大学生法治思维培育的目标和原则。依据目前学术界对法治思维的研究,针对大学生法治思维培育的实际,确立了使大学生具备"自觉守法、遇事找法、解决问题靠法"的培养目标。提炼出对大学生进行法治思维培育的原则,即明确法治优先原则、重视良法之治原则、贯彻依法办事原则和坚持程序公正原则。使大学的法治思维培育有章可循,旨在培养大学生的独立法治人格。

最后是研究视角创新。在研究中引入传播学理论,构建大学生法治思维培育的生态系统。采用跨学科理论,打破单一学科的研究壁垒,使大学生法治思维培育研究视野更开阔,培育环境更立体,培育体系更科学,培育路径更有效。

第二章

当代大学生法治思维培育的理论概述

随着依法治国战略的不断推进，中国的国家治理方式发生了巨大的改变，法治的地位不断上升，在现代化国家建设中，法治思维和法治方式作为新的理论工具日益受到重视。党的十八届四中全会将法治教育纳入国民教育范畴，高等教育中法治教育的重要性日益凸显。提高大学生的整体法治水平是大学生思想政治教育的重要目标，也是中国社会主义法治建设的基础工程。党的十八大报告中首次提出要提高领导干部对法治思维和法治方式的运用能力，将法治思维培育的重要性推向了一个全新的高度，研究大学生法治思维培育具有重要的现实意义，对相关理论的梳理，是进行科学研究的前提和基础。

第一节 法治思维培育的内涵

对研究对象进行科学界定，使之概念化，可以对研究对象进行准确定位与表述。准确界定法治、法治思维的内涵及其两者的关系，是研究大学生法治思维培育的前提。不但如此，与研究对象相关的问题和概念，也要进行细致的阐述与说明，厘清概念是做好研究的基础。要清晰地论述当代大学生的法治思维培育，首先要弄清楚法治思维的概念、构成要素及其理论基础。在此基础上，才能够条理清晰地论述大学生法治思维培育的相关问题。

一 法治

在中国，"法治"被作为"人治"的对立词存在，以表示国家治理方式的不同，"法治"是把以宪法为基础的法律法规作为治国理政的工具，法律在国家中拥有至高无上的地位，是对中国漫长的封建君主统治的一种否定，国家的治理不是依靠"贤主明君"，而是依靠不以个人意志为转移的"法律"。"法治"一词并非舶来品，中国古已有之，最早见于《礼记》："先王之为乐也，以法治也。"此处"法治"即为用法律或制度来治理国家之意。春秋时期，法家的代表人物管仲提出"依法治国"的主张，"威不两错，政不二门，依法治国，则举措而已"（《管子·明法》）。"管仲最早提出这种主张。韩非继承了这一思想并系统化，明确指出：治国要'以法为本'。"[1] 中国古代以"人治"为主，并非没有"法治"，只是"法治"一直处于辅助地位。尤其是汉代以后"德主刑辅"的儒家观点盛行，"刑"即"法"一直作为"人治"的补充。近代西学东渐，对于中国法治的发展产生了巨大的影响。当代中国的"法治"内涵较多的受到了西方法治理论的影响，其意义与中国古代的"法治"含义相距甚大。

在西方国家，法治传统同样源远流长，早在两千多年前的古希腊和古罗马时期就已形成法治观念。亚里士多德曾指出："法治应包含两重含义：已成立的法律获得普遍的服从，而大家所服从的法律又应该本身是制定得良好的法律。"[2] 这段论述的第一重含义规定了法治至高无上的地位，第二重含义规定了法治的内容和性质。在西方，法治精神得到了很好的传承，欧洲文艺复兴时期，孟德斯鸠、潘恩等人通过对人的自由、权利的张扬将法治精神又向前大大推进了一步。近代，英国的法学家布莱克顿和费雪将西方的法治传统进行了全面系统地梳理，尤其是费雪的法治理论奠定了西方近代法学的基础，深深地影响了近代法学的发展。"西方法治精神和发展理论铸就了近代法治

---

[1] 张文显：《法治的文化内涵——法治中国的文化建构》，《吉林大学社会科学学报》2015年第4期。

[2] ［古希腊］亚里士多德：《政治学》，吴寿彭译，商务印书馆1965年版，第199页。

文明，具有普遍而深远的意义。"① 这些理论也同样影响了中国的法治理论发展。

"法治"是一个开放的定义，至今没有盖棺定论，最简明的定义即"依法而治"，这种开放性品格显示了"法治"的张力和包容性，是一个值得不断探索和研究的领域。沃克就曾定义法治是"一个无比重要的、但未被定义的、也不是随便就能定义的概念。"② 我们研究的"法治"不仅具备法学的意义，更注重它的政治学意义，是一种治理国家的手段和方式。在党的十五大以后对"法治"的研究进入高峰期，这些研究大都避免对"法治"的正面界定，而是从不同的角度对"法治"的内涵做出解析，代表性的观点有以下几种：

一是从法治的形式与内容角度进行思考。这是大多数学者研究"法治"内涵时所选取的基本研究路径。如有的学者将"法治"界定为形式法治和实质法治。形式法治是将法律的内容形式化，而所有的人，包括国家的活动都要遵从这些形式。实质法治则要求法律内容的价值性，必须是良好的、正当的。这种研究视角，将"法治"从不同的价值取向进行研究，彼此相依，又不可取代。于是，有的学者主张："总之，法治是形式正义与实体正义的辩证统一体，是人类法律与社会实践所追求的共同目标。"③

二是从法治的构成要素角度进行思考。与前一种研究视角不同，这种研究视角特别强调"法治"的构成要素，认为"法治"是一个多重要素构成的体系，对它的研究应充分重视各个组成要素。如学者张文显就明确指出："完整意义的法治包括三个方面，即法律制度、法治体制、法治文化。"④ 这表明，就法治而言，制度是前提，体制是载体，文化是内核，只有从这三个方面去理解，才能完整地理解法治

---

① 张文显：《法治的文化内涵——法治中国的文化建构》，《吉林大学社会科学学报》2015 年第 4 期。
② [英] 戴维·M. 沃克：《牛津法律大辞典》，邓正来等译，光明日报出版社 1988 年版，第 790 页。
③ 刘平：《法治与法治思维》，上海人民出版社 2013 年版，第 33—39 页。
④ 张文显：《法治的文化内涵——法治中国的文化建构》，《吉林大学社会科学学报》2015 年第 4 期。

的内涵。

三是从法治的政治功能角度进行思考。从这一角度出发研究"法治",主要出发点是"法治"所具有的社会治理功能。持有此观点的学者,通过对比古今中外对于"法治"的语义分析,从"法治"的政治工具性来进行剖析,他们认为:"'法治'是一种宏观的治国方略;一种理性的办事原则;一种理想的管理模式;一种对专权限制的治理模式。"[①] 这种法治观紧扣了"法治"在依法治国中的主体作用和地位。

综上所述,"法治"是一个内涵非常丰富的开放性概念,其核心是一种规则,尤其是对权力进行约束和限制的规则,它体现为对法律至上的遵从,体现为规则的普遍和公正,体现为规则在实践中的运用和实施。因此,"法治"是一套制度体系,也是一个政治范畴,还是一套特殊的话语系统。

首先,法治是一套制度体系。法律是法治的基础和根本,当然法治不仅包含法律,还包含规则、程序、制度等一系列内容,其目的是对人的行为及一切权力进行约束和规范。所以,有人指出法治是"意指所有的权威机构、立法、行政、司法及其机构要服从某些原则"。[②]

其次,法治是一个政治范畴。法治是一种治国理政的方式。在中国,党的十五大后"依法治国"受到高度重视,"法治"成为治理国家的主要方式,是国家治理现代化的重要保障,社会主义法治国家成为国家建设的重要目标。早在17、18世纪,西方部分政治家就把法治看作是以确定的、经常有效的法律来进行统治的国家管理方式。"法治"的实施可以很好地摒弃"人治"的弊端,不会因统治者个人的因素影响整个国家的和平与稳定。正如英国哲学家约翰·洛克所述"无论国家采取什么形式,统治者应该以正式公布的和被接受的法律,

---

① 陈金钊、袁付平:《简析法治的概念》,《山东大学学报(社会科学版)》2000年第6期。

② [英]戴维·M. 沃克:《牛津法律大辞典》,邓正来等译,光明日报出版社1988年版,第790页。

而不是以临时的命令和未定的决议来进行统治。"① 法治的权威是国家和社会稳定的根本，也只有法治能限制权力滥用，保障人民自由。

最后，法治是一套特殊的话语系统。与以往相比，当代"法治"的内涵在时代推动下发生了革命性的变革，更为丰富系统。"法治"已经成为一套特殊的话语体系，贯彻于党、政、军、民等一切领域及其社会活动中，成为思维方式和行为方式的准则。因此，对于法治的远景与任务，法治的定位与规划，法治的内容与方法，法治的原则与要求都要有清晰的认知与理解。通过对法治持续有效地推进与发展，法治在各个领域发挥的作用日益增强。"准确把握全面推进依法治国工作布局，坚持依法治国、依法执政、依法行政共同推进，坚持法治国家、法治政府、法治社会一体建设。"② 在国家治理和社会发展中不断增强法治的重要性，切实推动国家法治现代化的建设与发展。

二 法治思维

法治思维是以法治为核心的思维方式。目前，中国正处于深化改革的关键期，为实现国家的改革发展稳定，法治应成为治理理政的主要方式，法治思维应成为社会主流的意识形态，这是与中国的社会发展方向相一致的。在党的十五大上，依法治国的总目标确立，社会主义法治国家的建设目标被提上日程。党的十七大明确提出要全面落实依法治国的战略方针。党的十八大后，中国进入社会主义法治建设的新时期，并将法治思维和法治方式作为实现国家治理现代化的主导思维模式和治理手段，这是实现"全面建成小康社会、全面深化改革、全面依法治国、全面从严治党"③ 的重要保证。

法治思维作为意识形态，是"知、情、意、信、行"的有机结合与统一，起于"思"，终于"行"，最终目的是依法实践、依法行事，是思维与实践的辩证统一过程。有的学者认为："法治思维可以分为

---

① ［英］约翰·洛克：《政府论（下篇）》，瞿菊农、叶启芳译，商务印书馆2017年版，第87页。
② 习近平：《加快建设社会主义法治国家》，《求是》2015年第1期。
③ 习近平：《在全国政协举行新年茶话会上的讲话》，《人民日报》2015年1月1日第2版。

三个层面：法律知识、法治理念、法律行为。"① 虽然研究界定不同，但都包含了知识、思维和行为等内容。

法治思维的"知"即人脑对法治的反映、认知与思考，也包含相关法律知识。"思维是人认识周围现实世界的高级阶段，靠着思维的帮助人就能认识对象之间客观存在的各种联系和关系。人借助于思维就能认识它用感觉反映现实的方法所不能认识的东西。"② 思维作为一种高级意识活动，依赖于大脑的机能，法治思维是治理现实世界的规则在人脑中的映射与思考，这种规则即宪法和法律。法治思维是一种理性思维，是思维主体将反映到大脑中的认知，与通过学习获得的前知识相结合，经过审视与思考得到的理性结论。从认知的发展规律审视法治思维，可以看出法治思维是从对法律的反映、认识、再从认识到理论提升的发展过程。具体来说，是法治思维主体将通过实践获得的法律知识、经验和方法运用到实践中去解决相关问题，并在此过程中进一步把握和提升法律知识的过程。是一个从"认知—理论—实践"的螺旋式上升过程。法律的相关知识是法治思维的具体载体，法治思维的确立必须以对法律的认知和一定的法律知识为前提，只有具备一定的法律知识，才能树立规则意识，规范人的行为，做到依法行事。

"情"指对法治的情感认同。法治作为治国理政的理想模式，反映在主体的心理情感上，应是一种发自内心的对法治的接受与认同。"法治主体对法治作为一种理想的社会治理模式充满热情，对法律忠诚、信任、崇尚，以至依赖，对法治社会具有强烈的期盼之情，并以巨大的热情推动法治社会建设。"③ 认可法治是解决实际问题、治理国家的主要方式，形成遇事找法的理念。对法治思维的情感表明，不能从心理上产生对法治的认同与情感，树立法治思维便成为无源之水、无本之木。伯尔曼曾这样评价过法治情感："这类情感的存在，有赖

---

① 王敬波：《法治思维的逻辑起点》，《疆师范大学学报（哲学社会科学版）》2014年第3期。
② 范春莹：《法律思维研究》，博士学位论文，山东大学，2008年，第22—23页。
③ 王西阁：《大学生法治信仰培育》，《当代青年研究》2011年第3期。

第二章 当代大学生法治思维培育的理论概述

于人们对他们自身所固有的终极正义性的信仰。"① 只有认同、热爱和信仰法治，才能真正确立法治思维。目前，人们对法治的情感认同具有一定的普遍性，但对法治的热爱与信任还需要进一步的提升，对法治的信仰更需要大力培养。拷问人们对法治的情感认同不足的原因，其根源还在于中国法治传统不足，以"人治"为主的政治模式，使人们对法治的执行力还缺乏信任，遇事求权、求势、求人情的观念还无法根除，对法治国家的建设还存在观望、怀疑的态度，参与度不高。

"意"指法律意识。陈金钊提出："法治思维就是法律思维，"②是"属于'家族'的相似概念，"③ 从法学意义上对两个概念的本质进行了阐释。法律思维是人们对现有的法律条文和法律现象所持有的观点、态度。意识是人脑的机能，是现实世界映射于人脑的反映。法律意识的产生是现实世界的法律条文、法律规则、法律事件不断刺激大脑神经系统做出的反应，借助经验的积累，经过映像、记忆逐步发展而成的一种意识存在。法律意识是对法律文化的一种观念表达，是对法律动机、法律内容、法律认知、法律实施和法律定位的整体把握，是法治思维的存在基础。法律不是自然产生的，是统治阶级为维护自己的统治地位制定的一整套规则和程序，具有鲜明的阶级性。法律的特点是确定性、普遍性和强制性。法律设置了人们行为的底线，树立法律意识要求人们用法律规则来思考问题，以法律为准绳来判断事物的真伪与对错，依据法律的程序来解决问题，用法律的方式来处理矛盾。

"信"指对法治的信仰。法治在本质上是对公平、正义、平等、自由等权利的尊重与保护，也是一种国家治理模式。法学家伯尔曼曾说过："法律必须被信仰，否则它将形同虚设。"④ 法治以法律为基础和核心，法律属于上层建筑，是国家意志的体现，是治理国家的重要

---

① [美]哈罗德·伯尔曼：《法律与宗教》，梁治平译，生活·读书·新知三联书店 1991 年版，第 28 页。
② 陈金钊：《法学意义上的法治思维》，《国家检察官学院学报》2017 年第 1 期。
③ 陈金钊：《法学意义上的法治思维》，《国家检察官学院学报》2017 年第 1 期。
④ [美]哈罗德·伯尔曼：《法律与宗教》，梁治平译，生活·读书·新知三联书店 1991 年版，第 28 页。

工具，既保障全体社会成员的合法权益又对全体社会成员的行为进行约束，是社会公共意志的表达，理应得到社会的普遍尊重和认可，法律自身所具有的权威性值得人们去信仰。卢梭说："这种法律既不镌刻在大理石上，也不镌刻在铜表上，而是铭刻在公民们的心里。"① 法律被信仰的前提是法律必须是制定良好的法律，即是"良法"。法治信仰是将对以法律为基础的法治认同根植于人的内心世界，是发自肺腑的遵从法治、敬仰法治、推崇法治、捍卫法治并维护法治的权威。法治信仰要求社会成员发自内心的敬畏和尊重法治，将法治原则贯穿到工作和生活的方方面面，不断增强法治观念，真正做到知法、守法、遵法、用法。

"行"指依法行事，是法治的应用、实施和实践，最终落实在法治方式上。在"知"与"行"的关系上，"知"是"行"的前提，"行"是"知"的目的。法治思维指导法治方式，法治方式是法治思维的体现。"行动由意识决定，方式经由思维来选定。"② 获取法治知识、产生法治认同、树立法治意识和信仰，是为了解决实际问题，指导实践活动，这是由理论指导实践的过程，也即法治方式。依法行事是指行为主体对实施对象进行法治考量，借助法治手段来分析问题、解决问题，这是法治思维的外化过程，是将法治运用于实践的过程和方法。"法治方式是法治思维的理性命令，是理性对意志的强制。"③ 行为是意识的反映，又反作用于意识，是行为对意识的理性驾驭与规范。法治方式就是要遵守法律，树立法律至上观念，严格依法行事，法律的生命在于实施，不具有可行性的法律没有存在的意义。法律用来保障人民的合法权益，规范社会行为，调整社会关系，维持社会秩序。把法律作为行动的规则，来评判和处理社会发展中遇到的各类问题，法治方式是解决问题的首要方法。

---

① ［法］卢梭：《社会契约论》，李平沤译，商务印书馆2011年版，第61页。
② 吕世伦、金若山：《法治思维探析》，《北方法学》2015年第1期。
③ ［德］伊曼纽尔·康德：《道德形而上学的奠基》，李秋零译，中国人民大学出版社2013年版，第30页。

三 大学生法治思维培育

依法治国为建设社会主义现代化、法治化国家，为中华民族的腾飞提供了制度保障。"全面推进依法治国是一项长期而重大的历史任务，要坚持中国特色社会主义法治道路，坚持以马克思主义法学思想和中国特色社会主义法治理论为指导，立德树人，德法兼修，培养大批高素质法治人才。"① 依法治国的实现，需要一支高素质的法律人才队伍。当代大学生不但是普法教育的重要对象，同时还承担着建设社会主义法治国家的重担。在中国目前的教育体系中，法治教育属于思想政治教育的子系统，是培养法治国家公民、实现青年学生自由全面发展的重要环节，发挥着"全面贯彻党的教育方针，落实立德树人根本任务，发展素质教育，推进教育公平，培养德智体美全面发展的社会主义建设者和接班人"② 的重要职责。重视大学生的法治思维培育，是推进全面依法治国、实现大学治理现代化、促进青年学生实现自由全面发展的一项重要任务。让青年学生真正懂法，会用法治思维分析问题，用法治手段解决问题，用法治原则维护权利。

1. 大学生法治思维培育应"内""外"结合。习近平总书记曾说："法安天下，德润人心。法律有效实施有赖于道德支持，道德践行也离不开法律约束。"③ 法律和道德相辅相成，从不同层面对人的行为做出约束，共同为推进国家治理现代化的发展做出贡献。考量法治和道德的相互关系，可以看出，德性思维的"内化"和法治思维的"外束"从两个维度对大学生的思维方式和行为方式发生作用，并进行有效融合。对当代大学生来说，思想政治教育对其思想的德性内化和法治思维对其行为的外在约束相结合才能达到使自身成为一个适应大学治理现代化需要并具有法治思维能力的主体。从这个意义上说，

---

① 习近平：《立德树人德法兼修抓好法治人才培养，励志勤学刻苦磨炼促进青年成长进步》，《人民日报》2017年5月4日第1版。
② 习近平：《决胜全面建成小康社会，夺取新时代中国特色社会主义伟大胜利》，《人民日报》2017年10月28日第1版。
③ 习近平：《坚持依法治国和以德治国相结合，推进国家治理体系和治理能力现代化》，《人民日报》2016年12月11日第1版。

大学治理现代化过程中大学生的法治思维形成也需要两个飞跃来实现：通过思想政治教育将符合社会主流意识形态的思想观念、政治观点、道德规范内化为其世界观、人生观、价值观的一部分，第一个飞跃实现；再将内化为个人意识形态一部分的思想观念、政治观点、道德规范与明确的法律条文进行对接、梳理、融合，并在日常的学习、工作、生活实践中细化成自己的行为准则和行为习惯，法治思维形成。这是一个由内化到外化的过程，是第二次飞跃。这个过程也是由量变到质变，由简单到复杂，由低级到高级，不断否定和扬弃的上升过程。德性内化和法治思维具有统一性，德性内化是法治思维形成的前提，为法治思维提供内在的价值准则。德性内化只有在取得良好的教育效果的基础上，才能使大学生对依法治国的方针、政策产生思想认同、理论认同和情感认同。依法治国的理念才能内化为大学生的意识形态观念并指导社会实践，这是当代大学生法治思维培育的"内""外"结合。

2. 大学生法治思维培育应"公""私"结合。法律是要人们遵守成文的公共意志，通过思想政治教育促使大学生养成良好的"个体""私人"的道德素质。思想政治教育的主要内容——思想观念、政治观点、道德规范是在长期的社会发展过程中形成的，目的是用优秀的道德理念去塑造人，通过内化这些内容使大学生养成"爱岗、敬业、诚信、友善"的个人品质。"发挥好道德的教化作用，必须以道德滋养法治精神、强化道德对法治文化的支撑作用。再多再好的法律，必须转化为人们内心自觉才能真正为人们所遵行。"[1] 而法律"是结合了意志的普遍性与对象的普遍性，""法律是公意的行为，"[2] 考虑了全体社会成员的普遍利益。"维护宪法法律权威就是维护党和人民共同意志的权威，捍卫宪法法律尊严就是捍卫党和人民共同意志的尊严，保证宪法法律实施就是保证党和人民共同意志的实现。"[3] 法律是社会共同意志的具体化，目的是为了维护社会公共秩序和公共利益。

---

[1] 习近平：《加快建设社会主义法治国家》，《求是》2015年第1期。
[2] ［法］卢梭：《社会契约论》，李平沤译，商务印书馆2011年版，第43页。
[3] 习近平：《加快建设社会主义法治国家》，《求是》2015年第1期。

第二章 当代大学生法治思维培育的理论概述

同时,法律也是道德的物质载体,两者在本质上都存在对象的普遍性,是社会公共意志的表达。法治教育要在大学治理现代化过程中做出独特贡献,促使大学生形成法治思维,发挥法治的作用,让青年学生养成学法、懂法、遵法、守法、用法的法治思维模式。

3. 大学生法治思维培育应"刚""柔"并济。思想政治教育的职责是"化己化人",通过对大学生"个体"、"私人"素质的提升,使其自觉遵守各种行为规范。"内化"是通过说服教育来实现的,本身是一种"柔"性工作机制,不带有任何强制性,是通过春风化雨、润物无声的方式教化人,是一种"软约束",体现在引导力上。思想政治教育的"柔"性价值理念是其法治思维的价值基础。而法治则是控制人行为的外在约束工具,是思想、政治、道德外化的行为枷锁。正如卢梭所说:"人生来是自由的,但却无处不身戴枷锁。"① 每个人都有自由生活的权利,却必须带着法律这个枷锁活动,一旦试图触犯它,必将受到严厉的惩罚。法是"刚"性的制度,是一种"硬约束",体现在控制力上。正如党的十九大报告中所说:"当前,国内外形势正在发生深刻复杂变化,我国发展仍处于重要战略机遇期,前景十分光明,挑战也十分严峻。"② 在这样的时代背景下,大学治理现代化过程中面临的任务前所未有、矛盾风险挑战也前所未有,经济基础影响意识形态,大学治理理念随着经济的发展不断发展变化,旧的思想观念、政治观点、道德规范正在消解,新的思想观念、政治观点、道德规范尚在形成之中,此时法治思维的重要性更加突出。法治思维的确立,要通过树立榜样的力量与彰显人格的魅力,影响全体大学生的社会责任感和政治参与度,进一步推进大学治理现代化,服从并服务于青年学生自由全面发展的育人目标和"完善和发展中国特色社会主义制度、推进国家治理体系和治理能力现代化"③ 的需要。

4. 大学生法治思维培育应"德""法"并行。"德""法"并行

---

① [法]卢梭:《社会契约论》,李平沤译,商务印书馆2011年版,第4页。
② 习近平:《决胜全面建成小康社会,夺取新时代中国特色社会主义伟大胜利》,《人民日报》2017年10月28日第1版。
③ 习近平:《决胜全面建成小康社会,夺取新时代中国特色社会主义伟大胜利》,《人民日报》2017年10月28日第1版。

的思想历史悠久,孟子曾曰:"徒善不足以为政,徒法不能以自行"(《孟子·离娄上》)。强调道德和法律各有自己的局限性,只有"德""法"并举才能达到治理国家的效果。习近平总书记也指出:"要坚持依法治国和以德治国相结合,把法治建设和道德建设紧密结合起来,把他律和自律紧密结合起来,做到法治和德治相辅相成、相互促进。"① 因此,法治思维培育并非重"法"轻"德",更不是重"法"弃"德",而应该"德""法"并行。"法"是具体可感的形式,有严格、明确的界定,规定最低的行为准则。"道德"是历史文化和地域传统的凝结,是一种看不见的隐性标准,是一种高层次的行为准则要求,是人们对自身行为进行约束的内在法律,因此道德是内化于心的规则。维护社会正常秩序需要道德与法治共同发挥作用,缺一不可,不可替代。两者相互补充,在意识形态中共同发挥规范社会行为、调节社会关系、促进社会和谐的作用。正如党的十八届四中全会所说:"国家和社会治理需要法律和道德共同发挥作用。"② "德""法"并行才能共同推进当代大学生的法治思维培育。

5. 大学生法治思维培育应"大""小"相继。法治思维的培育需要有大的法治生态环境,也要有小的法治文化氛围,"大""小"相继才能形成"坚持依法治国和以德治国相结合,依法治国和依规治党有机统一,深化司法体制改革,提高全民族法治素养和道德素质"③的局面。法治思维的培育离不开"大"的社会环境,依法治国体系的建设为法治思维培育提供良好的生态发展空间,全社会日益浓厚的法治文化氛围,形成了法治思维培育的土壤,对大学生来说要不断加强法律专业知识的学习,不断提高专业素养,具备职业化、专业化技能,不断提高自己的法治思维水平。依法治国落实到高等教育领域,就是要实现依法治校,实现大学治理现代化,在校园内营造"小"的

---

① 习近平:《依法治国依法执政依法行政共同推进,法治国家法治政府法治社会一体建设》,《人民日报》2013年2月25日第1版。
② 习近平:《中共中央关于全面推进依法治国若干重大问题的决定》,《人民日报》2014年10月29日第1版。
③ 习近平:《决胜全面建成小康社会,夺取新时代中国特色社会主义伟大胜利》,《人民日报》2017年10月28日第1版。

第二章 当代大学生法治思维培育的理论概述

法治文化氛围。"以法治思维和法治方式推进教育综合改革，加快构建政府依法行政、学校依法办学、教师依法执教、社会依法支持和参与教育治理的教育发展新格局，全面推进教育治理体系和治理能力现代化。"① 加强法治化建设高校要率先在规章制度建设、合法权益保障等方面做出表率，营造法治文化氛围浓厚的"小"环境。高校在深化教育改革的各个层面都与法治化相关，在处理和解决问题时，法治思维的运用能够有效地减少和避免校园内各个利益主体——学校、教师、学生的合法权益受到侵害，促使大学治理能够步入法治化的轨道。从"大"处考量，依法治国的战略布局为大学生法治思维培育提供了宏大的叙事背景；从"小"处着眼，大学治理现代化既为大学生法治思维培育营造了阐释空间，又为大学生法治思维的提升做出了贡献。

6. 大学生法治思维培育应"新""旧"并行。要提高法治思维的培育效果，必须不断汲取新的法治知识，同时改进传统的法治教育模式。优秀的传统文化，是中华民族伟大复兴的文化基石，历久弥新，虽然"旧"，仍然需要保持和发扬，这是法治思维培育中不能放弃的"文化基因"，道德体系是法治思维的道德文化基础。社会主义法治体系的调整和完善，为法治思维培育的知识体系不断注入新的内容和元素。信息化时代的发展、多元文化的冲击，需要进一步加强和弘扬"旧"的优秀传统文化，巩固道德文化基础，又要不断扩充和吸纳"新"的法治文化元素，以推动依法治国的进程。法治思维培育能够有效引导大学生认识社会主义法治国家建设的意义，促使他们形成遵法、守法、用法的法治思维。

在法治思维培育方法上，同样存在"新"与"旧"的融合，既要坚持"旧"的传统课堂教学模式，又要适应时代需求，不断发掘"新"的教育载体和教育方法。课堂教学是对大学生进行法治思维培育的主要阵地，具有交流便捷、集中学习、信息传递量大等优势，但

---

① 教育部：《教育部关于印发〈依法治教实施纲要（2016—2020年）〉的通知》，2016年6月11日，中华人民共和国教育部网（http://www.moe.gov.cn/srcsite/A02/s5913/s5933/201605/t20160510_242813.html）。

也存在着教学实践延展性差和学生参与率低的问题，导致法治教育实际效果不佳。法治思维培育应在明确自身定位的前提下，紧随时代发展，一方面要固守课堂这个思想政治教育的主阵地，完善法治教育的顶层设计、优化法治教学内容、改进教学方法，提升法治思维培育的教学效果；另一方面要积极运用微博、微信、手机APP等网络新媒体平台，扩展法治思维培育课堂，让多媒体技术成为传播法治知识的新载体，通过音频、视频等有利于网络传播的形式，增强学生对法治教育资源的直观感受，提高大学生法治知识学习的主动性和积极性，从而实现"提高全民族法治素养和道德素质"的目标。

第二节 大学生法治思维的构成要素

法治思维是一个体系，包括"知、情、意、信、行"五个方面的内容。"知"是指对以宪法为核心的法律知识的掌握，这是法治思维的物质基础；"情"指对社会主义法治价值观的情感认同，这是法治思维的心理基础；"意"指要树立社会主义法治意识，这是法治思维的概念基础；"信"指要树立社会主义的法治信仰，这是法治思维的信念基础；"行"指法治思维指导下的法治实践，这是法治思维的最终落脚点。

一 掌握法律知识

法律基础知识是形成法治思维的物质基础，只有在对法律有一定认知的基础上才能形成法治思维。中国的法律法规是一个庞大的体系，大学生不可能通过短期的学习达到掌握的程度，因此对大学生的法治思维培育应以国家的根本大法——《中华人民共和国宪法》为核心，再根据个人的实际需求，扩展到相关实体法的了解和学习。

依法治国是国家重要的战略方针，依法治国首先要依宪治国。"依宪治国"的理念最早是由胡锦涛同志于2002年12月4日，在宪法颁布二十周年纪念日的讲话中提出："实行依法治国的基本方略，首先要全面贯彻实施宪法。"① 明确了宪法在治国理政中的核心作用。时隔十年，习近平总书记于 2012 年 12 月 4 日，在宪法施行三十周年纪念大会中再次阐明了"依宪治国、依宪执政"的深刻内涵，即"新形势下，我们党要履行好执政兴国的重大职责，必须依据党章从严治党、依据宪法治国理政。"② 这表明，宪法体现了全体社会公民的共同利益，维护宪法就是维护我们的共同利益。"我国宪法以国家根本法的形式，确立了中国特色社会主义道路、中国特色社会主义理论体系、中国特色社会主义制度的发展成果，反映了我国各族人民的共同意志和根本利益，成为历史新时期党和国家的中心工作、基本原则、重大方针、重要政策在国家法制上的最高体现。"③ 宪法不仅是每个公民的行为准则，也是党和政府的行动纲领，任何个人和机关在宪法面前平等，没有不受宪法约束的个人和机关，这是推行依法治国的根本。《中共中央关于全面推进依法治国若干重大问题的决定》的发布实施，再次重申了依宪治国和依宪执政的政治主张，并将"依宪治国"首次正式载入党的最高文件，体现了党对宪法的高度重视，宪法在依法治国政治方针中拥有至高无上的地位。"依法治国首先是坚持依宪治国，这不仅表明了我们党坚持依法治国、依宪治国的鲜明态度和坚定决心，也确立了我国宪法在国家治理体系和治理能力法治化中的核心地位。"④ 宪法的独特地位表明，依法治国的实现、法治思维的确立，必须先从了解、尊重和掌握宪法开始。因此，大学生法治思维培育也要以宪法内容为核心。

当代大学生首先要明确宪法是国家的根本大法，是其他法律的基础，其他法律的制定都要在宪法指导下进行，不能与宪法宗旨相背离，宪法在一个国家的法律体系中拥有至高无上的权力和地位。"宪

---

① 胡锦涛：《在首都各界纪念中华人民共和国宪法公布施行二十周年大会上的讲话》，《人民日报》2002 年 12 月 5 日第 1 版。
② 习近平：《在首都各界纪念现行宪法公布施行 30 周年大会上的讲话》，《人民日报》2012 年 12 月 5 日第 2 版。
③ 习近平：《在首都各界纪念现行宪法公布施行 30 周年大会上的讲话》，《人民日报》2012 年 12 月 5 日第 2 版。
④ 宋诚：《我国依宪治国与西方宪政的本质区别》，《红旗文稿》2018 年第 4 期。

法是国家的根本法,是治国安邦的总章程,具有最高的法律地位、法律权威、法律效力,具有根本性、全局性、稳定性、长期性。"[1] 国家的国体、政体、民族政策、经济制度以及人民的基本权利和义务等,都在宪法中有明确的规定。宪法所确立的国家制度和原则是立国之本,关乎国家的长治久安和人民的根本利益,全体社会成员都必须全面贯彻、认真遵守。大学生作为社会主义法治国家的建设者和接班人,必须掌握宪法的内容,遵循宪法的规定和原则,树立社会主义法治信仰,将宪法作为行动准则,内化于心、外化于行。其次要知晓宪法在国家建设和社会发展中所起的决定性保障作用。中国的宪法由代表人民根本利益的全国人民代表大会制定、颁布、实施,体现了人民的共同利益,是一部治国"良法"。依法治国就是依宪治国,宪法为深化改革开放、进行社会主义现代化建设保驾护航,最终实现"善治"的目标。大学生应当认真学习宪法的基础知识,充分了解宪法在国家政治、社会生活和个人发展中所发挥的作用,尊重宪法、维护宪法,自觉遵守和践行宪法。最后,大学生还要了解宪法在治国理政中的纲领性作用,是国家根本制度和根本原则的源头。同时,人民作为宪法的制定者,也是宪法的受益者。宪法规定:中华人民共和国的一切权力属于人民,人民是国家的主人。

对大学生来说,形成法治思维,要树立宪法意识,明确宪法作为根本大法的地位,了解宪法的基本内容。"宪法意识是社会意识的一种具体表现形式,是公民关于宪法的知识、观点、心理和思想的总和。"[2] 树立宪法意识能够使大学生对宪法的定位有清晰的了解,对宪法所规定的公民权利和义务、国家与公民之间的相互关系有正确认知。目前中国正处于深化改革和全面实现小康社会的关键时期,为实现依法治国的目标,需要全体社会成员树立宪法至上的理念,大学生尤其要确立对宪法权威地位的认可。宪法是中国整个法律体系的基础和统领,承认宪法的权威地位,就表明对法律的遵从和信仰。亚里士

---

[1] 习近平:《在首都各界纪念现行宪法公布施行30周年大会上的讲话》,《人民日报》2012年12月5日第2版。

[2] 韩大元、王德志:《中国公民宪法意识调查报告》,《政法论坛》2002年第6期。

多德曾说:"法治应当优于一人之治。"① 对于法治的信仰体现了社会的文明和进步,也是法治思维形成的重要认知基础。大学生只有将宪法至上的观点纳入统一共识的范围内,才能为树立法治思维打下坚定的信仰基础,才能将宪法化为自我的内在约束力,达到宪法实施的真正效果。在此基础上,大学生可以根据自己的学习能力和实际需要,有针对性地扩展到相关实体法的学习。丰厚的法律知识是法治思维形成的基础,对法律知识掌握得越多,越容易形成和提升法治思维。

二 培养法治情感

情感是一种主观性心理体验,是外界事物在人们心理上的投射,反映了人们对于事物的态度取向。大学生对于法治的情感认同体现了他们对于法治的态度和观点,是大学生树立法治信仰,形成法治思维的前提。对法治的情感认同意味着法治主体将法治作为治国理政的方式充满信任和热情,崇尚和遵从法律,认可法治是国家治理的最佳方式。没有对于法治的认可和热爱,就不可能树立法治信仰,法治思维更不可能形成。法治情感是法治信仰形成的必要条件,只有对法治产生发自内心的信任和热爱时,法治信仰才可能产生,法治思维才具备形成的条件。法治情感不属于人类自发的情感,需要后天的培养。当代大学生大部分具有对法治的认同意识,但还没有达到对法治充满热爱和完全信任的程度,当遇到权利受损时,还存在托关系、找人情、靠权势的心理,对法治还存在观望态度,缺乏敬畏和信赖之情,对法治国家建设缺乏参与的积极性和主动性。因此,大学生的法治思维水平和状况还需要通过系统的法治教育来改变和提升。

首先,培养法治情感要具备对法治的认同感。"法律对人们利益的全面承认和维护,是法治认同的基本前提。"② 树立法治思维先要在心理上认同法治,法治作为制度对全体社会成员都具有约束力,对象

---

① [古希腊]亚里士多德:《政治学》,吴寿彭译,商务印书馆1965年版,第167—168页。
② 李春明、王金祥:《以"法治认同"替代"法律信仰"——兼对"法律不能信仰"论题的补充性研究》,《山东大学学报(哲学社会科学版)》2008年第6期。

的普遍性使法治具有严格的公信力。法治的约束力和公信力源于法治在本质上是社会公共意志的表达，体现了人民民主、社会规范和公平正义，基于对人们正当利益的认可和维护，理应得到民众的认可和信任。"要努力使每一项立法都符合宪法精神、反映人民意愿、得到人民拥护，保证良法善治。"① 法律作为上层建筑体现了统治阶级的意志。在中国，人民当家作主，因此中国的法律在制定时倾听了人民群众的意见和建议，包括大学生在内，每个社会公民都有参政、议政的权利，当公民的正当意见得到立法机构的重视和采纳时，就会对亲身参与制定和修改的法律产生亲切感和认同感。

认同法治是信仰法治、践行法治的前提。对大学生进行法治情感的培养，是进行有效的法治教育的重要内容。法治并不仅仅意味着严刑峻法，法治的价值还在于保障人民的自由、民主、平等、权利，维护社会和谐与长治久安。社会主义法治国家建设就是要把法治作为解决问题、化解矛盾的主要方式，形成"自觉守法、遇事找法、解决问题靠法"的法治思维模式，才能真正实现依法治国。对法治的认同体现为社会个体对法治的主观心理体验，利用法治社会实践，大学生通过亲身体验，感受到法治的威严和法治正义的力量，就会增强对法治的认同感。法治正义不仅体现在自身的正义——得到认可的法律必须是"良法"，还体现在程序正义，法治程序的公开、透明，才能真正吸引人们对法治进行深刻解读，体会法治的正义价值。大学生通过法治教育和实践对法治有深刻了解之后，就会对法治产生内在认同的情感动力，愿意自觉地遵从法治、践行法治，从而形成法治思维。

其次，培养法治情感要具有对法治的敬畏感。法治是社会公共意志的体现，是治理国家的方式，需要全社会遵守，体现了法治的权威性。人们对法治的认同源于得到社会普遍认可的法律必须是制定良好的法律，"良法"易于得到社会的认同和遵从。"良法"体现了社会的公平正义和铁面无私，对法治的敬畏之情使得法治得以推行和实施。管子是春秋时期法家的代表，最早提出了"依法治国"的主张，

---

① 张文显：《习近平法治思想研究（下）——习近平全面依法治国的核心观点》，《法制与社会发展》2016 年第 4 期。

曾曰:"威不两错,政不二门,以法治国,则举措而已"(《管子·明法》)。意思是说,权力必须集中,政令必须统一,推行法令,才是治国之道,这一论述充分说明了法治权威的重要性。对法治的敬畏感基于对法治的认同,对当代大学生来说,也应该通过法治教育培养对法治的敬畏之情。

大学生对法治的情感认同是因敬畏法治而产生的情感,因敬生畏,敬是前提,出于对法治发自内心的尊重和认可。因敬畏产生的法治情感认同,具有可持续性,在现实生活中表现为尊重规则、崇尚法治、愿意按照程序办事。遵纪守法,是法治社会中合格公民的必备素质。不崇拜权威,不迷信权力,将法治作为个人行为的准则,遵循法律、遵守规则、遵照程序、依法办事,是法治社会公民的素质要求。法治的情感认同是法治思维的心理基础和前提,法治情感认同是在情感动力支持下产生的法治认同,是建立在规则基础上法治思维构成的心理要件和精神内涵,也是法治的思想内核。"中国特色社会主义法律体系的形成,是我国依法治国、建设社会主义法治国家历史进程的重要里程碑,也是世界法制史上有标志性的重大事件。"[①] 加强当代大学生的法治情感认同,要加强对大学生的法治教育,了解中国的法律法规,了解法治国家的建设目标和进程,加强社会主义法治国家的归属感,明确大学生在法治国家建设中的责任和目标定位,不断提升自身的法治思维水平,尊重和敬畏法治,树立法治至上的观点,才能为依法治国贡献自己的力量,不断推动社会主义法治国家的建设进程。

三 提升法治意识

首先,法治意识的核心是对社会主义法治的深刻理解与认识。对当代大学生来说,要形成法治思维,先要树立社会主义法治意识,通过对中国的历史传统和现实国情的了解,在把握时代脉络和现实境遇中,明确法治意识的内涵,要通过通识性的法治教育对社会主义法治有明确地了解。法律专业工作者、从事法治教育的思想政治教育工作

[①] 张文显:《习近平法治思想研究(下)——习近平全面依法治国的核心观点》,《法制与社会发展》2016年第4期。

者和法律专业的学生要率先树立法治意识，要在依法治国、依宪治国中发挥榜样示范作用；在课程设置上要加强法治教育的普及工作，与高等教育、公民素质教育和法律职业教育密切结合，使全体大学生都具备权利意识、义务意识和社会责任意识，逐步确立法治意识，为法治思维形成奠定基础。

追本溯源，法治意识是随着法治社会发展而不断发展的社会心理现象，同时随着依法治国和国家治理现代化的实践不断得到提升和丰富。大学生作为社会个体，其法治意识主要通过学校的法治教育和各类社会实践，在后天成长过程中不断得到发展。对社会整体而言，法治意识是法治思维的组成部分，在法治实践过程中，人们通过感知，不断体验与各种法治现象相关的心理活动，逐渐养成契合法律规则和秩序的行为模式。法治意识体现了社会成员对法治所凝聚的社会公共利益的价值取向的认同，是法治价值观的社会化。因此，法治意识不是社会个体自觉、自发的心理体验，而是在法治教育基础上形成的稳定的、系统的心理活动。法治意识的形成和发展，能够促使社会个体自觉地将法律法规融入个人意识形态，成为自身的行为准则。

其次，法治意识是建设现代化法治社会的心理基础。法治意识是法治思维的前提，建设社会主义法治国家要求全体社会成员都要具备法治意识，这是实现依法治国的共同社会心理基础。大学生在社会主义法治国家中发挥着重要作用，需要在学习中不断提升法治意识，为法治思维确立奠定良好基础。法治意识是宪法和法律制度能够得到普遍遵循的意识基础。良好的宪法和法律在实践中能否得到严格遵守和执行，依赖于社会成员法治意识水平的高低，并直接影响到依法治国和依宪治国的实现。

强制性是法律的重要特征，但强制力并不能保证法律一定能够得到有效实施，也不能保证国家的长治久安和社会的和谐稳定，对法治源自内心的认同和对秩序的遵守是法治得以实施的根本。"法律只在受到信任，并且因而不要求强制力制裁的时候，才是有效的。"[1] 法治

---

[1] ［美］哈罗德·伯尔曼：《法律与宗教》，梁治平译，生活·读书·新知三联书店1991年版，第43页。

思维作为意识对法治实践具有能动的反作用。法治意识水平提高，不但能够使社会个体自觉遵守法律法规，促进社会主义法治国家建设；反过来还能够促进宪法和法律不断修整和完善，推动法治建设的良性发展。

　　法治意识的形成有赖于法治教育的实施和法治价值观的引领。全面实现依法治国，依赖于全体社会成员法治思维的确立和发展，因此法治意识作为法治思维的组成部分，对推动社会主义法治国家建设也起着举足轻重的作用。自1997年党的十五大确立了依法治国的目标以来，法治国家的建设经历了20多年的发展，中国公民的法治意识已经有了大幅度提高，对宪法所赋予的权利和义务有了深入了解，特别是对宪法所规定的民主、自由、平等、公正、正义和人权等理念的认同已经深入人心。法治意识的增强，推动了社会成员的政治参与度；互联网和多媒体技术的发展，拓宽了公众参与政治的途径和平台。这在一定程度上促进了民主政治的发展。但网上的负面言论也在某种程度上对国家的政治稳定产生了一定的影响。在当前多元文化背景下，公民的法治意识水平参差不齐，社会上出现的各种错误思潮对主流意识形态造成了一定的冲击。对大学生来说，要加强意识形态领域的教育，法治思维培育是其中的重要内容，法治教育不但要深入课堂，还要利用各种途径和媒介将社会主义法治教育扩展到各个角落，做到入耳入心，真正在全社会树立起社会主义法治意识。一方面要严格按照宪法和法律规定行事，不仅要保证实体正义，还要实现程序正义；另一方面要将提高运用法治思维解决社会问题的能力深植于大学生的意识中，并通过法治实践不断强化法治意识中的人本观念和规则意识。大学生要真正树立法治意识，形成法治思维，才能具备用法治方式解决实际问题的能力，从而促进宪法和法律法规的不断完善。

四　树立法治信仰

　　法治信仰是坚守法治的信念，是对现行的宪法和法律所秉持的一种发自内心的尊重、信任和认同的态度，是社会个体在对法治理性认识基础上产生的对宪法和法律的认同和遵循。"法律要发挥作用，需要全社会信仰法律。"① 法治信仰决定着人们对法治的态度，也影响人们遵守法治的行为。就目前国家的法治状况而言，法治国家建设还是一个漫长的过程，人们的法治信仰还需要进一步提升，法治在国家治理和规范社会生活中的作用还有待加强。在现实生活中还有相当一部分人对国家的宪法和法律知之甚少，法治意识淡薄，对国家性质、权力制约、人民主权和权利保障等法律概念还缺乏了解，社会生活中各种违法现象还不时发生。这表明人们对法治的作用和地位还没有充分的认识，法治的权威还没有完全确立，全民遵法、守法和用法的氛围还没有完全形成，法治教育还有待进一步加强。法治信仰的树立就是要求人们将遵守和践行法律成为自觉行为，让法律成为个人社会行为的内在动力，这源于对法律及其所包含的精神、价值、理念的高度认同。法治的真正价值在于对法律的践行，只有源自内心的认可并感受到法治的价值后，才会对法治产生真正的认同和遵循。因此，法治的遵守和践行需要人们真诚的信仰，只有认同和信仰法治，才能自觉遵法、守法和用法，法治才不是一句空话。

法治信仰对于确立法治思维、实现依法治国有非常重要的作用。"使全体人民都成为社会主义法治的忠实崇尚者、自觉遵守者、坚定捍卫者。"② 大学生作为法治国家建设的生力军，要率先做到信仰法治，因此需要通过加强大学生的法治教育，使大家认识到法治的重要性，认同社会主义法治观，领悟法治内涵，具备法治意识，坚定法治信仰，形成法治思维，发自内心地尊重法治、敬畏法治、遵守法治和实施法治。

首先，大学生树立法治信仰，需要全社会积极营造法治文化氛围。创建现代化的法治文化氛围，要解构"人治"为主的文化传统，批判地继承和发扬传统法治文化，创建适合中国国情和时代发展需求的法治文化——社会主义法治文化，培育现代人的法治精神和信仰。为此，一方面要继承中国优秀的传统法治思想，认真发掘和传承传统

---

① 习近平：《十八大以来重要文献选编》（上），中央文献出版社2014年版，第721页。

② 习近平：《中共中央关于全面推进依法治国若干重大问题的决定》，《人民日报》2014年10月29日第1版。

第二章 当代大学生法治思维培育的理论概述

法治文化的精髓，并与鲜明的时代特色内容进行对接和梳理，形成符合中国国情的现代化法治文化；另一方面要学习、借鉴国外经过实践验证正确的法治理论成果，理性地促进国家法治建设的发展。将"法律至上"、"自由、民主、平等、权利"等现代法治理念有计划、有步骤地灌输到大学生的理想信念中，社会主义法治信仰才能逐步形成。"法律要发生作用，前提是全社会要信仰法律。再好的法律，如果没有百姓的信任和主动遵守，也不能发挥出应有的作用。"① 因此，良好的现代化法治文化氛围的形成，是大学生树立法治信仰，形成法治思维的良好环境基础。

其次，大学生树立法治信仰，要突出高校法治教育的价值导向作用。法律知识是遵法、守法的前提条件，但不是应然条件，还存在知法犯法的现象。坚定的法治信仰，源自对法治精神的深刻理解和信任。"真正能阻止犯罪的乃守法的传统，这种传统又植根于一种深切而热烈的信念之中，那就是，法律不仅是世俗政策的工具，而且还是生活的终极目的和意义的一部分。"② 所以要引导大学生认知法治的价值功能，"法治"取代"人治"是中国民主法治进步的体现，符合现代化国家发展的趋势，法治作为治国理政的主要方式，体现了中国在发展政治文明和实现国家治理现代化方面的进步，是一种理性的思考与审慎的选择。"法治"优于"人治"，是目前人类最科学的国家治理方式，符合历史进步的发展趋势。法治作为国家治理方式，是一套复杂的、系统的原则、程序和制度，对大学生来说，只有通过系统的课堂学习和认真的法律实践，法治信仰才能真正从内心确立。"要坚持法治教育从娃娃抓起，把法治教育纳入国民教育体系和精神文明创建内容，由易到难、循序渐进不断增强青少年的规则意识。"③ 因此，对高等法治教育来说，要突出高校管理中的法治取向，高校要重点加强大学治理现代化中的法治功能。贯彻依法治国，在高校中就要实现

---

① 张文显：《习近平法治思想研究（下）——习近平全面依法治国的核心观点》，《法制与社会发展》2016 年第 4 期。
② [美] 哈罗德·伯尔曼：《法律与宗教》，梁治平译，生活·读书·新知三联书店 1991 年版，第 43 页。
③ 习近平：《加快建设社会主义法治国家》，《求是》2015 年第 1 期。

依法治校，实现大学治理现代化，要剔除高校管理中的"人治"色彩，加强法治建设，依法行政，依法管理。第一，要在校园内营造浓厚的法治氛围。高校要实现法治化管理，在工作中要秉承民主平等、权利本位、法律至上等法治原则。用法治方式调节学校、教师和学生之间的关系，维护各方利益，促进校园和谐。第二，要完善高校内部的规章制度。要依据宪法及相关法律、法规，建立健全高校内部的各项规章制度，在高校内部管理中做到依法办事、有章可循。同时，领导干部和教师要率先垂范，在法治教育中起到榜样示范作用，言传身教，践行法治。还要建立健全申诉和救济制度，使教师和学生的权利得到切实保障。要积极营造良好的校园法治环境，只有在良好的法治化校园环境中，大学生才能树立法治信仰，形成法治思维。

五 增强法治实践能力

对大学生进行法治教育，使他们了解宪法及法律知识，培养他们的法治认同感，具备法治意识、树立法治信仰，最终目的是为了践行法治。简而言之，就是要大学生提升法治实践能力，做到知法、懂法、守法、用法。"实践是法律的基础，法律要随着实践发展而发展。"[①] 法治实践即法治的实施，就是要发挥法治的作用，取得法治实效，即法治的"实现"。宪法和法律制定出来，并不意味着能在实践中得到贯彻，拥有法律的社会也不一定就是法治社会。法治实施一方面要看法律本身是否是"良法"，另一方面还要看现实中是否具备法治实施的社会基础，两厢具备才可能实现"善治"的理想社会。由此可见，法治要实现其价值，势必要求其各项规定要在社会实践中得到贯彻，法治实践是法律后果的发生方式，法治的权威和效果都要通过实践得以体现。就法治实践的实质而言，法治实践就是要使各种法律规范转化为人的行为规范，在人们的日常社会生活中得以贯彻实施，调节人们的行为与现实的关系，即法治在现实社会中被遵守、被使用、被贯彻、被实施。

---

① 习近平：《依法治国依法执政依法行政共同推进，法治国家法治政府法治社会一体建设》，《人民日报》2013年2月25日第1版。

第二章 当代大学生法治思维培育的理论概述

法治实践是在实践中对法治的应用。法治的实质是国家的政治问题、经济问题、文化问题和社会问题等解决方式的法治化，其核心是对权力的约束，"要加强对权力运行的制约和监督，把权力关进制度的笼子里，形成不敢腐的惩戒机制、不能腐的防范机制、不易腐的保障机制"。[①] 法治的意义在于对权力加以限制，防止权力被滥用，让权力得到人民的监督，维护人民的利益，法治实践体现了现代法治对传统以"人治"为主的治国理念的颠覆。"法律的生命力在于实施，法律的权威也在于实施。"[②]

法治实践是一个系统工程，需要法治各要素协同运作，熟悉宪法及法律知识，权力机关要严格执法和公正司法，最终才能实现全民守法。分析法治各要素的作用可以看出，宪法作为根本大法，在国家的法治体系中起到统帅作用，是其他法律实施的指挥棒，其他法律不能与宪法相抵触。国家机关作为法治的实施主体，在执法过程中要做到严格、规范、公正。公正司法，或曰司法公正，就是要在司法过程中坚持公平正义原则，不仅体现在结果的公平正义上，还要在程序上体现公平与正义。守法是对全体社会成员的共同要求。法治实践应在坚持公平、正义等法治价值的同时注重社会效率，主要体现为三点：一是法治的实现程度；二是法治实践的社会效果；三是法治实践中的资源有效配置。法治实践使法治的设置目的得以实现，制定法律时所蕴含的公平、正义、自由、民主、平等的价值目标才能得以体现，但法治实践的程度和效果则与社会效率息息相关。法治作为国家治理方式，最终还需要人来实施，因此个人的法治实践能力决定了法治国家的建设进程。全面推进依法治国，需要高素质的法治人才，而法治人才的培养离不开高校这个阵地，因此，对大学生的法治教育还需要不断加强。

法治实践是法治的根本，是法治的最终落脚点。各种制度和各项义务要通过法治实践得以实现，公民的基本权利要通过法治实践获得

---

① 习近平：《更加科学有效地防治腐败，坚定不移把反腐倡廉建设引向深入》，《人民日报》2013年1月23日第1版。
② 习近平：《中共中央关于全面推进依法治国若干重大问题的决定》，《人民日报》2014年10月29日第1版。

保障，国家和社会也要积极营造有利于法治实践的社会氛围。法治调整国家、社会、单位和个人间的关系，也即公权力和基本权利的关系。法治的价值在于规范行为，保障公民基本权利得以实现。法治的作用在于用法治方式调整关系、化解矛盾、保障权利。法治实践是包括立法、执法、司法、知法、守法各环节的协同运转的保障体系，是一个系统的工程，涉及法治的可实施性，法治实践的体制，法治人员的素质、能力和法治实践所需要的法治环境等问题，是关乎法治体系的严谨性，执法程序的公正性，救济渠道的畅通性，法治队伍的专业性和普法教育的有效性等多个法治要素。

法治实践还要体现人民的参与权，让人民不但参与法律的制定，还要监督法律的实施。法治是国家治理的工具和手段，为了维护整个社会的正常运转，法治作为工具体现了不同于其他工具的权威性和神圣性，它是理性的化身和正义的代表。对大学生进行法治思维培育，应重在传播法治知识，培养法治精神，树立法治信仰，但最终落脚于法治实践。法治不是单一存在的制度，而是和政治、经济、文化、社会制度等息息相关，任何体制和个人都离不开法治，要真正实现依法治国，就要充分发挥法治在国家治理中的作用，就要对全体社会成员进行法治教育和法治文化灌输。作为国家栋梁的大学生更是重点培养的对象，只有这样才能使人民大众逐步树立法治思维，全面建成社会主义法治国家才指日可待。

第三节　大学生法治思维培育的理论基础

在中国革命、建设和发展的过程中，始终坚持以马克思主义为指导，这是我们党和国家不断发展和壮大的思想保证。同样，进行社会主义法治建设，还要以马克思主义为指导，这是中国法治建设的根本。马克思曾说："法的关系正像国家的形式一样，既不能从它们本身来理解，也不能从所谓人类精神的一般发展来理解，相反，它们根源于物质的生活关系。"① 这表明了法的物质属性,指明了法学研究和法治建设的起点。同时,"依法治国"战略方针的确立,推进了国家法治建设的发展进程,为国家治理提供了科学的方法,推动了法治现代化的发展,也为法治思维培育提供了理论基础。

一 马克思主义法治观

社会主义法治思维以马克思主义法治观为理论内核。在马克思和恩格斯的经典著作中,马克思和恩格斯正确论述了法的起源和本质,法作为上层建筑,不是从来就有的,是人类发展到一定历史阶段才出现的,法是阶级斗争的产物,是统治阶级意志的体现。马克思主义法治观认为,法治思维是在资产阶级战胜封建阶级的斗争中产生的,"法治思维认为是资产阶级法学世界观战胜欧洲中世纪'神学世界观'后社会基本运作进路"。② 这是人类社会的一大进步,将人类从"神学世界观"的统治下解放出来,法学世界观成为主宰,人性得以解放,人权得以保障。法治的建立使人们摆脱了宗法关系的束缚,获得了政治上的独立。"马克思、恩格斯正确阐述了法的起源和本质,认为法是人类历史发展到一定阶段产生的,是社会分裂为阶级的产物。"③

法治思维作为资产阶级推翻封建阶级的工具,又为无产阶级所掌握,成为无产阶级反对资产阶级统治的工具。马克思和恩格斯在批评资产阶级的法时曾说:"正像你们的法不过是被奉为法律的你们这个阶级的意志一样,而这种意志的内容是由你们这个阶级的物质生活条件来决定的。"④ 这表明了法作为上层建筑的特性,法的性质和服务对象最终是由经济基础决定的;同时,法具有相对独立性,反作用于经济基础,影响经济基础的发展进程。自从马克思和恩格斯阐明了法的本质后,法学世界观逐渐成为指导人们实践的理论体系,并运用到经

---

① 《马克思恩格斯全集》第 31 卷,人民出版社 1998 年版,第 412 页。
② 于浩:《当代中国语境下的法治思维》,《北方法学》2014 年第 3 期。
③ 徐亚文:《"马克思主义法学中国化"与当代中国的社会主义法治精神》,《武汉大学学报(人文科学版)》2005 年第 4 期。
④ 《马克思恩格斯选集》第 1 卷,人民出版社 1995 年版,第 289 页。

济实践和政治实践中,也可以说是法治思维在实践中的应用。社会主义法治观建立在历史唯物主义的基础上,以马克思主义为指导,辩证的论述了法治与经济的关系,体现了与资产阶级法治观的本质区别。

纵观历史可以发现,法学世界观战胜神学世界观,使人的个性和自由得到张扬,以法治为核心的社会价值理念体系出现并逐步确立。法学世界观逐渐为人们所接受,并开始指导人们的实践活动,人们借助法治方式参与国家和社会的各类政治、经济、文化活动。在国家治理和政治活动中,法治的作用越来越大,社会随之进步,这都是法治思维在实践中运用的体现。

在不断深化改革,实现国家治理现代化的过程中,坚持以马克思主义为指导,运用中国化的马克思主义法治观,解决了法治国家建设中面临的许多重大难题,找到了一条马克思主义法治观与中国实际相结合的法治化建设道路。经济全球化和文化多元化的发展不断对国家的治理模式提出挑战,生活方式和社会组织形式也在不断发生变化,因此在法治国家建设中,人们的法治认知水平和思维模式也要不断提升。法治思维在深化改革和推动发展中起着重要作用,是国家治理达到良法善治状态的理论支撑。因此,社会主义的法治思维要融入马克思主义法治观的思想精髓,密切结合中国国情,紧扣时代特征,以法治实践为基础,不断丰富和发展马克思主义法治观的内涵,切实服从和服务于依法治国的国策。"全面依法治国是国家治理的一场深刻革命,必须坚持厉行法治,推进科学立法、严格执法、公正司法、全民守法。"[①]

二 马克思主义关于人的全面发展的学说

关于"人的全面发展"学说是马克思主义哲学体系的核心内容,也是科学社会主义的理论起点和逻辑终点。"全面发展的个人——他们的社会关系作为他们自己的共同的关系,也是服从于他们自己的共

---

① 习近平:《决胜全面建成小康社会,夺取新时代中国特色社会主义伟大胜利》,《人民日报》2017年10月28日第1版。

同的控制的——不是自然的产物，而是历史的产物。"① 这表明，人的全面发展是一种社会生产关系的体现，是在生产劳动中产生的。人的全面发展学说是马克思主义的重要理论，在哲学思想领域发挥着核心性的理论支撑作用，更是科学社会主义和共产主义的终极目标。在马克思的论述中，共产主义始终和人的全面发展联系在一起。马克思在《共产党宣言》中指出共产主义社会将是这样一种社会形态，"代替那存在着阶级和阶级对立的资产阶级旧社会的，将是这样一个联合体，在那里，每个人的自由发展是一切人的自由发展的条件"。② 在《资本论》中进一步指出共产主义社会是"而只有这样的条件，才能为一个更高级的、以每一个个人的全面而自由的发展为基本原则的社会形式建立现实基础"。③ 在《给"祖国记事"杂志编辑部的信》中马克思则将共产主义理解为"以便最后都达到在保证社会劳动生产力极高度发展的同时又保证每个生产者个人最全面的发展的这样一种经济形态"。④ 进行社会主义法治国家建设，是为了营造法治环境，保障人民的幸福生活；对大学生进行法治思维培育，可以提高个人的综合素质，最终目的都是实现个人的全面发展。这不仅是党和国家建设的目标，也是法治国家建设的理论基础，需要在理论和实践中不断地丰富和发展，也是党不断完善自身建设和推动社会发展的理论支撑。

根据马克思主义关于人的本质的论述，"人的全面发展"体现在"人"作为"社会关系"的总和，是人的社会活动、生活需要和劳动创造能力的全面发展。郑永廷将马克思主义关于人的全面发展理论概括为六个方面：人的全面发展是人民群众根本利益的内在要求和实现基础，是建设有中国特色社会主义的本质要求，是人的素质提高与人力资源开发的统一，是人的发展与社会发展的统一，是物质生活发展与精神生活发展的统一，人的全面发展是人与自然协调发展的统一。⑤

---

① 《马克思恩格斯全集》第 30 卷，人民出版社 1995 年版，第 112 页。
② 《马克思恩格斯选集》第 1 卷，人民出版社 1995 年版，第 294 页。
③ 《马克思恩格斯全集》第 44 卷，人民出版社 2001 年版，第 683 页。
④ 《马克思恩格斯全集》第 25 卷，人民出版社 2001 年版，第 145 页。
⑤ 郑永廷、石书臣：《马克思主义人的全面发展理论的丰富与发展》，《马克思主义研究》2002 年第 1 期。

实现人的全面发展,是马克思主义价值观的根本归旨,也是中国特色社会主义实践的指导思想,党提出"四个全面"的战略发展布局,其根本目的还在于让每个社会个体都能有用武之地,能实现个人价值,实现个人的全面发展。

全面实现依法治国对法治思维在意识形态领域的传播起到了推动作用,在高等教育领域也概莫能外。在实现国家治理现代化的过程中,培育大学生的法治思维是新的历史时期的时代需求。尤其在面对涉及大学生发展的根本利益问题时,更要依法行事、遵守法律原则。

从这一方面来说,法治思维作为个人意识形态的一部分,对人的行为起到"支配着个人,使个人顺从"[①] 的作用,给人们的行为树立了规则意识和道德底线,是个人道德品行的基础和保障。目前,在中国的高等教育体系中,法治教育普及工作涵盖在思想政治教育工作中,是个人道德修养、政治素质的一部分。法治思维培育要求思想政治教育工作者将对法治的认同与信仰根植于大学生的内心,认同法律是规范社会行为的尺度和价值标准,自觉将法律作为行动准则,维护宪法和法律的尊严,始终对法律心存敬畏,树立法律的红线意识和底线意识。

从另一方面来说,法治思维的形成有利于营造使大学生实现个人自由全面发展的外部环境。在新的历史条件下,法治成为国家最主要的治理方式,结合新形势,用法治思维武装人们的头脑,对丰富和完善马克思关于人的全面发展的学说具有重要意义。"人的自由而全面发展"是科学社会主义和共产主义发展的根本目的,中国特色社会主义法治国家建设能为实现"人的自由而全面发展"创造必要的环境和条件。"社会主义应当从自己的基本国情出发,坚持马克思人的全面发展思想的指导,依靠先进的社会制度和高科技成果,自觉创造条件,积极推进人的全面发展进程。"[②] 对大学生进行法治思维的培育,体现了社会和时代的需求,与中国的政治文明、精神文明和物质文明发展相一致。法治思维确立有利于提升社会个体的道德素质和政治素

---

① [法] 埃米尔·涂尔干:《社会分工论》,梁敬东译,生活·读书·新知三联书店 2000 年版,第 17 页。

② 杨兆山:《关于人的全面发展的几点认识——兼论马克思人的全面发展思想的时代价值》,《东北师大学报》2003 年第 3 期。

养，而公民素质提升亦有利于现代化国家的建设。同时，良好的法治社会法治环境，为实现人的全面发展提供了物质保障。黑格尔曾说："社会和国家的目的在于使一切人类的潜能以及一切个人的能力在一切方面和一切方向都可以得到发展和表现。"① 也就是说，国家和社会发展的目的是让一切人的一切发展成为可能。

三　依法治国理论

中华人民共和国成立之初，为巩固党的领导地位，采取了党政合一的领导方式，法治并没有得到重视。随着改革开放政策的实施，经济飞速发展，社会大步前进，法治的需求越来越强烈。改革开放后，邓小平同志提出："必须使民主制度化、法律化，使这种制度和法律不因领导人的改变而改变，不因领导人的看法和注意力的改变而改变。"② 关于民主法治建设的这段论述奠定了中国发展社会主义民主与法制的基础，"依法治国"的理论初露端倪，开启了中国从"人治"向"法治"转变的序幕。江泽民同志在中共中央举办的中央领导同志法制讲座上，首次提出了"依法治国"的方针，这是对邓小平同志法制思想的发展。2014 年，党的十八届四中全会以"依法治国"为主题，自此"依法治国"的国家治理方式的重要性更加明确。习近平总书记尤其重视社会主义法治建设，不但提出了建设"法治中国"的目标，并且发展和完善了依法治国理论。

党的十八届四中全会提出："全面推进依法治国，总目标是建设中国特色社会主义法治体系，建设社会主义法治国家。"③ 依法治国的总目标确立，为社会主义国家的发展指明了方向，中国的国家建设在现代化、法治化的道路上又前进了一大步。法治思维和法治方式是对依法治国理论的深化与发展，依法治国是法治思维的理论基础，也是大学生法治思维培育的理论基础。"依法治国是党领导人民治理国家的基本方略，其要义是人民在党的领导下，依照法治原则和法律规

---

① ［德］黑格尔：《美学》第 1 卷，朱光潜译，商务印书馆 1979 年版，第 59 页。
② 《邓小平文选》第 2 卷，人民出版社 1994 年版，第 146 页。
③ 习近平：《中共中央关于全面推进依法治国若干重大问题的决定》，《人民日报》2014 年 10 月 29 日第 1 版。

定，通过各种途径和形式管理国家事务，管理经济文化事业，管理社会事务，使国家各项工作法治化，使社会主义民主制度和法律不因领导人的改变而改变，不因领导人看法和注意力的改变而改变。"① 依法治国的理论阐明了新的历史条件下国家治理的根本方式，是对传统的"人治"方式的根本挑战。依法治国是在党的领导下，以宪法和法律为依据治理国家的方式。

依法治国要坚持党的领导地位，党的领导是依法治国的政治保障。我们建设的现代化法治国家，是党领导下的具有中国特色的社会主义法治国家。任何情况下都不能脱离党的领导，这是我们的政治根本。习近平总书记强调："依规治党深入党心，依法治国才能深入民心。"② 要强化党总揽全局、协调各方的领导地位，特别是要加强党对依法治国的领导能力，体现了在新的历史条件下对党的领导和依法治国的高度重视。

依法治国是依法执政和依法行政的统帅，三者共同推进，才能推动"坚持法治国家、法治政府、法治社会一体建设"。国家、政府和社会三位一体，要实现法治化，就要运用法治思维处理问题。法治思维应成为法治建设中主导的思维方式，法治思维是依法治国过程中，用以处理社会问题、化解社会矛盾、解决社会纠纷的最主要的思维方式。"全面依法治国是一项长期而重大的历史任务，也是一场深刻的社会变革。"③ 在这个过程中，还存在许多难以解决的问题，还有许多困难等待我们去克服，这都需要运用法治思维和法治方式加以解决。因此要不断增强人们的法治思维，特别是领导干部的法治思维。大学生将来也会成为社会建设的中流砥柱，成为社会主义法治国家建设的主力军，对他们进行法治思维培育，也要重点加强依法治国的理论基础教育，明确依法治国的内涵和重要性。这是对大学生进行法治思维培育的重要理论基础。

依法治国为建设社会主义现代化、法治化国家，为实现中华民族

---

① 张文显：《习近平法治思想研究（中）——习近平全面依法治国的核心观点》，《法制与社会发展》2016年第3期。
② 习近平：《加强党对全面依法治国的领导》，《奋斗》2019年第4期。
③ 习近平：《加强党对全面依法治国的领导》，《奋斗》2019年第4期。

的伟大复兴提供了制度保障。"法学教育要坚持立德树人,不仅要提高学生的法学知识水平,而且要培养学生的思想道德素养。"① 依法治国的实现,需要一支高素质的法律人才队伍。当代大学生不但是普法教育的重要对象,同时还承担着建设社会主义法治国家的重担。在国家目前的教育体系中,法治教育属于思想政治教育的子系统,是培养法治国家公民,实现青年学生自由全面发展的重要环节,发挥着"要全面贯彻党的教育方针,落实立德树人根本任务,发展素质教育,推进教育公平,培养德智体美全面发展的社会主义建设者和接班人"②的重要职责。重视大学生的法治思维培育,是全面推进依法治国,实现大学治理现代化,促进青年学生实现自由全面发展的一项重要任务。因此,对大学生进行法治思维培育要以依法治国理论为指导,法治思维的提升也能促进依法治国的发展进程。

---

① 习近平:《立德树人德法兼修抓好法治人才培养,励志勤学刻苦磨炼促进青年成长进步》,《人民日报》2017年5月4日第1版。

② 习近平:《决胜全面建成小康社会,夺取新时代中国特色社会主义伟大胜利》,《人民日报》2017年10月28日第1版。

第三章

当代大学生法治思维培育的文化基因与发展历程

大学生法治思维培育可以说是一个崭新的时代课题,但却与中国的法治传统文化有深刻的历史渊源,中国的法治思想最早可追溯到夏商时期,法治传统源远流长。法律和道德一直是统治阶级统治和教育民众的两种并行手段,在不同的历史时期发挥不同的作用。因此,中国当代大学生的法治思维培育蕴含着丰富的传统法治文化基因,厘清传统文化对当代法治思维培育的影响,去其糟粕,取其精华,有利于找寻法治思维发展的理论进路。中国高等法治教育经过了曲折的发展历程,经历了由"法制教育—法治教育—法治思维培育"的发展过程,是与国家的法治建设同步发展的,具有与时俱进的特征。特别是由"法制"到"法治"的变化,体现了由静态制度到动态综合治理方式的改变,含义更加丰富。在本书中为了论述的简明清晰,除在特定的语境中用"法制"二字外,其余均用"法治"来表述。

第一节　大学生法治思维培育的文化基因

法治思想在中国有悠久的历史,早在夏商时期就出现了成文的法典——《禹刑》,《左传·昭公六年》中有记载:"夏有乱政,而作《禹刑》。"先秦法家的代表人物管子则最早提出了"依法治国"的主张。法治思想在中国源远流长,法治的教育和普及也传承至今,只是在不同的历史时期法治在国家治理中的地位不同而已。因此,研究大学生的法治思维培育不能抛弃中国法治传统中沉淀的文化基因,同时还要厘清中国法治思想的发展历程。

一 "礼""法"思想的渊源

先秦时期，礼法并行，相互交织，共同发挥法治的作用。管子是先秦法家思想的代表人物，他的法学思想主张"重法不轻礼"。《管子》曰："登降揖让、贵贱有等、亲疏之体谓之礼"（《管子·心术上》）；又曰："仓廪实而知礼节，衣食足而知荣辱"（《管子·牧民》）。《管子》所说的"礼"含义丰富，即包含尊卑礼仪、等级秩序和亲疏体统，也包含人们日常交往中约定俗成的习惯和规矩。子产则提出了："夫礼，天之经也，地之义也，民之行也"（《左传·昭公二十五年》）的主张，"他还打破了'礼不下庶人'的原则，使礼治与法治相通"，[①] 打通了礼法的界限。儒家创始人孔子则云："君子之行也，度于礼，……若不度于礼，而贪冒无厌，则虽以田赋将又不足。且子季孙若欲行而法，则周公之典在"（《左传·哀公十一年》）。孔子认为"礼"乃贵人之法，体现了封建等级的礼仪、秩序。由此可见，先秦法家的代表人物管子认为"礼"在很大程度上与儒家的"德"有契合之处。"礼"对于个人而言，可以修身养性，让人懂得进退揖让的礼仪规矩；对于国家而言，可以治国理政，包罗政治、文化、宗教等制度规范，是治国之术的一部分。

先秦礼法并行，以法家和儒家思想家的论述最为充分。法家认为"礼"的作用和功能是为维护统治阶级的政权服务。"凡民之生也，必以正平。所以失之者，必以喜乐哀怒。节怒莫若乐，节乐莫若礼，守礼莫若敬。外敬而内静者，必反其性"（《管子·心术下》）。"礼"不但能够维护封建长幼尊卑的等级秩序，还能够节制人的七情六欲，以此来教化民众，使之成为统治阶级所需要的人。"礼"同样作用于统治阶级，遵礼者方能得天下，是掌握政权的重要因素。"先王取天下，远者以礼，近者以体。体、礼者，所以取天下"（《管子·枢言》）。"礼"也是统治者取得天下的重要工具，这一观点也与儒家"得民心者得天下"的论断高度吻合。因此，"礼"代代相传，虽然

[①] 于向阳等：《法治论》，山东人民出版社2003年版，第3页。

各有损益,却兼具了修身、齐家、治国、平天下的伦理、宗教、文化、政治的内涵,实为治国之鼎器。

法家之"礼"与儒家之"礼"既有相通之处又有相异之别。《荀子》在性恶论的前提下也注重"礼","问者曰:人之性恶,则礼义恶生? 应之曰:凡礼义者,是生于圣人之伪,非故生于人之性也"(《荀子》)。荀子认为礼义是为了限制人性之恶,由圣人制定出来的规则,强调了"礼"的约束性,与管子的"先法后礼"的观点相合。孔子曰:"道之以政,齐之以礼,民免而无耻;道之以德,齐之以礼,有耻且格"(《论语·为政》),突出了"礼"的教化作用,如果人民只是因为畏惧刑罚而不做坏事,并不具备羞耻之心,只有懂得"礼"之后,才能因为具备羞耻之心而从根本上拒绝做坏事。同为说"礼",儒家之"礼"与法家之"礼"在规范人的行为时发挥作用的重要程度却是相异的。

先秦诸子对于"法"的论述。《管子》被誉为齐法家的扛鼎之作,管子的法治思想在《管子》一书中得到非常翔实的论述。商鞅是法家强硬派的代表,他提出了"礼法以时而定,制令各顺其宜"(《商君书·开塞》)的主张,还提出了"以法相治"(《商君书·慎法》)、"垂法而治"(《商君书·壹言》)、"缘法而治"(《商君书·君臣》)等观点,对其法治主张进行了详尽地阐述。慎到与商鞅同时,同样主张依"法"治理和管理国家,"官不私亲,法不遗爱,上下无事,唯法所在"(《慎子·君臣》),强调了"法"的重要性。慎到的"法礼"观与管子相似,重法不避礼,"明君动事分功必由慧,定赏分财必由法,行德制中必由礼"(《慎子·威德》),是说圣明的君主根据人的才能智慧论功行赏,根据制度法令确定赏赐分配财务,根据礼仪规范施行德政,凸显了礼法的重要性,有别于商鞅、韩非等人重法"弃"礼的思想。管子的法学思想体现了东方法学的特点,具有柔性的特征,体现了人文关怀。

儒家思想家认为"礼"乃法之根本。孔子曰:"其身正,不令而行;其身不正,虽令不从"(《论语·子路篇》),强调了"人治"的重要性,统治者应率先垂范,遵守礼法,老百姓也会效仿;否则,即使有法令,老百姓也不会遵守。孟子强调"礼"和"法"的重要性,认为"徒善不足以自治,徒法不足以自行"(《孟子·离娄上》),统治者只有仁德的品质不足以把国家治理好,国家只有法令也不能自行发生效力,还需要仁德的君主推行法治才能治理好国家。但孟子更注重"礼",主张实行"仁政"。荀子注重"人治",主张"有治人,无治法"(《荀子·君道》),有善于治国的人,没有善于治国的法,治理国家还是人重要;他还认为"礼"是"法"的基础,"礼者,法之大分类之纲纪也"(《荀子·劝学》)。

礼法的辩证关系。在先秦诸子的著作中并未将"礼""法""德"区别开来,而是你中有我,我中有你,相互杂糅,总体来说注重"礼法"的辩证结合。"古人观念中,此规范、秩序、法式亦可以'法'名之,惟此'法'辙与德、教相连,故又谓之'德法'或'先王德教',而有别与单纯的暴力性规范如刑。"[1] 先秦"礼""法""德"的含义有重合、有差异,联系非常紧密。"考诸字源,礼、刑、法三字,法字出现最晚。春秋以前,通行的观念曰礼,曰刑,且礼之观念无所不包,无所不在。后世所谓法者,乃出之于礼,实为礼的一个面相。"[2] 这个考证阐明了"法"出于"礼",实为一部分道德观念的规范化。春秋时期管仲非常重视法,在《管子》一书中,直接对法进行阐述的篇目就有九篇,还有许多阐述法的观点夹杂在其他篇目中,但他并不因此而轻视"礼",而是认为礼法并重。管子的过人之处在于将"礼""法"区别开来,用"礼"来维持社会等级秩序,用"法"来规范人们的社会行为,把"礼"摆在与"法"一样的高度,同为治国之道。他还认为教化民众是"礼"的重要作用,与儒家"德教"的作用实属一脉,"刑罚不足以畏其意,杀戮不足以服其心。故刑罚繁而意不恐,则令不行矣;杀戮众而心不服,则上位危矣"(《管子·牧民》)。因此,管子认为在维护国家统治的过程中,离开"礼"单靠"法",不是长久的治世之道。"礼"是"法"的基础,从思想上教育民众,"法"是"礼"的保障,从制度上规范民众的行为。"君臣不以礼义教训,则不详;百官服事离法而治,则不详"(《管

---

[1] 梁治平:《"礼法"探原》,《清华法学》2015年第1期。
[2] 梁治平:《"礼法"探原》,《清华法学》2015年第1期。

子·任法》)。君主和大臣不用社会的礼仪规范自己的行为，就不是好事；百官做事如果离开了法治的规范，也不是好事。脱离礼仪和法治做事，就可能引起社会不安和动荡。由此可见，早在先秦时期，法治的观点就已出现，其含义与当今的"法治"不尽相同，但法治的思想、传统已然形成。

二 "德主刑辅"的影响

秦朝商鞅变法将法治的严苛推向极致，严刑峻法一方面推进了国家管理的制度化和规范化，促使秦国走向强大，最终一统天下；反之，残酷的镇压和剥削，激起了人民的强烈反抗，强大的秦朝仅存在了十四年便土崩瓦解。继起的王朝都吸取秦王朝的教训，不再推行严法重典，注重休养生息，"法"在国家统治中的地位急转直下。儒家思想温和中正，以"仁德"教化为本，符合秦朝覆灭后国家百废待兴的政治需要，西汉以后"德主刑辅"的国家治理方式占据了决定地位，"贤主德政、礼法结合"的思想成为主导。

董仲舒是汉代儒学大师，公羊派代表，他的思想奠定了后世封建统治的基础。"董仲舒远承孔孟，近取荀子，兼收阴阳五行及某些神权思想因素，构成了新儒家的理论体系。他的法律思想标志着封建正统法律思想的确立。"[①] 董仲舒不但提出了"罢黜百家，独尊儒术"的主张，还将儒家的德治主张确立为封建统治阶级的主导思想，提出了"君权神授""三纲五常""德主刑辅""春秋决狱"等思想主张，影响了此后历代王朝的治世之道。"天道之大者在阴阳。阳为德，阴为刑；刑主杀而德主生。"[②] 董仲舒的"阳德阴刑"理论，即"德"为"阳"，是主要的，"刑"即"法"为"阴"，处于辅助地位，也就是"德主刑辅"，这种思想成为汉代以后封建统治的主导思想。"董仲舒的'阳德阴刑'思想体系对中华法系影响深远，是中国法律思想史上的一个标志性里程碑。"[③] 对中国社会法治体系的建构影响深远。

---

① 惠洋：《董仲舒法律思想浅析》，《法治博览》2012年第4期。
② （汉）班固：《汉书》，团结出版社2002年版，第519页。
③ 肖红旗：《董仲舒的"阳德阴刑"思想》，《衡水学院学报》2015年第2期。

他还主张:"教,政之本也;狱,政之末也"(《春秋繁露》),认为道德的教化作用是国家施政的根本,"狱"也即法治,是不重要的,处于辅助的末位。

汉代以后,以至隋唐时期,"三纲五常"等理论经过不断发展完善,逐渐被制度化、法律化,成为封建统治的纲领。儒家思想的正统地位越来越稳固,"德主刑辅"作为中华法治体系的重要特征也逐渐固定下来。唐朝吸取隋亡的教训,推行休养生息的仁政,德治主张进一步加强。唐初年,诤臣魏征反复告诫李世民:"臣又闻古语云:'君,舟也;人,水也。水能载舟,亦能覆舟。'陛下以为可畏,诚如圣旨"(《贞观政要·论政体》)。提醒李世民牢记教训,实施仁德之政。这一时期,法治虽处于次位,也得到了充分发展,李世民曾说:"法者,非朕一人之法,乃天下之法"(《贞观政要·公平》)。法律,不是由我一个人制定的法律,而是由天下人共同制定的法律,体现了李世民重视民意的民本主义思想。他还说:"法者,人君所受于天,不可以私而失信。"[①] 法律,是君王受上天之意而制定的,不能因个人的原因而失信于天下。李世民的主张体现了重视百姓、重视民意的思想在立法过程中的重要性。《唐律疏议》这部传世法典的诞生,体现了唐代法治思想的进步与发展,是唐朝法治思想的集中体现。

唐朝后期,经过了安史之乱和唐以后的五代十国时期,中国政治的主导方式并没有中断,"德主刑辅"的政治模式已然固化。北宋时期的政治家王安石注重法治,推崇改革,实行了一系列的变法政策。他认为:"今朝廷法严令具,无所不有,而臣以为无法度者何哉?方今之法度,多不合乎先王之政故也"(《临川文集·上仁宗皇帝言事书》)。王安石认为:现在朝廷的法律制度非常完备,什么都有,而我还认为没有法度是什么原因呢?是因为现在的法律制度,大多都已经不符合先王时期的政治形势了。要实现国富民强、社会安定,取决于法治是否符合"先王之政",体现了"尊古"的思想,实为借"古"论"今",当今的法律已不适应社会现实的需要。民不聊生、社会动荡,源于法治的落后和禁锢,因此他积极主张变法改革。王安石认为

---

① (宋)司马光:《资治通鉴》卷196,新疆人民出版社2000年版,第809页。

良法、善法是国家治理的关键："盖君子之为法政，立善法与天下，则天下治；立善法与一国，则一国治"（《临川文集·周公》）。这和亚里士多德"良法之治"的观点是一致的，法治的好坏直接关系国家治理的好坏。不仅如此，王安石还非常重视法治人才的选拔和任用，认为立法和执法的人才对法治的实施也至关重要，"守天下之法者吏也，吏不良则有法而莫守"（《临川文集·度支副使厅壁提名记》）。"把法律教育与官吏选拔结合起来，培养法律人才和提高官吏法律素养，这是今天仍在提倡的事情，足见王安石的远见卓识。"① 由此可见，从中国古代开始，就非常重视法治教育，法治人才的培育、选拔和任用事关国家兴衰成败。

与王安石同时代的思想家朱熹是程朱理学的代表人物，他从理学角度对"三纲五常"进行了深入阐释，使"三纲五常"的理论更加系统化、哲理化，最终发展为封建礼教制度，成为统治阶级维护其统治的最高准则，其地位在封建统治中几至不可撼动。程朱理学也注重法治，注重人情、法治与理学的结合，"义理法是融天理、国法、人情于一体，倡导'理,情—法'架构形式，以理统情，以理统法，形成理体情用、以情释理、以情辅理，'国法'源于'天理'、'国法'顺应与维护'天理'基本理论定势，存在政统与法统一致趋向性。"②程朱理学更加注重法治的理学价值。程朱理学对法治的理解体现在"以法为公"的理念上，"法者，天下大公之本"，"法者，天下之至公也"，都体现了公正是法治的根本价值。法治靠人执行，法治的公正受到挑战时，就需要执法者用情感和理性的原则去权衡利弊，最大限度做到公正。宋代对于"以法为公"的理念，较之唐朝有较大进步和发展。

三 "明刑弼教"的推行

明初推行"明刑弼教"政策。"明刑弼教"一词源于"明于五刑，以弼五教"，出自《尚书·大禹谟》，意思是：让五刑来辅助五

---

① 于向阳等：《法治论》，山东人民出版社 2003 年版，第 13 页。
② 徐公喜、吴京红：《中:宋明理学法治核心价值》，《学术界》2015 年第 8 期。

教,即让法律作为教育百姓的辅助手段,让百姓都知晓法律,人们因为知法、畏法而遵守法律,从而达到教育百姓遵法守法的目的。朱元璋建立明朝以后,整顿朝纲,注重法治,推行"重典治国"的政策。明朝的治国之道,相对于唐宋时期的"德主刑辅""大德小刑"和"先教后刑"等政策来说,更注重刑典的作用。

明朝的法治对宋元时期的法治思想有很大的继承性。程朱理学在明朝依然有深远影响,朱熹对"明刑弼教"思想进行了充分的阐释,在"德主刑辅"思想占主导地位的情况下,提高了法治的地位,将"法治"提高到与"德教"同等重要的位置,对国家治理来说都同样不可或缺,法治的地位较之宋元时期有较大的提高。明初,朱元璋借助"明刑弼教"的主张,使"法"摆脱了从属地位,"德"对"法"不再有统领的作用,"法"也即"刑",不必受"先教后刑"的约束,而是可以"先刑后教",他主张用刑罚实例来教育人民,实际上是实行"严刑酷法",与朱熹主张的"德法并行"的主张还是有所区别。明初治国政策的变化意味着中国传统封建法治原则的变化,由"德主刑辅"到"礼法并重"再发展到"明刑弼教"的模式,进入了一个全新的阶段。汉代以来,重德轻刑,道德的教化作用备受历代统治者重视;礼法并重的观点虽然提高了"刑"、"法"的地位,但依然体现了儒家思想的延续;"明刑弼教"本意也在于"礼法并重",只是在明初为朱元璋所用,借"弼教"之名,行"重刑"之实,为明初推行重典治国的政策寻找思想理论上的依据。

朱元璋在本质上认同"明刑弼教"的理论内涵,曾说:"自朕统一,申明我中国先王之旧章,务必父子有亲,君臣有义,夫妇有别,长幼有序,朋友有信。"[①] 以上论述表明朱元璋赞同儒家"三纲五常"的观点,只是在推行"明刑弼教"之时,加重了刑罚的作用。这是因为朱元璋作为明朝的开国皇帝,深受元末官吏腐败之痛,对贪官污吏深恶痛绝,因此下重刑惩治腐败,限制官吏豪强欺压百姓。朱元璋虽然认为"礼""法"同等重要,但"刑""法"在促进教化方面比单纯依靠"礼",即"德教"的实际效果要更好。"君之养民,五教五

---

① 饶鑫贤:《中国法律思想通史》明代卷,山西人民出版社2000年版,第276页。

刑焉。去五教五刑而民生者，未之有也。"① 他认为皇帝要教化民众，五教和五刑要并用，即"德教"和"刑罚"并用，不用五教和五刑而民众就被教化好，是不可能的。而且他还主张"法外用刑"，实际上就是推行酷刑重典，"明刑弼教"的本质已经被篡改。此外，"明刑弼教"的观点还体现在立法上，朱元璋在位时修订的《大明律》传承了《唐律》的精髓，又有所发展，是中国古代法典的杰作。《大明律》中增加了许多严刑酷法，是"明刑弼教"重刑主义的体现。

明朝中期以后，统治者意识到严刑酷法的弊端，重新回归到"德主刑辅"的轨道上。至明末清初，资本主义工商业开始萌芽，市民阶层产生，出现了一批具有民主思想的启蒙思想家，他们的思想继承了中国优秀法治传统的精华，对封建法治的糟粕进行了批评，初显了反对封建专制，追求民主、平等的端倪，体现了历史的进步。

明末清初的启蒙思想家黄宗羲，猛烈抨击了封建专制制度，批判皇帝是以天下为家，为了满足一己私利，封建法治也是为了维护皇帝的"家天下"服务，是"一家之法而非天下之法"（《明夷待访录·原法》）。这样的法，不能为天下人谋福利，根本不能算法，而是"非法之法"（《明夷待访录·原法》）。因此黄宗羲主张应当推翻封建君主专制，废除封建法治。黄宗羲还提倡民主思想，认为应当人人平等，反对人治，提倡法治，主张国家的生死存亡"系于法之存亡"，只有实行法治才能保证国家长治久安。他还主张"有治法而后有治人"，有治世之法才有治世之人，从而反对儒家"有治人无治法"的观点。黄宗羲的法治思想，体现了朴素的革命性和民主性，标志着中国古代的法治思想发展到一个新高度。王夫之与黄宗羲同时代，也提出了"天下为公"的观点："以天下论这，必循天下之公，天下非一姓之私也"（《读鉴通论·卷末叙论一》）。认为天下当属于天下人，不是皇帝一人所有，这些思想都体现了对传统法治思想的突破和创新。

时至明朝，中国的封建法治思想历经千年的修正，已经发展到最完善的程度，法治思想的发展与封建制度的发展一致，在达到其顶端

---

① 吴晗：《朱元璋传》，人民出版社2004年版，第222页。

后，逐渐开始走下坡路，这是历史发展的必然，法治思想发展也同样遵循历史唯物主义的发展规律。

四 "西学东渐"的冲击

近代"西学东渐"，对积贫积弱的中国产生强烈冲击的正是西方的法文化体系，特别是宪政思想对清朝政治产生了重大的影响。清朝中后期，中国的封建制度已经走向垂死挣扎的末路，封建宗法制度、自耕自足的小农经济、闭关自守的国家政策，使中国严重落后于世界发展的步伐。封建地主阶级利用儒家三纲五常的正统礼教、忠孝节义的伦理制度统治人们的思想，维护尊卑贵贱有别的封建等级制度，形成了清朝既稳固又封闭保守的封建法文化体制。这种建立在闭关自守的小农经济基础上的封建法文化体制与建立在机器大工业经济基础之上的近代西方资本主义法文化体制相比，无疑处于落后挨打的局面。鸦片战争以后，西方列强逼迫清政府签订了一系列不平等条约，这些"不平等条约的根源，一部分由于我们的无知，一部分由于我们的法制未到达近代文明的水准"。① 正是这种落后挨打的局面激起了一些有识之士的愤慨，他们的视野越出国门，率先尝试"睁眼看世界"，积极向西方学习先进的文化和技术，寻求"借法自强""变法自强"的道路。特别是在看到与中国一衣带水的日本，通过变法维新走上国富民强的道路后，更使一部分先进的中国人看到了借助西方文明改变中国落后状况的希望，因此，西方的法治文明作为实现国富民强的"兴奋剂"被引入中国。"从此，西方合法性理论中强调的法律精神、法律思维成为改造中国固有合法性观念的主流。从韦伯所言说的传统型统治转向合法型统治，也在此成为中国历史的必然进路。"②

中国向西方寻求先进政治法治文化的道路异常曲折。首当其冲受到来自封建王朝最高统治集团内部的顽固抵制，顽固派竭力维护封建宗法制度的核心，坚持"大清皇帝统治大清帝国。万世一系，永永

---

① 蒋廷黻：《中国近代史》，天津人民出版社2016年版，第22页。
② 张仁善、杨宇剑：《论近代"法统"理念的构建与袁世凯对民初"法统"的改造》，《法治研究》2015年第3期。

尊戴"。竭尽全力维护腐朽的封建专制法文化体制。而来自底层的劳动人民既痛恨封建统治又盲目排外，借助朴素的反抗情绪发动太平天国、义和团等农民起义，但不能从根本上动摇封建统治的根基。洋务派代表李鸿章、张之洞等人，积极学习西方的先进技术，开办军工厂，兴办近代工商业，推动资本主义的发展，但在政治制度和文化制度方面，却依旧顽固保守，还是竭力维护清王朝的封建统治。即使迫于外国侵略势力的严重打击，不得不"变法图存"之时，依然试图"中学为体，西学为用"，将封建"三纲五常"的教义借助西方的体系保留下来，希望能将封建法文化借壳重生，封建势力的顽固性可见一斑。

在知识分子中，一部分具有远见卓识的"先进中国人"，不为狭隘的民族主义所限制，积极向西方寻求强国富民的方法，学习西方先进的法文化体制，一方面揭露和批判封建法文化体制的弊端，另一方面积极要求变法图强，体现了不甘落后的民族精神和昂扬的革命斗志。严复翻译了赫胥黎的《天演论》，宣传了"物竞天择，适者生存"的进化论观点；魏源则提出了"师夷之长技以制夷"的观点……这些启蒙思想，使国人有了接触外界的机会，开始睁眼看世界。不但如此，中国近代的启蒙思想家们，还把西方的宪政制度、三权分立制度、君主立宪制等政法制度带到了中国，并公然宣扬"欲开民智，非西学不可"的主张，为变法维新做了理论和舆论上的准备。

经过先进知识分子的宣传和倡导，在封建统治阶级内部也开始接受西方的法文化思想，主张实行自上而下的"变法维新"改革，这是封建统治阶级为了维护自身利益，不得不采取的改良措施。19世纪后期，清政府统治阶级内部的有识之士也意识到清朝政权已经在风雨飘摇之中，如果不变法改革，亡国之日近在眼前。尤其是日本在日俄战争中以小胜大，打败俄国，被认为是日本实行君主立宪制的胜利，因此加速了维新派对于立宪的渴望。"非有此战则俄国之内容不显，而专制立宪之问题不决，我国十余年来每言及专制立宪之问题，辄曰：

专制即不足以立国，何以俄人富强如此？自有此战，而此疑释矣。"①面对内忧外患，封建皇权内部有人开始主张学习西方的"立宪""君主制""三权分立"等制度，并将希望寄托在封建王朝的最高统治者身上。光绪皇帝接受维新派政治家谭嗣同、梁启超等人的建议，主张实行自上而下的变法，这是封建统治阶级最后扭转乾坤的机会，但最终还是被顽固派镇压下去。"百日维新运动虽然因腐朽顽固势力的野蛮镇压失败，但他们积极学习西方先进法文化致力于振兴中华的心态及其行动顺应了历史前进的必然趋势，促进了中西法文化机制由冲突碰撞走向融合吸收的进程。"②

宪法思维经过变法之后如雨后春笋般涌现，这在中国的传统政治中是前无古人的。"立宪""宪法""宪政"等术语都是近代从西方引进、学习而来的，梁启超在谈及宪法的重要性时曾说："宪法者何物也？立万世不易之宪典，而一国之人，无论为君主、为官吏、为人民，皆共守之者也，为国家一切法度之根源。此后无论出何令，更何法，百变而不许离其宗者也。……立宪政体，亦名为有限权之政体。"③梁启超将宪法和宪政在国家治理中的重要性进行了充分的论证，给国人进行了宪法的重要启蒙。维新变法虽然失败了，后来的立宪运动、辛亥革命制定的《临时约法》直至护法运动都失败了，但宪法、立宪的观念却已深入人心。此后的政权想要取得合法地位，都要通过宪法来确认其合法性的理念已正式形成。

可以说，近代西学东渐，冲击了中国传统的法文化体系，促进了中国封建法文化体系向近代法文化体系的转变，起到了石破天惊的作用，打破了中国封建社会顽固保守的政治状态，吸取了西方先进法文化的部分优点，一定程度上促进了中国政治文化的发展。西方法文化有精华有糟粕，对中国法文化的影响也有利有弊，要客观辩证地对

---

① 《论日胜为宪政之兆》，《东方杂志》第 5 期。转引自张仁善、杨宇剑《论近代"法统"理念的构建与袁世凯对民初"法统"的改造》，《法治研究》2015 年第 3 期。
② 张培田、张晓蓓、李胜渝：《从中西近代法文化冲突看沈家本》，《法治研究》2007 年第 12 期。
③ 梁启超：《立宪法议》，转引自张仁善、杨宇剑《论近代"法统"理念的构建与袁世凯对民初"法统"的改造》，《法治研究》2015 年第 3 期。

待，既不可盲目排外，更不可崇洋媚外。但可以肯定的是，如果没有西方文化的冲击，中国由封建社会向现代社会演变的进程将会更加漫长。

第二节 大学生法治思维培育的发展历程

中华人民共和国的成立，不仅是政权的更迭，更是社会制度的根本改变，国家的政治、经济、文化、法治都发生了翻天覆地的变化。中国社会主义国家的建设道路并非一帆风顺，这是一个摸着石头过河的过程，走了不少弯路，受了不少挫折。法治体系作为国家政治的重要内容，随着国家政治的发展而发展，同样经历了一个迂回曲折的发展过程。中华人民共和国成立后的法治教育，一方面随着教育事业的发展而发展，另一方面随着法治政策的变化而变化。中国的法治教育一直沿着两条线发展，一条线是全民性的社会普法教育，另一条线是以学校为主的学生法治教育。两条线齐头并进，共同为国家的法治教育进步做出了突出贡献，本书着重探究了中国大学生法治思维培育的发展历程。

一 法制教育阶段

中华人民共和国成立，万象更新，法制体系同样实现了破旧立新的转变，国民党统治时期的"六法全书"被全面废除，以马列主义、毛泽东思想为指导的法制体系逐步确立。这一时期，一切以"政治"为主导，法制处于次要的地位并未得到足够的重视。列宁曾经提出："无产阶级的革命专政是由无产阶级对资产阶级采用暴力手段来获得和维持的政权，是不受任何法律约束的政权。"[1] 列宁的这段话意在强调无产阶级暴力革命的作用，应不受资产阶级法律的约束，并非完全否定法律对政权的约束作用，但法律应服从政治革命需要的态度也可见一斑。中国的社会主义建设深受苏联的影响，在法制建设和法制教

---

[1]《列宁全集》第35卷，人民出版社2017年版，第237页。

育方面也是如此。当时,专业的高等法学教育能够确立,已经显示了社会的进步,法制教育的发展相对于法制的发展来说有一定的滞后性,这一时期显性的普法教育并未开始。直至"文化大革命"开始,整个教育体系被破坏殆尽,法制教育也难逃厄运。

1976年"文化大革命"结束,中国的政治局面发生了翻天覆地的变化。《光明日报》在1978年5月11日发表了题为《实践是检验真理的唯一标准》的文章,被认为是解放思想,重新回归实践标准的宣言。社会主义民主与法制重新回归大众视野,被再次纳入国家政治建设体系。"为了保障人民民主,必须加强法制。必须使民主制度化、法律化,使这种制度和法律不因领导人的改变而改变,不因领导人的看法和注意力的改变而改变。"[①] 邓小平同志经历"文化大革命"的动乱,深知政权脱离法律约束的可怕后果,率先看到法制对保障人民民主权利的重要性。在拨乱反正,总结历史经验的基础上,人民更加渴望社会安定团结,国家繁荣昌盛,而这一切都离不开人民有民主权利、国家有法制保障,因此,社会主义民主与法制的重要性日益突显。民主法制建设需要人民能够知法、懂法、守法,这需要大规模的法制教育才能实现,法制教育的建设和发展被提上了议事日程。

1978年12月18日至22日,党的十一届三中全会在北京召开,这是一次扭转乾坤的大会,开启了国家现代化建设的新征程,也是中国民主与法制发展目标重新确立的里程碑。会议不但对国家发展做出了全新的重大规划,国家的思想路线回归到"解放思想,实事求是",而且确定了民主法制建设的目标。提出了社会主义法制建设的十六字方针,"为了保障人民民主,必须加强社会主义法制,使民主制度化、法律化,使这种制度和法律具有稳定性、连续性和极大的权威,做到有法可依,有法必依,执法必严,违法必究"。[②] 党的十一届三中全会后,国家更加意识到法制教育的重要性,建设社会主义民主法制,贯彻法制原则需要全体社会成员具备一定的法制意识,而这必须通过法

[①] 《邓小平文选》第2卷,人民出版社1994年版,第146页。
[②] 中共中央文献研究室:《三中全会以来重要文献选编(上)》,人民出版社1987年版,第11页。

制教育才能实现。因此，全民性法制教育和学校法制教育在全国范围内开始实施，并且要求国家工作人员，特别是各级领导干部，要率先学习法律，在人民中起到示范作用。高等教育中的法制教育在国家的重视和推动下，进入了全新的发展阶段。

　　社会主义法制建设的加强，推动了法制教育的发展，上至党政领导，下至人民群众都是法制教育的对象，都要接受社会主义法制教育，法制教育走进了大、中、小学的课堂。邓小平同志提出，"在党政机关、军队、企业、学校和全体人民中，都必须加强纪律教育和法制教育"。① 但是经过"无法无天"的十年"文化大革命"浩劫，人们的头脑中根本没有"法制"二字，树立法制意识要从头开始，普法道路"道阻且长"。缺乏法制意识的不仅仅是普通百姓，也包括许多来自基层的领导干部，他们头脑中根本没有法制概念。针对当时的情形，加强法制教育的呼声一浪高过一浪，彭真同志在《有关坚定绝对确保刑事法律、上诉法律实际施行》的报告中提出："要运用各种宣传工具，采用生动活泼的方式，广泛、深入地对广大党员、干部和群众宣传法律，加强法制教育。"②

　　1982 年在中国法制建设的道路上是具有重要意义的一年。首先，在 9 月召开了党的十二大，针对当时人民群众法制意识缺乏，法制观念淡薄，包括一些领导干部对法制建设不重视，在工作中还存在有法不依、执法不严的情况，在会议上胡耀邦同志作出重要指示："要在全体人民中间反复进行法制的宣传教育，从小学起各级学校都要设置有关法制教育的课程，努力使每个公民都知法守法。特别是要教育和监督广大党员带头遵守宪法和法律。"③ 这是首次将法制教育列入党的最高文件，法制教育正式进入学校课堂。一些高校根据党和国家的要求，开始在思想政治课中随机增加一些有关法制教育的内容，有时法制教育也作为政治学习的内容在开会时传达。这一时期高校中的法制

---

　　① 《邓小平文选》第 2 卷，人民出版社 1994 年版，第 360 页。
　　② 中共中央：《中共中央关于坚决保证刑法，刑事诉讼法切实实施的指示》，2014 年 10 月 22 日，新浪微博（https://weibo.com/p/2304183d831a050102v4ij）。
　　③ 中共中央文献研究室：《十二大以来重要文献选编》，人民出版社 1986 年版，第 35 页。

教育大部分是由政治思想辅导员在政治学习中给学生讲授，还处于比较边缘的位置。其次，同年12月4日颁布通过了中华人民共和国第四部宪法。新宪法颁布前在社会各界征求意见，在全国范围内掀起了关于宪法的大讨论，部分大学生也参与其中。可以说，新宪法在颁布前就进行了一次很好的普法大宣传。

1985年，全民普法教育发展促进了高等法制教育的发展。这一年中央下发了《中央宣传部、司法部关于向全体公民基本普及法律常识的五年规划》，这是中国普法教育五年规划的伊始。高等法制教育在国家的反复倡导下，终于步履蹒跚的挤进了正课课堂，在思想品德课中，拥有了一席之地。这一时期的大学生法制教育还停留在普及法律常识阶段。1983年和1985年分别出现了由四川人民出版社和福建教育出版社出版的大学生思想品德教育教材，这两本书中都出现了法制教育的内容，虽然只涉及了一些基本性、普及性的法律常识，却在法制教育史上发挥了拓荒性作用，标志着新时期的法制教育终于迎来了发展的曙光。

随着普法教育的发展，民主与法制理念逐步确立，法制教育的地位也随之水涨船高。中国高等教育中的法制教育在设立之初涵盖在大学生共产主义思想品德教育课中，占比重非常小。但普法教育的发展使高等法制教育课程发生了两点显著变化：首先，在思想政治课程体系中的地位已经巩固，虽然所占比重不多，却几乎成为所有高校思想品德课程中必备的部分。其次，法制教育成为大学生必修课，其受众已经扩大到全体在校大学生，法制教育覆盖面越来越广。时至1986年，法律教育课程从思想品德课中独立出来，全国各高校普遍开设了法律基础课，开启了高等教育中大学生法制教育的新纪元，高等教育中的法制教育真正实现了"登堂入室"，进入了稳定发展时期。

二 法治教育阶段

1997年党的第十五次全国代表大会召开，这次大会对中国的政治体制改革意义重大，确立了新的历史时期国家民主法治建设的目标，大会首次提出了"依法治国"的方针，成为国家民主法治建设历程上的一个重要里程碑，"依法治国"不但成为国家的治国方针，也成为全社会的共识。大会还带来了另一个变化，将沿用多年的"社会主义法制国家"改为"社会主义法治国家"，由"制"到"治"的转变体现了由静态的法律制度到国家综合治理方式的变化。高校的法治教育紧跟时代的变化而变化，"依法治国"的提出，使大学生的法治教育在内容、体系、目标等方面都发生了巨大的变化。中国的高等"法制教育"也进入了"法治教育"的阶段，虽然国家的教育与国家政治同向发展，但变化速度却落后于政治的发展，党的十五大后，"社会主义法治"的理念虽然已经进入到法治教育的内容当中，但在很多语境中依然沿用了"法制教育"的表述，但这并不能否认大学生"法治教育"阶段的来临。

1998年中宣部和教育部联合印发了"两课"课程的实施意见，将《法律基础》课列为大学生的必修课程，专科为28学时，本科为34学时，教学目标是："'法律基础'主要是进行社会主义法制教育，帮助学生掌握马克思主义法学的基本观点，了解宪法和有关专门法的基本精神和规定，增强学生的社会主义法制观念和法律意识。"[①] 这个实施意见俗称"98方案"。高校的政治课——马克思主义理论课和思想品德课在"98方案"中被称为"两课"，"两课"实施后，大学生法治教育的地位不断提高，法治教育的内容也发生了重要变化，从边缘化的法律常识教育转变为以宪法和法律基础知识为主，旨在构建为社会主义市场经济服务的法治教育体系，以培养大学生的"社会主义法制观念和法律意识"为目标，这一阶段高等法治教育的目标是提高大学生的法律素质，改革后的高等法治教育更加符合中国特色社会主义建设的需求。

2001年，经过十五年的普法教育，中国公民的法律意识已有所提升，"依法治国"的实施，改变了法治教育的侧重点。第四个普法教育五年规划出台，确立了法治教育的新重点，即由法律基础知识普及转向公民法治素质提升。"四五"普法规划紧扣中国市场经济体制的

---

① 中宣部、教育部：《中宣部、教育部关于印发〈关于普通高等学校"两课"课程设置的规定及其实施工作的意见〉的通知》，1998年6月10日，中华人民共和国教育部网（http://www.moe.gov.cn/s78/A08/moe_734/201001/t20100129_2990.html）。

需求,将依法治国与法治国家的发展目标作为普法规划的指导方针,通过提高公民的法律素质,促进社会管理走向法治化道路。"四五"普法规划中明确指出,要在全社会推进社会治理的法治化水平,为此必须提升每个公民的法治素质,领导干部要起带头作用。这一阶段的高等法治教育不但重视法律知识的传授,更注重大学生法治意识的培养。这种变化与中国市场经济的发展密切相关,在经济全球化的大背景下,国际交往和国内市场运作管理都要依法进行,迫切需要知法、懂法、守法、用法的社会主义建设人才。为适应时代的需求,2003年版的《法律基础》课将与中国的政治、经济、文化密切相关的法治理论作为教学重点,知识要点覆盖了国家民主法治和市场经济发展的需求。高等法治教育像国家的法治现代化一样进入了飞速发展的时代,从教学内容到知识体系都有大幅度地改进,为国家培养了大批具备法治素质的综合人才。

在中国的高等教育体系中,针对全体大学生的法治教育隶属于思想政治教育学科,不管是最初在共产主义思想品德课中夹杂的法律常识还是独立的《法律基础》课程,大学生的法治教育一直隶属于大学生思想品德课程体系的一部分。2005年2月7日,中宣部、教育部再次联合发布《关于进一步加强和改进高等学校思想政治理论课的意见》,俗称"05方案",将《思想道德修养》和《法律基础》两个独立的课程合并,成为沿用至今的《思想道德修养与法律基础》课程。"05方案"的出台,"两课"统称为思想政治理论课,一方面使大学生的法治教育对思想政治理论课的依赖性增强,独立性降低,从客观上来讲更不利于大学生法治教育的发展。有些思想政治理论课老师由于对法律基础部分内容不熟悉,甚至在课程讲授中擅自取消对法律基础内容的讲授,还有个别老师让学生自学这部分内容,高等教育中法治教育的地位被弱化;另一方面,"05方案"注重法律知识运用和运用法律知识的能力培养,强调法律的学以致用,是新方案的一大亮点。"05方案"中《思想道德修养》和《法律基础》的整合是与国家的政策发展相一致的,是"依法治国"和"以德治国"相结合的治国政策在教育领域中的映照。这一时期的大学生法治教育也体现了"德法结合"的特点。

三　法治思维培育阶段

社会主义法治体系基本形成，为大学生法治思维培育提供了重要的社会大背景。大学校园是社会变化的晴雨表，大学教育也与时俱进，紧随政策的发展而发展。2012年党的十八大胜利召开，传递了丰富的法治信息。经过十五年的努力，实现了党的十五大提出的法治建设目标，"中国特色社会主义法律体系形成，社会主义法治国家建设成绩显著"。[①] 这是中国长期坚持不懈地进行法治宣传和法治教育的成果，法治文明建设为全面建成小康社会保驾护航，是贯彻依法治国原则的体现，为建设社会主义法治国家打牢现实基础。"中国特色社会主义法律体系"在根本上"应该是适应我国社会主义初级阶段的基本国情，与社会主义的根本任务相一致，以宪法为统帅和根本依据，由部门齐全、结构严谨、内部协调、体例科学的法律及其配套法规所构成，是保证我们的国家沿着建设有中国特色社会主义道路前进的各项法律制度的有机的统一整体"。[②] 具有中国特色的社会主义法律体系，是由宪法和部门法构成的社会主义法治体系，设置合理，搭配得当，为大学生的法治教育发展提供了宏大的背景支持。

法治思维和法治方式确立，为大学生法治思维培育提供了新的教育内容，大学生法治教育的重点发生了新的重大变化，开始转向社会主义法治思维的培育。党的十八大提出了关于"法治思维和法治方式"的重要观点，具有划时代意义。为了加快中国的法治化建设，推进依法治国的方针，必须加强法治思维和法治方式的运用，法治思维作为一种思维方式，习近平总书记也曾明确指出，"我们讲的法治思维是基于法治的固有特性和对法治的信念，认识事物、判断是非、解决问题的思维方式"。[③] 法治思维被作为一种执政理念，首先要求各级领导干部要掌握，这是一种实际工作能力。法治思维不仅是对领导干

[①] 胡锦涛：《坚定不移沿着中国特色社会主义道路前进，为全面建成小康社会而奋斗》，《人民日报》2012年11月18日第1版。

[②] 王维澄：《关于有中国特色社会主义法律体系的几个问题》，2004年3月2日，人民网（http://www.people.com.cn/GB/14576/15097/2369562.html）。

[③] 汪永清：《法治思维及其养成》，《求是》2014年第12期。

部的工作要求，全体社会公民也要具备法治思维，才能建成社会主义法治国家。因此，在国家法治政策和时代需求的推动下，高等教育中提升大学生法治思维的要求也与日俱增。这一阶段的法治教育目标，在大学生法律素质提升的基础上，转向对大学生进行法治思维培育。

与时俱进，促进高等法治教育的教材改革。对大学生进行法治思维培育的重点教材《思想道德修养与法律基础》，在2013年进行了新的修订，在第六章的第二节设置了专门的章节——"培养社会主义法治思维方式"，这标志着对大学生进行法治教育，其重点已经从法律素质的提升转变为社会主义法治思维方式的培育。其目的是"大学生要准确把握法治思维的基本含义和特征，正确理解法治思维的基本内容，逐步培养法治思维，提高运用法治思维分析、解决问题的能力。"[1] 对大学生来说，思想政治理论课依然是进行法治教育的主阵地，依法治国的方针、社会主义的法治精神和法治理念都要通过课堂教学传授给广大学生。对大学生进行法治思维培育，既继承了改革开放以来高等法治教育的传统内容：法律基础知识的普及、法律意识的培养、法治素养的提升，又有新的时代内容，通过法治思维的培育，使大学生提高运用法律解决实际问题的能力，是要将社会主义的法治理念通过教育内化成法治思维习惯，再用来指导实际行动。

---

[1] 《思想道德修养与法律基础》编写组：《思想道德修养与法律基础（2018年修订版）》，高等教育出版社2018年版，第172—173页。

第四章

当代大学生法治思维培育现状分析

在中国，当代大学生的法治思维培育是一个曲折的发展过程，经历了从无到隐→从隐到显→从显到彰的发展历程。法治人才培养关系社会主义法治国家建设的成败，"国无常强，无常弱。奉法者强则国强，奉法者弱则国弱"（《韩非子·有度》）。加强对大学生的法治思维培育是高等教育的重要组成部分，承担着为依法治国培养人才的重担。回顾中华人民共和国70年来法治教育的发展，有挫折、有失误，但取得的成绩也是巨大的。从法治的缺失，到法治意识"进教材、进课堂、进头脑"，再到大量优秀法律人才的涌现，以及全民法治意识的普及和提高，大学生法治思维培育的作用功不可没。

第一节 大学生法治思维培育取得的成效

从中华人民共和国成立前夕，第一部具有宪法性质的《中华人民共和国共同纲领》诞生，到1986年"一五普法规划"实施，再到2014年党的十八届四中全会第一次以"法治"为主题的中央委员会全体会议召开，中国的法治建设在摸索中不断前行，在经历挫折后愈发坚定信念，法治建设成绩斐然：社会主义法治体系基本形成，依法治国全面推进，公民的法治素质不断提升，这些都为法治思维培育的发展打下了坚实的基础，全民普法宣传如火如荼，高等法治教育也飞速发展。

一　法治思维培育的实践探索

中国是一个有"人治"传统的国家,"法治"传统的缺失,对法治教育的发展造成了极大的阻碍。特别是在中华人民共和国成立初期,对法治的重要性认识不足,对相关法治教育存在的必要性更缺乏重视。但中国的法治教育,特别是高等法治普及教育还是克服困难不断前行,时至今日,已发展成为对大学生的法治思维培育,形成了相对完善的法治培育模式,为适应国家法治社会建设的需求,培养了大量具备法治思维的合格建设者和接班人。回顾高等法治教育发展历程,可见一斑。

1. 隐性全民普法教育。中国的全民性普及教育可以追溯到中华人民共和国成立初期,为了建设全新的社会主义国家及其法治体系,国家彻底废除了国民党统治时期的法律,分别于1949年的2月和4月,颁布了两个重要文件:《废除国民党的六法全书与确立解放区的司法原则的指示》和《废除国民党的六法全书及一切反动的法律的训令》,表明与旧社会的决裂和建立新政权所属的法治体系的决心。中国人民政治协商会议第一届全体会议首先通过了《中华人民共和国中央人民政府组织法》,确立了中华人民共和国人民政府的合法性,随后在9月29日颁布了《中国人民政治协商会议共同纲领》这部临时宪法性质的文件,中华人民共和国宣告成立。两部法律的诞生开启了中华人民共和国的立法历程,在其后的七八年间,中国进入了社会主义国家法治初创期,陆续制定和颁布的各类法律、法规、条例等近200件之多,奠定了中国社会主义法治的基础。这一时期的法治建设受苏联影响,并没有在国家政治中占据重要位置,还主要是为政治斗争和阶级斗争服务,但萌芽状态的法治建设还是表现出良好的发展势头。这一阶段法治教育的典型特点是"立法普法并进,以立代普",各类法律的制定和颁布是这一时期法治工作的重点,法治教育并没有列入教育发展的工作日程,但相关法律的制定会征求各界人士的建议,其中也有在校大学生的参与,这在一定程度上起到了普法的作用。因此,中华人民共和国成立初期,显性的法治教育并不存在,但隐性的法治教育一直伴随着立法工作在人民中发挥着潜移默化的作用。

中国的法治建设一直遵循马克思主义的指导，这是由中国的社会主义国家性质决定的。马克思和恩格斯认为："这种由他们的共同利益所决定的意志的表现，就是法律。"[①] 阶级性是法律的本质属性，从阶级性和物质性出发，马克思和恩格斯对法律的论述，强调了法律的"工具理性"，这种观点对中华人民共和国成立初期法治建设的影响巨大。同时，社会主义作为一种新的社会制度，存在时间短，最成功的模式就是苏联，所以，中国的法治建设也以照搬苏联模式为主。"一时间兴起学习苏联法律热，大量照搬移植苏联法律教科书和法学观点。"[②] 当时苏联将法律视为阶级斗争的工具，并未引起足够的重视，这种观点影响了中国整个20世纪50年代的法治观。法治本身不为国家所重视，法治教育更显得微不足道。

对苏联经验的照搬照抄也引起了部分领导人的警惕，1956年党的八大召开，制定了一整套关于社会主义建设的正确决策，明确提出要学习苏联经验，但是要根据实际情况，走自己的路，不能照搬苏联模式。在法治建设上，也要着手建设系统的社会主义法治体系。党的八大的召开，使中国的法治建设开始探索适合自己国情的道路。这一阶段，不但面向全体大学生的法治教育课没有开设，法治教育所归属的思想政治理论课也没有独立开课。因此，这一时期的大学生法治教育还是立法的附属物，不存在显性的大学生法治教育。但这不能否认大学生法治教育已经萌芽，仔细考证这一时期的大学生思想政治教育，不难发现大学生法治教育的开端，如高等教育中法学专科的出现，虽不属于法治通识教育的范畴，但专业法学的发展也孕育了法治通识教育的萌芽。在思想品德教育中也夹杂着零星的法律知识，伴随着国家法治建设的除旧布新，伴随着对苏联法治成果的学习借鉴，中国高等教育中的法治教育依旧在政治运动频发、阶级斗争纷繁的环境中生根发芽，为后来法治教育的推进埋下了伏笔，形成了初步的高等法治教

---

① 马克思、恩格斯：《德意志意识形态》，人民出版社2003年版，第108页。
② 蔡定剑：《历史与变革——新中国法制建设的历程》，中国政法大学出版社1999年版，第15页。

育氛围,对提升大学生的法治意识,传播法治文化做出了应有的贡献。

中国的法治建设在十年"文化大革命"中被摧毁殆尽,法治教育的萌芽也在浩劫中被无情扼杀。"文化大革命"结束后,民主与法治回归,特别是在党的十一届三中全会召开后,法治的重要性被重新认识,"我们坚持发展民主和法制,这是我们党的坚定不移的方针。"① 法治教育作为大学生思想品德课的主要内容,开始重新找寻自己的位置。对法治的重视首先体现在法律专业教育发展上,同时也感染和影响了非法律专业大学生的法治状况,使他们感受到了民主与法治的作用和魅力。思想政治教育在拨乱反正后倍受重视,思想政治教育内容中也不时夹杂着法治内容,这些都对大学生的法治教育产生了影响。社会法治化的大背景和专业法学的小氛围,促进了依附于思想政治教育的高等法治教育的发展。这一阶段的法治教育在高等教育中已经被明确提出,既可以称之为"法治教育的恢复期",也可以称之为"法治教育的起步期",在思想政治教育中还处于比较边缘的位置,但对后来大学生法治教育发展的影响却功不可没。

2. 独立的法律知识教育。改革开放经历了几年的发展,人们初尝改革成果,也感受到民主和法治建设带来的成效,法治建设和法治教育越来越受重视。国家开始自上而下的普法宣传教育,全民性的普法宣传作为一项社会系统工程在全社会铺开。"中国的普法教育实行党委领导、政府实施、人大监督、全社会参与的运行机制,是经过充分动员、调动全社会积极参与的一项社会系统工程。"② 国家领导对法治的重视推动了法治教育的发展,不仅多次发布关于法治教育的重要指示,还通过宣传媒体为法治教育制造声势。1985 年,第一个全民普法的五年计划实施,翻开了法治教育的新篇章。大力进行法制宣传,教育人们知法、懂法、守法,能够依法办事,成为普法教育的主要任务。这一阶段普法教育的重点是普及法律常识,是一场全民性的法律

---

① 《邓小平文选》第 2 卷,人民出版社 1994 年版,第 256—257 页。
② 朱景文:《中国法律发展报告数据库和指标体系》,中国人民大学出版社 2007 年版,第 518 页。

启蒙运动。由于国家的大力支持,这场法律普及运动发展势头良好,人民开始认可社会主义法治,为日后依法治国的推行奠定了基础。"中国法治通过政府推动与社会参与相结合,自下而上和自上而下的双向互动逐步达成。"[①] 全社会的法治启蒙运动初见成效,也促进了高等法治教育的发展,推动大学生法治教育逐步走向独立。时至1985年,"85课程方案"出台,独立的《法律基础》课出现,大学生法治教育进入了一个全新的发展阶段。

改革开放政策的确立,并没有动摇社会主义的方向和性质,中国共产党更加注重马克思主义的根本指导作用,并在高校中通过开设马克思主义理论课和思想品德课,加强对青年学生的马克思主义教育。中国高等法治教育一直属于思想政治教育中加强学生道德修养的一部分内容,随着对法治教育的重视,在"85课程方案"实施后,法治教育独立成课。"85方案"规定在本科院校中开设思想政治理论课,涵盖了两部分的内容,一部分是马克思主义基本原理:《马克思主义原理》、《世界政治经济与国际关系》《中国革命史》《中国社会主义建设》,另一部分是《大学生思想品德修养》和《法律基础》。1986年9月,国家教委出台了《关于在高等学校开设"法律基础课"的通知》,在大中专院校中普遍开设《法律基础》课,是30学时的公共必修课,这是法治教育正式独立进入大学课堂的开始,开启了大学生法治教育的新篇章,极大地推动了中国法治教育的发展,为现代化法治国家的建设,奠定了良好的人才培养基础。

从《法律基础》课设置的过程来看,大学生法律基础课的产生既源于党和国家的倡导和推动,又来自于广大法律工作者和教育工作者的认可与努力。《法律基础》是由法治工作者和教育工作者在法治实践和教学实践的基础上,经过创造性改革,不断适应社会和时代发展的需求,经过国家教育部门的认可和审核,才正式进入大学课堂。《法律基础》课程的设置是应对改革开放以来中国经济和社会发展出现的新情况、新问题的需要,有效地弥补了中国高等法治教育不足的现状。

《法律基础》课程在高校中独立开设,是中国高等法治教育进入

[①] 孙国华、朱景文:《法理学》,中国人民大学出版社1999年版,第218页。

了稳定发展阶段的标志,与之配套的是专门的教学大纲和专业师资。随着普法规划的发展,在其后的十几年间,大学生的法治教育得到了长足的发展。《法律基础》以马克思主义法学为指导,以宪法和相关实体法为主要内容,以普及法律基础,提升法律意识为核心,重在培养大学生知法、懂法、守法、用法的观念,对大学生法治意识的提升有很大的促进作用。"如果遇到法律问题,发生纠纷应当如何寻求法律保护,如何通过法律途径解决问题,而不是坐以待毙或草草私了,更不能欲壑难填、走极端路线。"[1] 大学生法治教育要求运用法律知识解决实际问题,同时还要维护自身的合法权益。纵观这一时期大学生法治教育的发展,不仅体现了中国普法教育的成果,也体现在为社会主义国家培养社会精英,是适应时代的需要,更是为国家的改革开放输送人才。与国家经济转型和社会治理方式的转变息息相关,与国家的民主法治进程密切相连,法治在向政治、经济、文化、社会的各个领域渗透,法治的功能在社会的各个领域中得到显现。高等法治教育为各个领域培育和输送法律人才,为下一阶段依法治国的推行和社会主义法治国家的建设奠定了基础。

  国家的法治建设与法治培育相辅相成、相互促进。法治建设的发展促进了法治教育的普及,法治教育的成果反过来又推进国家法治建设的进程。随着四个"五年普法"规划和"85课程方案"的实施,为国家培养了越来越多的法治建设人才,加快了法治国家建设的步伐,法治教育也越来越受重视。1993年7月,"新形势下思想政治理论课程建设座谈会"在中国矿业大学召开,在总结改革开放以来高等教育思想政治理论课成败得失的基础上,着重研究了新形势下思想政治理论课遇到的新问题,同时展望了课程未来的发展趋势。8月份,中组部、中宣部和国家教委《关于新形势下加强和改进高等学校党的建设和思想政治工作的若干意见》出台,"马克思主义理论课和思想政治教育课"成为"两课"的说法正式提出。"两课"作为大学生思想政治教育的重要课程,被提高到一个新的高度。1994年和1995年又分别出台了《中共中央关于进一步加强和改进学校德育工作的若干

---

[1] 刘旺洪:《法律意识论》,法律出版社2001年版,第340—341页。

意见》和《关于高校马克思主义理论课和思想品德课教学改革的若干意见》两个文件,充分肯定了思想政治教育课,后改为"思想品德课"在大学生品德塑造中的重要作用。"85课程方案"经过十几年的实践和修正,"两课"的部分内容与高等教育的发展需求渐渐出现了隔阂,需要适时进行调整的趋势越来越明显。

1997年党的十五大召开,"依法治国"的国策正式确立,"依法治国,就是广大人民群众在党的领导下,依照宪法和法律规定,通过各种途径和形式管理国家事务,管理经济文化事业,管理社会事务,保证国家各项工作都依法进行,逐步实现社会主义民主的制度化、法律化,使这种制度和法律不因领导人的改变而改变,不因领导人看法和注意力的改变而改变。"[①]"依法治国"的实施促进了法治教育的发展和改革,1998年6月中宣部和教育部联合发布"98课程方案",即《关于普通高等学校"两课"课程设置的规定及其实施工作的意见》,对"两课"的设置进行了大幅度的调整。"法律基础课由1986年初创,经过12年的实践探索,在1998年迎来了重要的调整时刻。"[②] 最突出的变化是将邓小平理论列为"两课"内容,将《法律基础》课与思想道德修养课并列,突显了对法治教育的重视。"98方案"中指出,对大学生进行法治教育,应以宪法为基础,重点加强法治观念和法治意识教育。这表明"98方案"后,高等教育中的法治教育重心发生了改变。《法律基础》以《中华人民共和国宪法》和实体法的法律知识讲授为主,属于法律知识教育的范畴,新方案出台,将对大学生的社会主义法治观念和法律意识作为法治教育的重点,重在法治理念培育,并将法治教育与思想道德修养合并为思想品德教育的内容,成为在校大学生的必修课程,这是"98方案"最大的变化。"98方案"还增列了邓小平理论为马克思主义理论课的内容之一。"98方案"调整后的"两课",重在对大学生进行三观教育,以及思想道德素质和法律素质的提升,国家对此做出了明确规定,"明确要求从

---

① 江泽民:《高举邓小平理论伟大旗帜,把建设有中国特色社会主义事业全面推向二十一世纪》,《人民日报》1997年9月22日第1版。
② 祖嘉合、宇文利:《思想道德修养与法律基础前沿问题研究》,安徽人民出版社2012年版,第153页。

2010 年春季起，各类高等学校要把社会主义法治理念的本质内涵和基本要求，纳入《思想道德修养与法律基础》教材之中，真正使社会主义法治理念'进教材、进课堂、进学生头脑'"。①

3. 融入思想政治教育中的法治思维培育。党的十五大召开后，国家的法治建设进入迅猛发展时期，高等教育中的法治教育也如影随形，高速发展。党中央和教育部多次发文，推动青少年和大学生法治教育的普及与提高。2002 年，《关于加强青少年学生法制教育工作的若干意见》颁布，通知以贯彻依法治国为主线，以落实"四五普法规划"内容为总要求，号召加强对广大学生的法治教育。不久又召开了关于青少年法治教育的电视会议，青少年是国家的未来，他们的法治素质的高低，决定着国家的法治建设状况，因此社会各界尤其是学校要加强对学生的法治教育。高校的法治教育紧跟国家政策的变化而变化，2005 年《关于进一步加强和改进高等学校思想政治理论课的意见》发布，对思想政治理论课进行了重大调整，《思想道德修养》和《法律基础》课合二为一，成为《思想道德修养与法律基础》课。《意见》指出《思想道德修养与法律基础》，"主要进行社会主义道德教育和法制教育，帮助学生增强社会主义法制观念，提高思想道德素质，解决成长成才过程中遇到的实际问题"。② 课程的调整实现了道德教育与法治教育融合的目的，是与国家"以德治国"和"依法治国"相结合的国家治理方式相对应的。但调整后的法治教育课程，丧失了其独立地位，无论在课时还是在内容上都有所减少。

2012 年，全面推进依法治国的目标在党的十八大上得以确立，中国特色社会主义法治体系基本建成，自此法治建设得到稳步推进。大会强调："深入开展法制宣传教育，弘扬社会主义法治精神，树立社会主义法治理念，增强全社会学法尊法守法用法意识。"③ 在国家政策

---

① 陈大文：《论大学生社会主义法治理念教育的目标定位》，《思想理论教育导刊》2010 年第 4 期。

② 高燕：《"思想道德修养与法律基础"如何培养大学生的法治思维》，《人力资源开发》2016 年第 16 期。

③ 胡锦涛：《坚定不移沿着中国特色社会主义道路前进，为全面建成小康社会而奋斗》，《人民日报》2012 年 11 月 18 日第 1 版。

的推动下，大学生的法治教育内容也在与时俱进，根据国家的政策适时进行调整，如《思想道德修养与法律基础》2013版中新加入了法治思维的内容，对实体法和程序法的内容大幅度缩减，与人们的生活、工作、家庭息息相关的内容得到重视，实用性更强。法治思维和法治方式作为法治社会建设的新要求进入公众视野。党的十八届四中全会更出现了划时代的变化，"依法治国"被确立为大会的主题，成为法治建设的又一个里程碑，开启了法治发展的新时代。大会还第一次使用了"法治教育"的表述，并将法治教育纳入了整个国民教育体系。从法治意识的培养发展为"法治思维"培育，大学生的法治教育进入了新的阶段。修订后的《思想道德修养与法律基础》新教材强调大学生要"树立社会主义法治观念"和"培育社会主义法治思维"。2015年教育部召开了《全国教育政策法治工作会议》，将依法治国的政策落实到高校中，在高校中实行依法治校，为大学生的法治教育营造了良好氛围。

二 法治思维培育氛围确立

中国的法治建设经历了从破到立、从立到毁、从毁到建、从建到优的发展过程。大学生法治教育也随着国家法治建设的发展起伏变化，经过中华人民共和国成立七十多年的发展，取得了巨大成就。法治教育的发展得益于国家的重视和国家政策的推动与支持。特别是一系列依法治国文件和政策的出台，推动了法治教育的发展，促进了法治人才的培养。就目前中国法治教育的现状来说，在全社会已经形成了法治教育的氛围。

首先，法治教育的重要地位已经确立。国家层面对法治教育的推行，一直坚持学校和社会双线并行的政策。从1986年第一个"普法五年规划"开始，至今已进行到"七五普法规划"，全民性的普法教育已经被全社会所认可。与全民普法相对应的是学校领域的法治教育，现在全国的大、中、小学中都有法治教育的内容，中、小学的法治教育内容涵盖在思想品德课程中，大学中的法治教育内容涵盖在思想政治理论课中，两条线都得到了长足的发展。党和国家对法治的重视，落实在教育领域就体现为对法治教育的重视。目前，教育管理部

第四章 当代大学生法治思维培育现状分析

门都提高了对法治教育的重视程度,特别是在高校,依法治校已经落实到行动中,用法律维护教师和学生的合法权益,依法解决学校管理、教学和学习中出现的问题。目前《思想道德修养与法律基础》课是高校对大学生进行法治教育的核心课程,在重新修订后的教材中,社会主义法治思维培育是重要的一节内容,只是篇幅较少。大学生的成长成才关系国家发展和民族振兴,对大学生进行法治思维培育,一方面是落实依法治国举措的内在需要,另一方面也是为现代化国家培育合格公民,更是为实现民族振兴培养合格的建设者的需要。因此,从国家、社会到高校都高度重视大学生的法治思维培育,要将社会主义的法治思维渗透到大学生的头脑,为法治国家的建设打下坚实的人才基础。这体现了推进依法治国和法治人才培养之间深刻的对应关系,中国正处在深化改革的攻坚期和深水区,法治为改革的顺利发展保驾护航。"通过法治推进改革是建设法治中国的本质要求。全面推进依法治国正是全面深化改革之必须。"[1] 因此,为了适应社会主义法治国家建设对法治人才的需求,法治教育备受重视,加强对大学生的法治思维培育势在必行,其重要地位已经确立。

其次,法治教育体系已经形成。对大学生进行法治思维培育是一项关系国家建设成败的系统工程,目前已经形成比较成熟的以高校思想政治理论课中的法治教育课为主的课程体系。高校中对大学生进行法治思维培育的教材是《思想道德修养与法律基础》,教材从初次出版至今经过数次修改,不但内容紧随时代变化,而且经过了科学的考量和设置,课程体系经过多年的发展已经相对成熟。回顾和梳理法治课程的发展过程可见,"文化大革命"结束后,对大学生开设了共产主义思想品德教育这门课,"在1983年四川人民出版社出版的《共产主义思想品德教育》一书中,将有关民主与法制的知识作为共产主义思想品德基础教育中的内容之一进行编排和撰写,其中法制教育涉及两章内容,一章是做遵守纪律的模范,另一章是当奉公守法的公民"[2]。

---

[1] 肖凤城:《良法是善治之前提》,《红旗文稿》2014年第21期。
[2] 宋婷:《建国以来高校法制教育研究》,博士学位论文,南开大学,2013年,第76页。

这是最早在思想品德课中加入法治教育的内容。1986年，法治教育日益受到重视，《法律基础》独立成课，是适应改革开放初期的需要，对大学生进行以实体法为主的法律常识教育。1998年，再次进行课程改革，以社会主义法治教育为重点，加强了程序法的内容，重在增强大学生的"社会主义法治观念和法律意识"。2005年，"05课程方案"出台，合并后的《思想道德修养与法律基础》体现了依法治国和以德治国相结合的时代主题。2013年修订版的《思想道德修养与法律基础》又有新变化，"为了贯彻落实十八大和习近平讲话精神，马克思主义理论研究和建设工程重点教材《思想道德修养与法律基础》（高等教育出版社2013年修订版，以下简称修订版教材），专设一节'培养社会主义法治思维方式'，在介绍法治思维方式的基本含义和特征的基础上，着重阐述如何正确理解法治思维方式，以及培养法治思维方式的途径"。[①] 自此，法治思维明确成为法治教育的重点。2015年版的《思想道德修养与法律基础》根据2014年召开的党的十八届四中全会政策的变化，在2013版的基础上又适时进行了调整。目前，高校使用的《思想道德修养与法律基础》教材是2018年的新版，讲述法治内容的三章被合并为一章，将大学生法治思维的培育目标落实在"尊法学法守法用法"上。回顾高校法治教育教材的演变历程，可以看到中国高等法治教育体系的形成过程，紧随时代发展而发展。

再次，高等法治教育的专职师资队伍已经形成。从大学生开设共产主义思想品德教育课开始，大部分高校就成立了专门的师资队伍，以满足课程开设的需要，但这部分教师大多是思想政治教育专业出身，法律专业背景的教师相对缺乏。就从事大学生法治教育的教师资源配置来看，很多高校缺乏法律专业的任课教师，这与《思想道德修养与法律基础》的学科归属密切相关，大学生的法治思维培育目前还不具备独立性，专业的法学教师较少。相对于目前的师资现状来说，虽然存在专业师资人才缺乏，不能满足大学生法治思维教学需要和法治教育资源配置不合理的问题，但不能否认高校法治教育专职师资队

[①] 陈大文、孔鹏皓：《论大学生社会主义法治思维的培养》，《思想理论教育导刊》2015年第1期。

伍的存在。

最后,高等法治教育内容实现专业化。高等法治教育的内容根据时代的需求不断调整和变化,都经过科学的论证和考查。经历了法制教育—法治教育—法治思维培育的发展过程,不断满足社会的实际需求和法治建设的根本要求。现代社会已进入一个信息飞速发展的时代,大学生的生活已经融入社会,大学生的各个方面都与社会实际生活有千丝万缕的关系,处理这些关系离不开法律的指导,会运用到各种各样的法律法规,很显然,如果继续使用以前实体法、程序法的教学内容,受课程学时、教学条件等限制,已远远不能满足大学生学法、用法的实际需求。因此,党的十八大以后,高等教育及时将大学生的法治教育转向社会主义法治思维培育。在2013年版的《思想道德修养与法律基础》课中,涉及法治的内容有两章:第五章,领会法律精神,理解法律体系;第六章,树立法治理念,维护法律权威。后来,2015年和2018年分别对《思想道德修养与法律基础》的课程内容又进行了适时的修订,与依法治国方针相一致,内容更适合培养大学生法治思维的要求。

三 法治思维重要性认知明晰

法治是国家治理的主要方式,法治思维是中国法治建设不断发展取得的理论成果。"党的十一届三中全会以来,我们党始终重视法治建设,把依法治国确定为党领导人民治理国家的基本方略,把依法执政确定为党治国理政的基本方式,并在实践的基础上初步形成了中国特色社会主义法治理论。"[1] 中国特色社会主义法治建设至今已有40年的发展历程,取得了巨大的成就。法治思维在实际工作和生活中的运用,体现了民主法治观念的发展和进步。同时,"在法律体系存在的情况下,法治思维是一种合法性的思维。在法律体系缺失或者人治把控的情况下,也会存在法治思维,这种思维将成为改变人治面貌的基本思维"。[2] 因此法治思维对现代化国家的建设至关重要,大学生作

---

[1] 张文显:《治国理政的法治理念和法治思维》,《中国社会科学》2017年第4期。
[2] 段凡:《确立中国特色的法治思维》,《马克思主义研究》2017年第2期。

为国家的建设者,一直接受法治教育和熏陶,因此绝大多数大学生对法治国家建设的重要性有明确认知。

为深入了解当代大学生的法治思维状况,本书采用抽样调查的方法,选取44所公立本科院校的在校大学生为研究对象。采取随机抽样的方式,通过访谈和问卷调研的方法,对部分从事教学和管理的教师和法律工作者进行了访谈,对部分大学生进行了问卷调查,并对调查结果进行了定性和定量的分析,对当代大学生的法治思维状况进行了深入的调研。发放调查问卷共计4400份,回收有效问卷3872份,有效回收率达88%。在回收的问卷中,研究样本的组成结构如表4-1所示:

表4-1　　　　　　　　调查对象构成比例

项目	分类	人数(人)	比例(%)
性别	男	2513	64.9
	女	1359	35.1
学科背景	理工农医	1202	31.0
	文史哲	971	25.1
	经管法	956	24.7
	教育	743	19.2
学历层次	大一	658	17.0
	大二	1098	28.4
	大三	1284	33.2
	大四	832	21.5

法治思维作为一种思维方式,与人们的思维感官密切相关,是基于人们对法律的认知、理解做出的判断或选择,既反映了人们对法律的主观认知,也决定人们的行为方式。大学生的法治思维反映了对于国家法治状况的认知水平。通过法治思维培育,使大学生具备较高的法治思维能力,是高等法治教育的重要职责和发展目标。通过调研发现,对于什么是解决社会问题的主要方式,如图4-1所示,72%的大学生认同"法律",5%的大学生认同"权力",8%的大学生认同

"金钱",只有 3% 的大学生认同"武力",还有 2% 的同学认为"关系"是解决问题的主要方式。

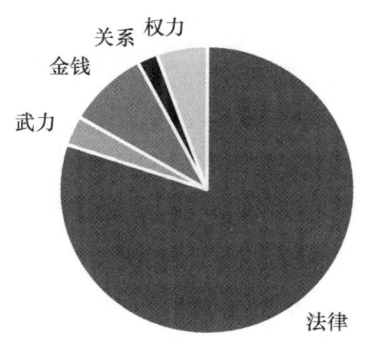

图 4-1 大学生认为当今社会解决问题的主要方式

调研结果显示,大学生对法治的重要性有认同感。高校在"努力推动形成办事依法、遇事找法、解决问题用法、化解矛盾靠法的良好法治环境"① 中,已经发挥了积极作用,特别是依法治校的实施,为大学生的法治思维培育营造了良好氛围。

法治思维是一种规则思维、程序思维。当问及大学生"维护社会秩序最有效的方式是什么"时,如图 4-2 所示,80% 的大学生选择"法律",10% 的大学生选择"道德",8% 的大学生选择"武力",只有 2% 的大学生认为"权力"是维护社会秩序最有效地方式。社会的有效运作需要规则维护,"而'规则'本意侧重法律,破坏规则就应受到法律惩罚"。② 规则思维是法治思维的重要特征。法律规定了国家及各级单位组织的组成及运转规则,限定了国家权力和公民的基本权利规范,也规定了社会运行的基本准则。因此,不论是国家权力的行使还是公民权利的维护都要遵守规则和程序。

---

① 习近平:《在首都各界纪念现行宪法公布施行 30 周年大会上的讲话》,《人民日报》2012 年 12 月 5 日第 2 版。

② 赵宴群:《论我国大学生宪法教育与法治思维的培养》,《思想教育研究》2015 年第 12 期。

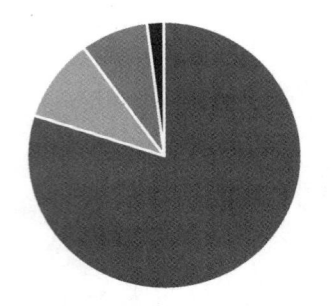

■法律 ■道德 ■武力 ■权力

图 4-2 维护社会秩序最有效的方式

大学生接受过系统的教育，大多数人都有一定的规则意识，当问及"什么能对社会和人的行为起到最有效的规范"时，70%的大学生选择了"法律"，20%的大学生选择了"道德"，8%的大学生选择了"礼仪"，只有2%的大学生认为"教养"能对人的行为起到最有效的规范。从图4-3的数据分析看，部分大学生对法律的认知可能还不全面，但对法治在社会治理中发挥的作用还是有充分的认识。"道德"是仅次于"法治"的第二大社会影响因素，这种理解与传统的"德主刑辅"的教育有深刻的渊源。"法治作为现代国家的治国基本方略，要求公共政策的制定符合法律规定；从正当性来讲，法律相较政策具有更高的民主合意性基础，是公民行为最重要的引导工具。"[1] 调研显示，对法治重要性的认识还没有达到人尽皆知的程度。

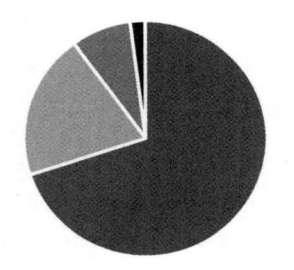

■法律 ■道德 ■礼仪 ■教养

图 4-3 对社会和人的行为起到最有效规范的方式

---

[1] 于浩：《当代中国语境下的法治思维》，《北方法学》2014年第3期。

第四章　当代大学生法治思维培育现状分析

法治思维是一种治国理政的思维方式。"作为一种治国理政的方式，法治相较于人治，重视法和制度的作用甚于重视用人（选贤任能）的作用，重视规则的作用甚于重视道德教化的作用，重视普遍性、原则性甚于重视个别性和特殊性，重视稳定性、可预期性甚于重视变动性和灵活性，重视程序正义甚于重视实体正义。"① 这种治国方式通过运用法、制度、规则、程序克服了"人治"的弊端，是一种现代化的治国之道。当问及大学生"你认为应该用何种方式治理国家"时，如图 4-4 所示，79% 的人选择"法治"，4% 的人选择"人治"，16% 的人选择"德治"，还有 1% 的人选择"武力"。从调研可见，大部分大学生对国家治理方式有清晰而正确的选择，但也有部分学生对国家的治理方式并不重视，或者理解上还不到位。

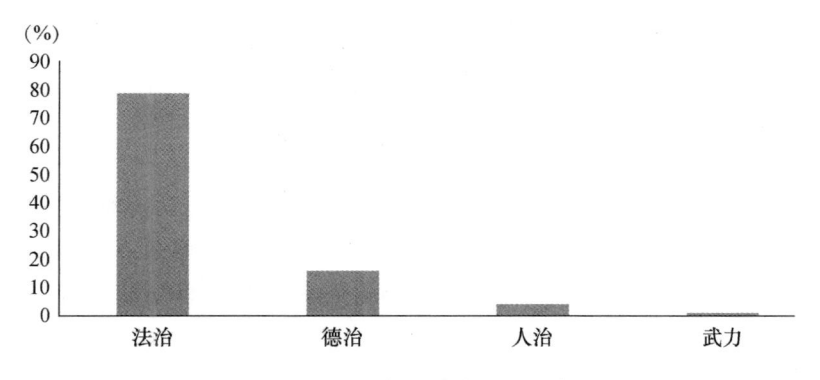

图 4-4　应以何种方式治理国家

当大学生面对"法治对一个国家的发展重要吗"这个问题时，大家的认知相对而言比较一致，选择"至关重要"的占 80%，选择"重要"的占 17%，选择"一般"的占 3%，没有人选择"不重要"。"法治思维和法律手段建立在对法治内涵和要素有明确认识和理解的基础之上，一个对法治内涵和要素不甚了解的执政者，不可能有什么

---

① 姜明安：《法治、法治思维与法律手段——辩证关系及运用规则》，《人民论坛》2012 年第 14 期。

法治思维,不可能主动、自觉和善于运用法律手段。"① 树立法治思维首先要对法治的内涵及其重要性有清晰的认知,如图4-5所示,通过对当代大学生的调研可以看出,他们对于法治重要性的理解,使其具备了树立法治思维的前提条件。

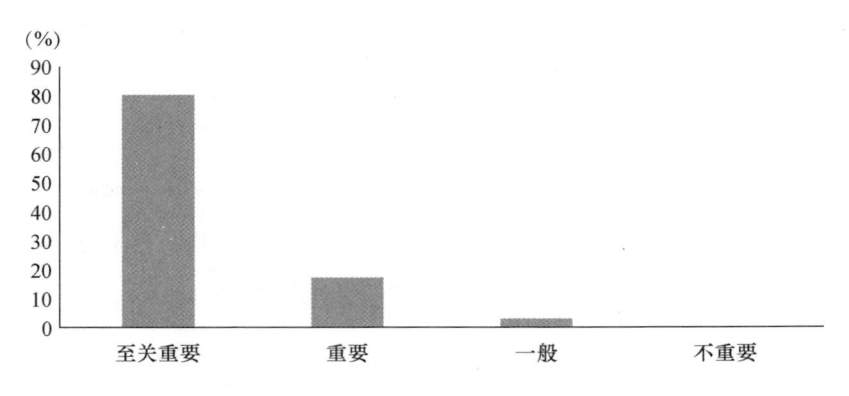

图4-5 法治对国家发展的重要性

四 法治思维初步形成

"法治意识是指作为独立主体的社会成员在实践中所形成的关于法治的心态、观念、知识和思想体系的总称,是符合法治社会建设要求的法律意识,是人们对法律和法律现象的看法和对法律规范的认同的自觉程度最高的一种意识。"② 大学生的法治思维水平事关社会主义法治建设的未来,他们不仅要掌握专业知识,还要具备一定的科学素养,更应该是具有法治意识的高素质现代公民。通过调研发现,经过多年的普法教育,当代大学生已具备了初步的法治意识。

如图4-6的调查显示,将近68%的大学生认可法律的作用和价值,认为法律在现实生活中与自己关系"非常密切",选择自己与法律的关系"密切"的占25%,还有6%的学生主张自己与法律的关系"一般",1%的人认为法律"可有可无"。这说明大学生对法律在日常生活中的作用是充分肯定的。当代大学生处于纷繁复杂的社会当

---

① 姜明安:《法治、法治思维与法律手段——辩证关系及运用规则》,《人民论坛》2012年第14期。
② 柯卫:《中西方法治意识生成因素的比较》,《河北法学》2007年第8期。

第四章　当代大学生法治思维培育现状分析　　　91

中，不再是生活在单纯的"象牙塔"里，在大学期间会参与各种社会实践，特别是当前"全民创新、万众创业"时代的开启，部分大学生在校期间就会开始创业，因此会遇到各种各样的法律问题，所以，大学生法治思维培育是大学时期法治教育的重点。

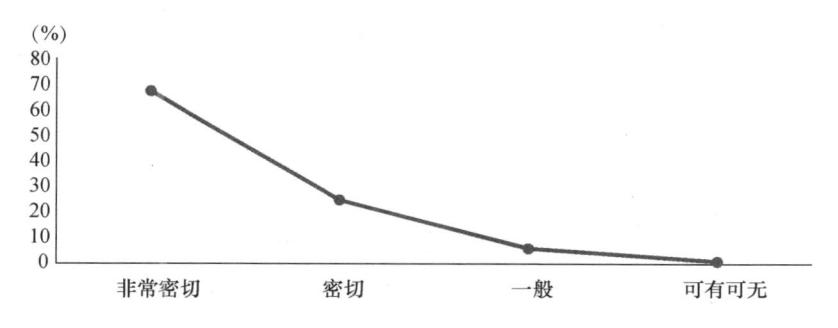

图 4-6　法律跟大学生自身的关系

通过法治教育，使大学生的法治意识提升，认识到依法治国的重要意义。98%以上的大学生"赞同"依法治国的方针，仅有2%的同学表示"不了解"，没有人选择"一般"或"不赞成"。图4-7的调研数据说明依法治国的大政方针已经深入人心，大学生对法治建设的认识也在不断提升，对社会主义法治中国的建设充满信心。

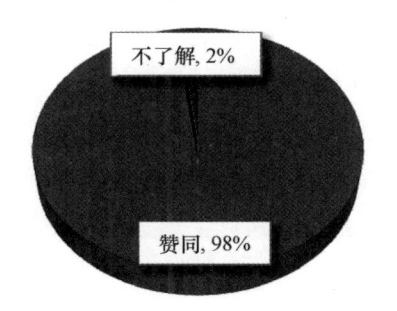

图 4-7　大学生对依法治国的认识

维护公民合法权利是法律的重要职能。当问及大学生"自身的权益受到损害时，你会寻找哪种方式维护自身的权益"时，选择使用"法律"的学生有90%，选择借用"权力"的占4%，3%的学生选择使用"武力",还有3%的学生选择"默默忍受"。图4-8表明大学生已经具备一定的法律意识,注重对自身权利的维护,当权利受到损害时,能够主动寻求法律途径维护权利,但因法治思维不足,有部分大学生也会寻求其他手段来维权。

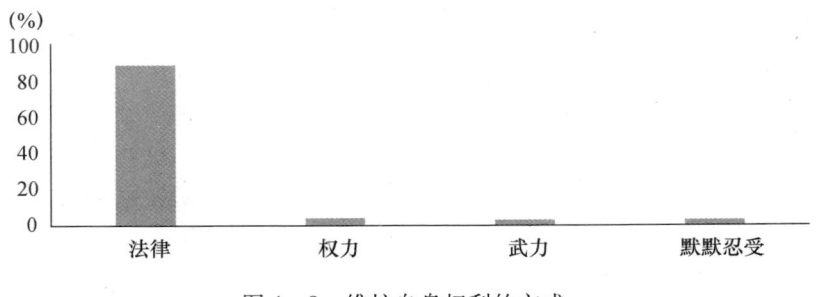

图4-8 维护自身权利的方式

当问及大学生"买到有质量问题的商品会如何处置"时,如图4-9所示,选择"投诉,通过法律途径解决问题"的有50%,38%的大学生会选择"退货",8%的大学生选择了"能用就用,不能用就扔掉",4%的大学生选择"靠关系解决"。这说明,大学生已经具有维权的意识,但依法维权的实际能力还不足,当在日常学习和生活中真正遇到违法行为时,还不能完全选择正确的法律途径解决问题。由此可以看出,当代大学生虽然具备了一定程度的法治意识,但依法维权的能力还需要不断提升和加强。

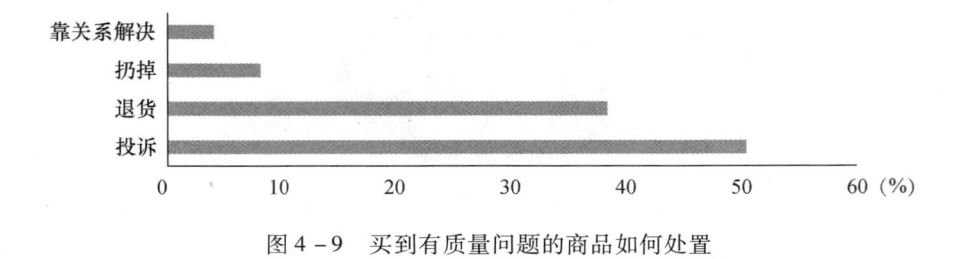

图4-9 买到有质量问题的商品如何处置

尽管绝大多数大学生赞同权利受损时应当向法律寻求帮助,但当问及"你认为法律能维护你的权利吗",如图4-10所示,90%的学

第四章　当代大学生法治思维培育现状分析

生认为"能",4%的学生认为"不能",3%的学生认为"一般",还有3%的同学选择"不清楚"。德国行政法学家哈特穆特·毛雷尔曾说:"法治国家是指公民之间、国家与公民之间以及国家内部领域的关系均受法律调整的国家,其标志是所有国家权力及其行使均受法律的约束。"① 法律是维护权利的根本方式,但由于法治思维缺乏,还有极少数的大学生对此认识不足。

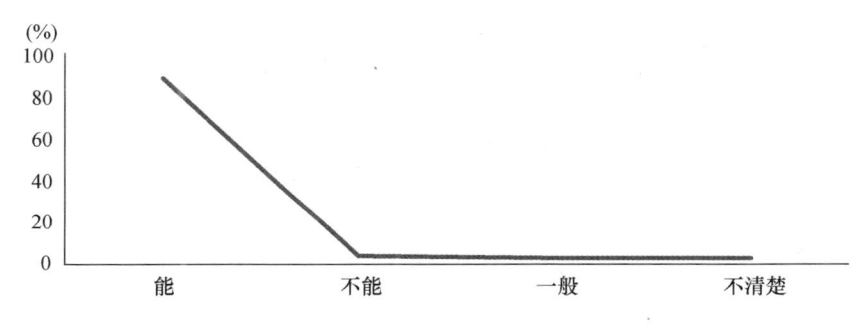

图 4-10　法律能维护你的权利吗

大学生对法律在实际运用中的怀疑,一方面体现出大学生的法治信仰还需要进一步提升,另一方面也反映出在实际的执法过程中还存在有法不依、执法不严的情况,损害了人们对于法治的信任。法治建设任重而道远,社会主义法治文化建设尤其要加强,"要努力培育社会主义法治文化,在全社会形成学法尊法守法用法的良好氛围"。② 习近平总书记指出:"加大全民普法力度,建设社会主义法治文化,树立宪法法律至上、法律面前人人平等的法治理念。"③ 社会主义法治文化氛围的形成,有利于进一步推动大学生法治思维培育的发展。

在党的十一届全国人大四次会议上,吴邦国宣布:中国特色社会主义法律体系已经形成。这标志着中国的法律基础建设基本完成,是

---

① ［德］哈特穆特·毛雷尔:《行政法学总论》,高家伟译,法律出版社 2000 年版,第 105 页。
② 张文显:《全面推进依法治国的伟大纲领——对十八届四中全会精神的认知与解读》,《法制与社会发展》2015 年第 1 期。
③ 习近平:《决胜全面建成小康社会,夺取新时代中国特色社会主义伟大胜利》,《人民日报》2017 年 10 月 28 日第 1 版。

法治国家建设的又一个里程碑。正是在这样的法治大背景下，当代大学生的法治意识通过学校的法治教育和国家法治文化的熏陶，已经初步确立起来，对法治所秉承的规则、程序、正义的原则基本认同。但是，不可否认的是，大学生生活的环境越来越复杂，面对的问题越来越多，当真正遇到需要用法律来解决问题时，会面临法律知识掌握不足，法律实践运用能力差等问题，不能完全将法律知识应用到实践中去。还有部分大学生游离于法律领域之外，不学法、不知法、不守法，甚至出现以身试法的悲剧。这些都说明，法治意识虽然在大学生群体中已经初步确立，但相对于国家的法治化建设对高素质合格公民的要求来说，还远远不够，还需要不断提升和加强。

第二节 大学生法治思维培育存在的主要问题

党的十八大提出要提高领导干部的"法治思维"，但"法治思维"并非领导干部的"专属物"，必须通过加强法治教育，让全体社会成员都具备法治思维，当代大学生将是建设现代化国家的生力军，更应具备法治思维。"'法治思维'是一种思维方式，它是将法治理念、法律知识、法律规定运用于对象中的认识过程。"[1] 大学生的法治思维培育不仅关系到个人的全面发展，而且对全面推进依法治国具有十分重要的意义。基于此目的，本书在对大学生的法治教育现状和法治思维状况进行调研时，发现以下问题：

一 大学生个体法治思维相对淡漠

部分大学生对法治思维的重要性认识不足。随着国家法治建设的发展，法治思维培育越来越受重视，已成为高校法治教育的必备内容。除法学专业以外，《思想道德修养与法律基础》是非法律专业学生接受法治教育的主要途径。尽管课程的设置经过反复推敲，并在实

---

[1] 李瑜青：《"法治思维"的核心内涵——兼论中国古代何以存在"法治思维"的雏形》，《社会科学辑刊》2016年第1期。

践课堂教学中不断改进,目的是将中国社会主义法治体系的构成及具体的宪法和法律知识能够真正为大学生所掌握,做到"进教材、进课堂、进学生的头脑",并能做到学以致用,将法律知识运用于实践。但很大一部分人还不能领会法治教育的目的,因此对法治思维的重要性认识不到位。如图4-11的调查发现:有63%的学生对宪法的基本知识"非常了解",32%的学生对宪法的知识"不甚了解",5%的学生对宪法"不了解"。从调研发现,通过普法宣传,大部分学生已经对宪法知识有所了解。当问及对各种实体法的了解程度时,仅有21%的学生回答"非常了解",70%的学生回答"不甚了解",9%的学生回答"不了解"。由此可见,就当前大学生学习掌握的法律知识来说,还非常有限,高校虽然开设了法律的相关必修课程,但法治的重要性还没有引起大学生的足够重视。分析原因,一方面是因为大学生涉世未深,生活环境相对单纯,遇到的法律事件少,因此不重视法治学习;另一方面,大学生虽然从书本和课堂上学到了一定的法律基础知识,但掌握的还不全面,更缺乏实践应用的机会,所以很难形成法治思维。具体体现在:第一,能掌握一定的法律条例,但缺乏实践应用能力。在学习过程中,对案例分析和以案说法更感兴趣,但在头脑中很难形成完整的法律框架体系。第二,大学生对实体法的了解浮于表面。只有在日常生活中,真正遇到自身的权益受损时,才会想到法律的重要性。近年来也时常出现由于不懂法,大学生出现违法行为,甚至造成重大恶性事件的情况,如药家鑫事件、复旦投毒案等。对法律的无知源于对法治思维的认识不够,重视不足。

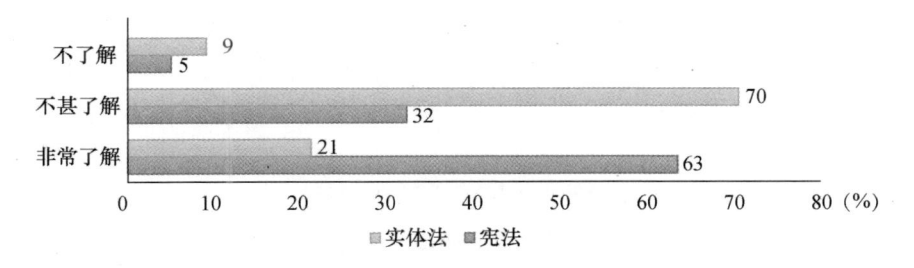

图 4-11 大学生对宪法和实体法的了解程度

部分大学生在法治思维培育中学习目标不明确。高校进行法治思维培育的着眼点是普及法律相关知识，法律知识掌握的程度影响法治思维水平的高低。从调研来看，如图 4-12 所示，大学生的法律知识储备总体上比较欠缺，对法治思维学习的目标不明确是一个重要原因。通过调研发现，当问及学生是否会主动去学习法律知识时，4%的学生表示"不会"主动学习法律知识，56%的学生表示"偶尔会"学习一些法律知识，只有40%的学生表示"会"主动学习法律知识。这说明大学生对法治思维学习的重要性还是有一定认识的，因此部分学生有主动学习法律知识的意愿。

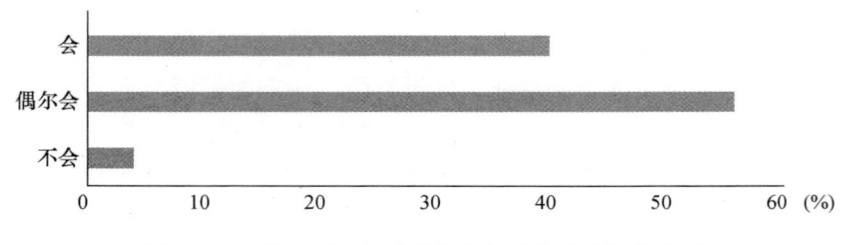

图 4-12　学习《思想道德修养与法律基础》的意愿

目前大学生的学习重点更多地放在专业知识的获取和职业技能的获得，学科教育突出职业化和专业化的特点，功利性和目的性非常强，对与职业发展无直接关系的课程，像《思想道德修养与法律基础》课，很难引起学生的学习兴趣。部分学生根据对专业技能提升的相关性，将《思想道德修养与法律基础》课视为"无用"，这大大影响了法治思维培育的效果。对于"开设《思想道德修养与法律基础》课程有无必要"的问题，如图 4-13 所示，50%的学生认为"非常有必要"，42%的学生认为"有必要"，还有8%的学生认为"没有必

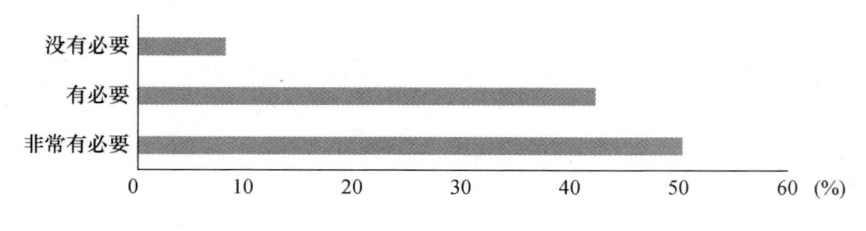

图 4-13　开设《思想道德修养与法律基础》的必要性

要"。对《思想道德修养与法律基础》课程不重视，导致了部分学生法治思维欠缺。

对于是否认真学习了《思想道德修养与法律基础》课的问题，如图4-14所示，47%的同学回答"认真学习"了，47%的学生回答"学习了"，有6%的学生承认"根本没学"。《思想道德修养与法律基础》课理论性较强，在讲授时如果案例较少，整个课程就会显得枯燥乏味，很难引起学生的学习兴趣。而大学生自身的生理和心理特点，也使他们未能对法治思维引起足够重视，大学生处于从少年期向成人期过渡的阶段，遇事容易冲动，处理问题缺乏冷静思考，往往会出现偏激行为；大学生具有一定的知识储备，但缺乏社会经验和阅历，对社会规则缺乏深刻认识，权利义务观念不强，容易自以为是，因而很难对法治思维产生深刻的理解。

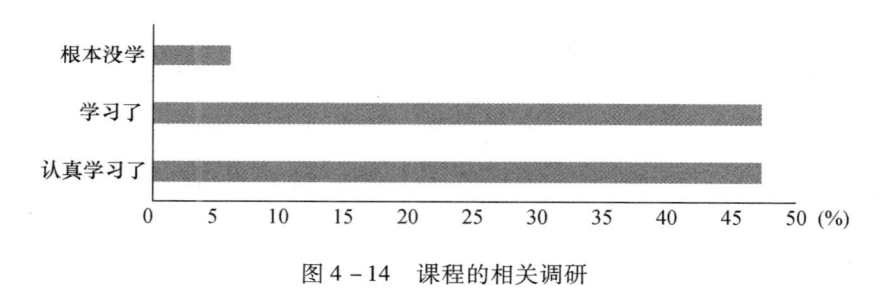

图4-14 课程的相关调研

大学生对法治思维重要性认识不足，学习目的不明确，必然导致知识掌握不牢固，法律知识欠缺。法治思维的形成，必须以丰厚的法律知识为基础。大学生"前"法律知识的掌握，部分源自学校教育，但大多来自于非系统的家庭教育、社会教育和无意识的自学，是一种被动的法治教育，虽然具有一定量粗浅的法律常识，具备一定的规则意识，但缺乏专业性和系统性。这些法律知识大多是以"碎片"的学习方式获得的"碎片"式法律知识。真正进入大学以后，才开始系统化的法治思维培育，但由于学习态度、教学方式等多种因素影响，大学生对法律知识的学习多流于表面化和形式化，大部分学生的学习是为了"应付考试"，抱有此目的的学生占调研人数的61%，还有26%的学生是为了"掌握知识"，而仅有13%的学生是为了"养成法治思维方式"。如图 4-15 的调研结果所示，由于未能全面、系统地掌握法律基础知识，在遇到法律事件时，大学生往往不能依法做出正确的判断，致使近年来大学生的违法犯罪行为有逐渐攀升的趋势，这与大学生应当具备的法治素质不相匹配。

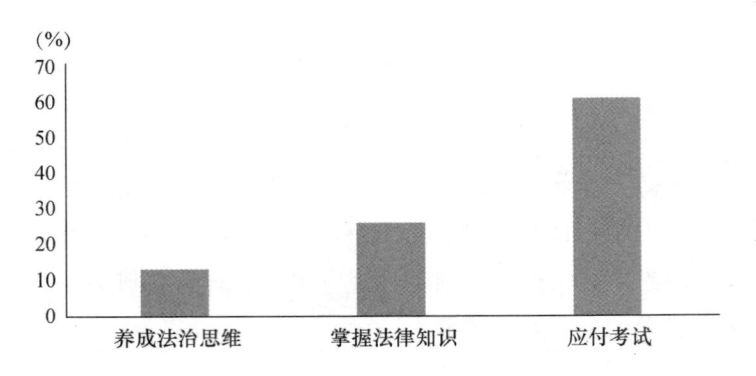

图 4-15 课程的学习目的

总体来说，大学生的法治思维相对淡漠。由于法律知识不足，法治实践能力较弱，部分大学生不能用正确的途径维护权利；遇到法律问题需要解决时，也很难用正确的法治程序去解决，整体的维权意识和程序意识较弱。这一方面源于大学生刚刚步入成年期，心智尚未完全成熟，还缺乏完整地、准确地看待世界的视野，认识不到法治思维的重要性；另一方面，大学生身处校园，涉世未深，缺乏实际经验和能力，对法治思维的重要性没有深刻体会；再就是整个社会的法治氛围不够浓厚，无论是学校还是家长都将专业学习和就业发展作为重点，忽视了法治对大学生综合素质提升的作用。多种因素综合作用导致大学生的法治思维淡漠，还要通过家庭、学校和社会的共同努力才能得到提升和发展。

二 法治思维培育主体专业素养薄弱

目前，思想政治理论课专业教师是从事大学生法治思维培育的主体，还有部分思想政治教育出身的辅导员和少数从事党务工作的人员承担思想政治理论课的教学任务。从大学生法治思维培育主体的构成来看，学科背景以思想政治教育专业为主，这与当前高校法治思维培育的学科归属密切相关，隶属于思想政治教育专业，因此法学专业背景的教师极少参与大学生的通识法治教育。

法治思维培育主体专业知识不足，也是目前大学生法治思维欠缺的重要因素。高等院校是传承文化、传播科学知识、培养高素质人才的基地，为民族发展和国家振兴培养生力军。随着国家现代化、法治化建设发展的需求，不但要求各高校要培养出学科特点突出、专业知识丰富的高精尖人才，也需要这些人才具备较高的道德素质和法治素质。法治思维已成为法治国家高素质人才必备的基础素养，而这种素养主要通过高校的法治教育来实现。因此，作为法治思维培育主体的思想政治教育教师的法治素养也至关重要，只有自身具备较高的法治素质，才能在教学过程中，通过言传身教将法治思维传授给大学生。"面向广大大学生层面的法治教育，主要通过《思想道德修养与法律基础》课程的学习实现，但目前在大部分高校，该门课程主要师资是从事思想政治教育的教师，思想政治教育教师一般来说并不是法律专业出身，自身的法律素养也不是很高，这样一来导致的结果是：一方面法治教育资源的安排不能满足教学需要，另一方面现有的法治教育资源因配置不合理带来资源浪费。"[①] 通过对部分教师的访谈得知，就目前高校从事法治思维培育的专职教师来说，因学科专业不同，思想政治理论课教师的法律专业知识普遍不足，在授课时，法律基础部分并未受到足够的重视。在调研中，当问及"《思想道德修养与法律基础》课程的法律基础部分老师会认真讲授吗"，如图4-16所示，1%的学生选择"不讲"，46%的学生选择老师会让学生"自学"，53%的老师会"认真讲授"法律基础部分。

通过对部分老师和学生的访谈和调研，如图4-17所示，对于"讲授《思想道德修养与法律基础》课程的老师是法学专业毕业吗"，41%的人回答"不了解"，43%的人回答"不是"，仅有16%的法学专业老师有可能讲授法律基础课。因此，《思想道德修养与法律基础》课程中法律基础这部分内容被忽视也就不足为奇了，非法学专业的教

---

① 程连珍：《大学生法治教育现状及改进对策》，《法治与社会》2016年第34期。

师对法学专业知识生疏，很难做深入细致的讲解。

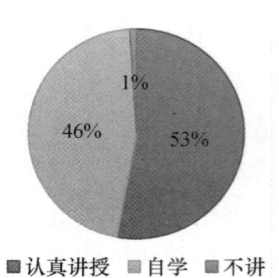

图 4-16 教师的授课情况

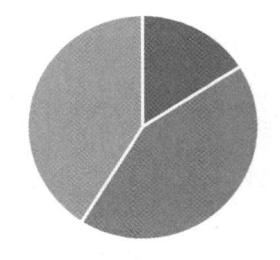

图 4-17 教师的专业背景

在问及大学生"通过《思想道德修养与法律基础》课能掌握多少法律知识"时，如图 4-18 的结果显示，仅有 23% 的学生认为"能学到"法律知识，40% 的学生认为"能学到一点"，将近 37% 的学生认为"不能"通过这个课程学到法律知识。这与《思想道德修养与法律基础》课程设置的目的和初衷相距甚远。

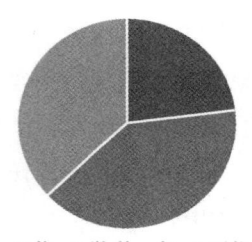

图 4-18 课程的教学效果

就目前来看，大学生法治思维培育效果不尽如人意，与专业教师自身法治思维能力较弱有直接关系。"师者，传道授业解惑也"（《韩愈·师说》），法治授课教师的法律专业水平直接影响高校的法治教育效果。缺乏法律实践的非法学专业出身的教师，只能照本宣科，缺乏实践操作的可信度。"任课教师没有一定的法律专业知识储备，没有很好将法律知识与大学生的学习和生活相结合、与社会现实相结合，很难让学生形成法治思维。"[1] 缺乏法治专业训练背景的教师讲授法律基础，只能是单纯的填鸭式的理论灌输，就学生层面来说，法律基础的学习就是为了应付考试，而真正的法治思维能力很难得到应有的实践和训练，距离真正形成大学生的法治思维模式差距还很远。大学生法治思维培育实施中法治专业师资人才匮乏，成为制约高校法治教育发展效果的障碍。

三　法治思维培育顶层设计不完善

目前，在中国的高等教育中，法治思维的培育工作主要通过《思想道德修养与法律基础》课进行，是高等法治教育的主渠道。自1986年在中国高校中开设《法律基础》课开始，大学生的法治教育就和道德修养教育并列，成为"两课"内容的一部分，现在隶属于思想政治教育理论课的一部分。大学生的法治教育内容几经修改和完善，时至今日成为《思想道德修养与法律基础》中的一部分，所占比例较小，约占全书的1/3。《思想道德修养与法律基础》是各个高校统一开设的思想政治理论课，2018年新修订版的教材共分六章，其中前五章为思想道德教育的内容，仅第六章为法治教育的内容，是由2013版和2015版教材中后三章的内容合并而成，分别讲述了中国法律的特征，社会主义法律体系、法治体系、法治道路，以及法治思维的培养和依法行使公民的权利与义务等内容，其中第五节为"培养法治思维"。课程内容高度凝练，旨在提高大学生的法治学习兴趣，了解法律常识和培育法治思维。2018年修订版的《思想道德修养与法律基础》突出了大学生法治思维培育的重要性，增加了相应内容的设置。但在实际的课堂教学中，法治思维培育这部分的内容在大部分高校中未受到应有的重视，课时分配不足。在参与调研的高校当中，对部分教师进行了访谈，如图4-19所示，大部分高校法治教育部分内容课程设置在6—10课时，这样的高校约占42%，还有15%的高校课程设置不足5课时，课程设置在11—15课时的高校占25%，课

---

[1] 李学明：《大学生法治思维培育探索——以"思想道德修养与法律基础"课为例》，《法治与社会》2016年第36期。

程设置多于 16 课时的占 18%。

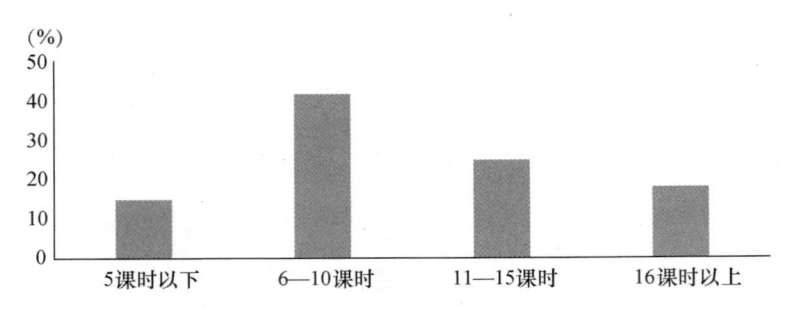

图 4-19 法律基础部分课时

高校法治思维培育的课程体系需要进一步优化。从课程设置来看，大学生法治思维培育还缺乏完善的顶层设计，存在课程设置不足、学生学习兴趣偏低、学习流于形式等现象，这与中国社会主义法治国家建设的时代需求不相符。就思想政治理论课内容而言，教材经历了多次调整和改革，课程内容在不断的优化之中，但依然存在内容设置重复的问题。对于课程内容存在相似或重复的现象，部分高校并未进行深入细致的对比分析，如课程分属不同的教研室，便会出现各自为政的现象，导致课程内容重复，课时浪费，以致学生学习倦怠，教学效果不佳。

大学生法治思维培育方式陈旧，缺乏创新。大学生的法治教育经历了从分到合的发展历程，以 2006 年 9 月为分水岭，此前高等教育中的大学生法治教育有独立的《法律基础》课，课程改革后合并为《思想道德修养与法律基础》，内容合并使得法治教育部分的教学内容和课时量大大缩减，法治教育边缘化，独立地位被忽视，从教师到学生对法治教育的重视程度也随之降低。加之法治思维培育采用传统的课堂教学模式，教学方法单一，教学内容以理论为主，较为枯燥，学生学习积极性不高，部分大学生对法治课程不重视，只要能应付考试就行，对法治教育的重视度不高。另外，大学生的法治思维培育途径单一，绝大部分学校只有《思想道德修养与法律基础》课一个途径。在调研中，当问及学生"你们学校是否对非法学专业学生开设除《思想道德修养与法律基础》之外的法律课程",如图4－20所示,5%的学生回答"没有",2%的同学回答"有",93%的学生回答"不清楚"。

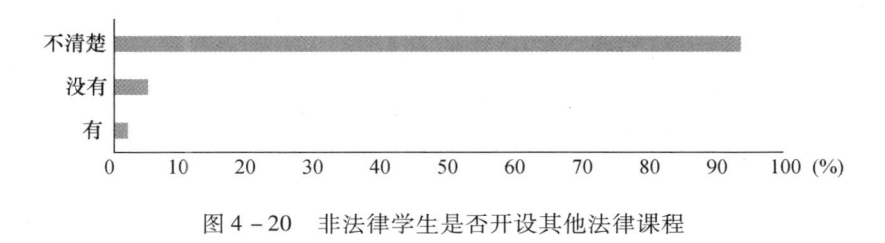

图4－20 非法律学生是否开设其他法律课程

可见,目前高校中对大学生进行法治思维培育的途径非常单一,这说明高等法治教育还缺乏系统的顶层设计。从目前中国对法治建设的重视程度和高校思想政治理论课的课程教学来说,法治思维培育薄弱都与依法治国的国策和教育现代化的发展不相称。法治国家的建设要求:"法治是治国理政的基本方式。要推进科学立法、严格执法、公正司法、全民守法,坚持法律面前人人平等,保证有法必依、执法必严、违法必究。"[1] 从课程体系建设的现代化而言,思想政治理论课的实践教学也在不断发展,学生第二课堂的开辟,成为第一课堂的有益拓展和补充。但大学生的法治思维却依然以枯燥的课堂教学为主,学生学习兴趣低迷,课堂教学收效甚微,学习过程中形式主义盛行,都不得不归咎于大学生法治思维培育顶层设计不完善。

四 法治思维培育途径单一

课堂教学是高校法治思维培育的主要方式。《思想道德修养与法律基础》是对大学生进行法治思维培育的主干课程,讲授主要以传统的课堂教学为主,又称为"填鸭式"教学,老师讲、学生听,讲课过程中互动和交流较少,学生在课堂上主动性差,只是被动接受老师讲授的内容,没有选择权,因而课堂兴趣不高。"但因为课时少、内容

---

[1] 胡锦涛:《坚定不移沿着中国特色社会主义道路前进,为全面建成小康社会而奋斗》,《人民日报》2012年11月18日第1版。

枯燥、教师缺乏相应司法经验，很难把这门课讲的生动易懂，大大影响了大学生法治意识培养的实效性。"[①] 2018 年修订版的《思想道德修养与法律基础》中的法治教育内容更符合中国社会主义法治国家建设的实际情况，与之前以传授法律条文为主的法律基础的教学内容相比，做了大幅度的调整与优化。但这部分法律内容对非法学专业的学生来说，还是理论性较强，内容较为枯燥，再由非法学专业的教师来讲授，不能融入法治案例和法治实践，很难引起学生的学习兴趣。如图 4-21 调研显示，大学生获得法律知识的主要渠道还是"学校"，有 61% 的学生选择此答案，还有 8% 的学生通过"自学"获得部分法律知识，22% 的学生通过"社会"渠道获得法律知识，9% 的学生从"家庭"教育中学到法律知识。可见，高校思想政治理论课堂是大学生提升法治思维的主阵地，但课堂教育方式陈旧，教育效果不理想，直接影响大学生的法治思维状况。

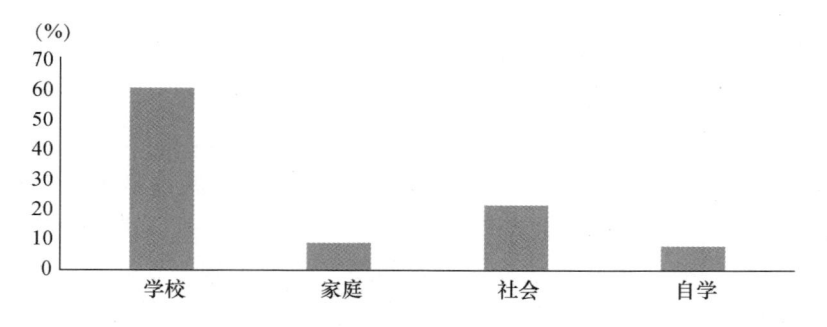

图 4-21 大学生获取法律知识的渠道

大学生法治思维培育缺乏实践教学的支撑。知识的传授是为了应用，对大学生进行法治培育，其目的是为了让学生形成法治思维，做到学以致用，在现实生活和实际工作中能运用法治方式分析和解决问题，这也是国家建设和时代发展的需求，"授予知识的目的是使之学以致用，培养大学生社会主义法治思维方式，使大学生群体养成按照

[①] 张端、龚旖凌：《当代大学生法治意识现状调查与分析》，《法制博览》2017 年第 22 期。

法治的理念、原则和标准判断、分析、处理问题的习惯"。① 目前高校的法治教育还停留在传授教材内容、让学生掌握理论原理的层面，内容抽象、理论性强、课堂教学不生动、生动形象的新案例少、缺乏互动、学生参与率低，在教学中缺乏实践教学和第二课堂的支撑。大学生学习的法律知识只用来应付考试，不能在实践中得到验证和应用，不能真正地将法律知识为我所有、为我所用，考试结束后，所学的知识就荒废了。课程目标和课程理想仅仅停留在教材中，不能转化为学生的法治实践能力，去推动整个社会的民主化与法治化进程。大学生法治思维培育实践教学的缺失，无法满足法治教育学以致用的目的，最终导致法治思维培育的结果差强人意。

大学生法治思维培育对第二课堂平台的利用率不高。团中央《关于在高校实施共青团"第二课堂成绩单"制度的意见》（以下简称《意见》）的印发，这是在党的十九大精神和习近平总书记系列讲话的推动下，不断改进共青团工作的重要举措。《意见》中规定，要通过课程体系建设，围绕思想素质、政治觉悟、文艺体育、志愿服务等内容，以人才培养为目标，办好学生的第二课堂。第二课堂是学生第一课堂的有益补充，对大学生来说，起到拓展视野、提高实践能力、提高综合素质的作用。如图4-22的调研结果显示，当问及"学校对非法学专业学生还会开设除《思想道德修养与法律基础》之外的法律实践课吗"，5%的学生回答"没有"，2%的学生回答"有"，93%的学生回答"不清楚"。可见，目前大学生的法治思维培育没有和第二课堂平台做很好的对接，比如，利用法治教育知识专题讲座、大学生法律知识竞赛，与大学生"三进"相结合开展法律宣传系列活动，举行以案说法、模拟法庭等活动，甚至还可以通过在老师带领下，组织学生到公检法等部门进行参观实习等途径来提高大学生法治思维培育的实际效果。

大学生法治思维的培育没有和新媒体技术很好地结合。当今社会是一个互联网技术飞速发展的时代，"互联网+"几乎改变了所有行

---

① 赵莉丹：《论大学生社会主义法治思维方式的培养》，《中国成人教育》2015年第9期。

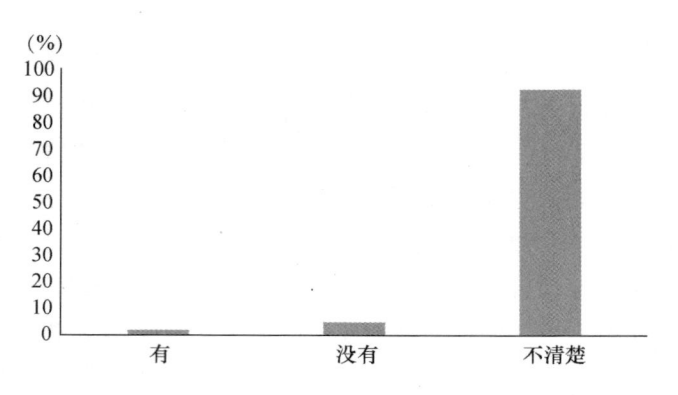

图 4-22　是否开设法律实践课

业，教育领域也不例外。新媒体技术也不断地融入教育领域中，例如，慕课的出现可以让优质的教育资源实现跨区域共享。相比之下，大学生法治思维培育却处于相对落后的境地，任课老师绝大部分采用课堂讲授的方式，形式活泼的会在 PPT 中穿插少量的音频或视频，丰富的多媒体手段应用较少。在调研中问及大学生"自主获取法律知识的途径"时，作为多选题，如图 4-23 显示，选择"广播电视"的高达 100%，选择"网络媒体"的占 74%，选择"课本"的有 72%，选择"报纸杂志"和"宣传栏"的分别占 40% 和 32%。分析调研数据可以发现，广播电视中的法治栏目是学生最乐于接受的法治教育渠道，互联网已成为当今大学生获得信息的主要来源，通过课本获得的法律知识是大学生系统接受法治教育的主要途径，报纸杂志的吸引力在网络信息面前走向没落，宣传栏的效果相对来说发挥作用最小。"要改变传统的教师讲授、学生听讲的教学方式，根据时代特点和学生的兴趣制定和创新教学方式。"[1] 大学生法治教育中，教育手段的陈旧，教学途径的单一，降低了学生的接受度和认同感。"大学生学习法律方面知识的另一个主要途径就是通过报纸、广播、电视、网络等大众传播媒体。"[2] 要想真正提升大学生的法治思维，行之有效的途径

---

[1] 程连珍：《大学生法治教育现状及改进对策》，《法制与社会》2016 年第 34 期。
[2] 郭新建、岳雪：《当代大学生法治意识提升路径研究》，《人民论坛》2015 年第 35 期。

还是要将高校系统的法治教育与新媒体技术融合，才能达到吸引学生、寓教于乐的目的。

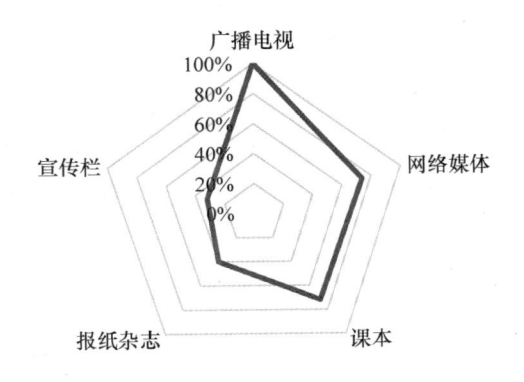

图 4-23　自主学习法律知识的途径

五　法治思维培育外部环境欠佳

中国的法治建设还存在法治不健全的现象，执法不严、执法不公的行为也时有发生，影响了大学生法治思维培育的育人环境。人作为社会动物，生活在社会群体中，其思想和行为时刻受到外部环境的影响。大学生虽然身处相对单纯的校园环境中，其言行也会受到所处的时代及社会环境的影响。法治社会环境的优劣会对大学生法治思维培育的过程和效果产生直接影响，也会影响法治思维培育对象的思想和行为。恩格斯曾指出："一切以往的道德论归根到底都是社会当时经济状况的产物。"[①] 当代大学生正处于一个飞速发展的全新时代，经济全球化、文化多元化、政治多极化，对整个中国的环境产生了巨大的影响，也影响了大学生的法治和道德状况。目前中国正处于全面建成小康社会的攻坚阶段，依法治国为全面建成小康社会、全面深化改革和全面从严治党提供了制度保障，是四个全面的基础保障。"要把全面依法治国放在'四个全面'的战略布局中来把握，深刻认识全面依法治国同其他三个'全面'的关系，努力做到'四个全面'相辅相

[①] 《马克思恩格斯选集》第 3 卷，人民出版社 1995 年版，第 435 页。

成、相互促进、相得益彰。"① 所以，大学生的法治思维培育，是关系依法治国成败的人才保障工程。然而，不能否认的是，在当前法治国家的建设进程中仍然存在一些与依法治国相违背的现象，如拜金主义影响下滋生的腐败问题，贫富差距引起的经济犯罪，公务人员执法不严，公民有法不依的问题，等等。这些问题不仅事关国计民生、人心向背，也影响了大学生接受法治教育的育人环境。在调研中问及"你对社会上依法办事的执行状况满意吗"，如图4-24所示，回答"非常满意"的同学仅占5%，对此感到"满意"的占52%，感到"不满意"的占28%，还有15%的同学对依法办事的执行状况感到"非常不满意"。这一方面反映出在社会生活中确实还存在权力凌驾于法律之上的现象，削弱了法律的权威性，影响了大学生对法治的信仰；另一方面也源于大学生社会经验少，容易受负面报道的影响，还不能完全甄别现象与本质，夸大了社会上违法违纪行为的存在。但如果有法不依、执法不严、违法不咎，法律形同虚设，权力肆意妄为，法治环境恶劣，大学生就会丧失对法治的信心，法治思维培育也就难以推行。社会环境影响人的思想观念的形成，目前，我们全民族的道德状况还有待提升，国家的法治建设还有待进一步完善，社会法治大环境还需进一步优化，否则都会制约大学生法治思维培育的成效。

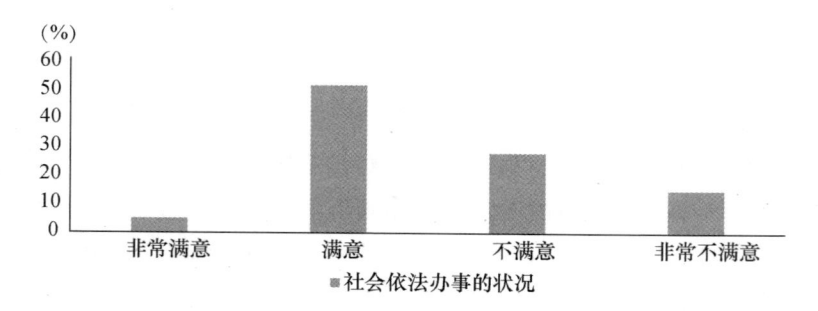

图4-24 社会依法办事状况满意度调研

---

① 《习近平总书记同出席全国两会人大代表、政协委员共商国是纪实》，《人民日报》2015年3月15日第1版。

第四章　当代大学生法治思维培育现状分析

依法治校不能全面实施，法治教育不完善，也影响了大学生法治思维培育的效果。高校的依法治校水平，学校各项规章制度的完善程度，都会对大学生的法治思维培育产生影响。"从校园法治小环境来说，高校的管理水平和法治状况会直接或间接地影响到大学生对法治的信念，进而影响到大学生法治思维、法律素质的形成。"[1] 高校作为育人主体，先要明确依法治校的内涵，但就目前高校的法治建设状况而言，还存在差强人意之处：首先，依法治校的方针还没有完全落实到位，在学校管理上还存在以"人治"代替"法治"的现象；其次，校园的法治文化氛围不浓厚，学校的管理层也存在法治思维欠缺的状况。当问及"你对你所在的学校按照规章制度办事的程度满意吗"这个问题时，如图 4-25 所示，回答"非常满意"的学生约占 25%，回答"满意"的约占 50%，回答"不满意"的有 20%，对此感到"非常不满意"的有 5%。

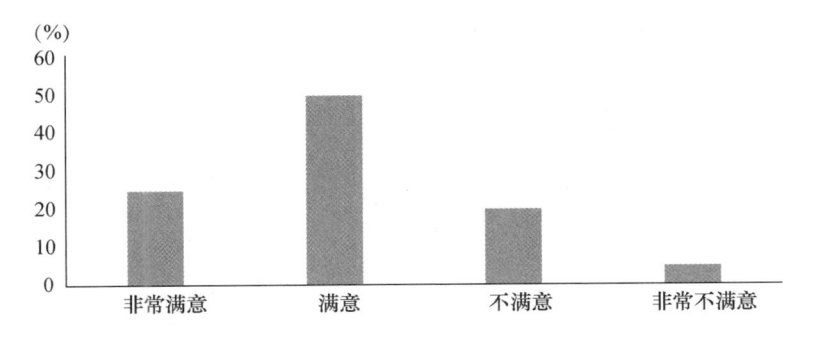

图 4-25　对学校按照规章制度办事程度的满意度调查

"而高校本身在依法治校方面还做得很不够，规章制度不够健全、执行不严，不重视对法治教育环境的培育，没有形成系统的高校校园法治教育体系，不利于培养学生严谨的法治思维。"[2] 部分高校在学校管理和学生管理方面还有所欠缺，没有充分地贯彻民主法治原则，甚

---

[1] 孙由体、胡方红：《略论大学生法治思维的培育》，《教育理论与实践》2015 年第 12 期。

[2] 谢芳：《依法治国背景下大学生法治教育路径研究》，《中国成人教育》2015 年第 18 期。

至存在一些损害学生权利的现象,使得学生对高校的管理不满,甚至引起对法治公正性的怀疑,从而挫伤了大学生法治学习的积极性。"学校的运行和管理是否能以像教科书上所说的那样真正落实了民主、实现了法治,对学生切实接受民主法治观念有着直接而深刻的影响,但是学校能否实现依法治校,又取决于地方党政领导班子。"[1] 所以依法治校重在管理、重在落实。高校的主要职责在于育人,部分高校对法治思维培育的重要性认识不到位,仅仅作为一门常识课程来对待,在教学安排、课程设置、实践教学上都没有认真地规划和设计,使得法治这门实践性很强的课程,变得枯燥无味,引不起学生的学习兴趣。因此,在推进大学生法治思维培育的过程中,高校发挥着直接而具体的作用。

家庭教育的缺位,使大学生的法治教育先天不足。家庭教育是学生接受教育的起点,同样也是大学生接受法治思维培育的起点。良好的家庭法治氛围,会对孩子法治思维的养成发生潜移默化的影响。中国家庭历来重视对孩子的教育,"孟母三迁"的故事就很好地诠释了这一点,但对孩子的法治教育来说,却是一个例外。家长比较重视孩子对科学知识的获取和道德素质的养成,但对法律知识的传授却少之又少。当问及访谈和调研对象"谁会传授给你法律知识"时,如图4-26所示,57%的人选择了"老师",23%的选择了"自己",8%的选择了"亲朋",选择"家长"的只有12%。可见,在家庭中有意识地对孩子进行法治教育的家长为数不多。"传统的家庭教育理念更加重视子女道德的养成,忽视法治意识法治人格的养成。"[2] 这种现象是一种客观存在,与中国的法治发展进程密切相关,当代大学生的父母大多出生于20世纪六七十年代,那时中国还处于"无法无天"的年代,还谈不上什么法治建设,家长本身也缺乏相应的法治思维,更无法将法治知识传递给子女。并且,大学生处于成人初期,急于脱离家庭,走向独立,也不愿再接受来自家长的"唠叨"。"但是现实是家

---

[1] 魏玮、张世昌、王启佩:《当代大学生法治意识的养成研究》,《当代教育实践与教学研究》2015年第6期。

[2] 郭新建、岳雪:《当代大学生法治意识提升路径研究》,《人民论坛》2015年第35期。

庭的客观条件和学生进入大学后想减少家庭约束的想法导致家庭在法治教育中无法发挥正常作用。"① 使得本应发挥法治思维培育启蒙作用的家庭教育严重缺位，导致大学生的法治思维培育先天不足。

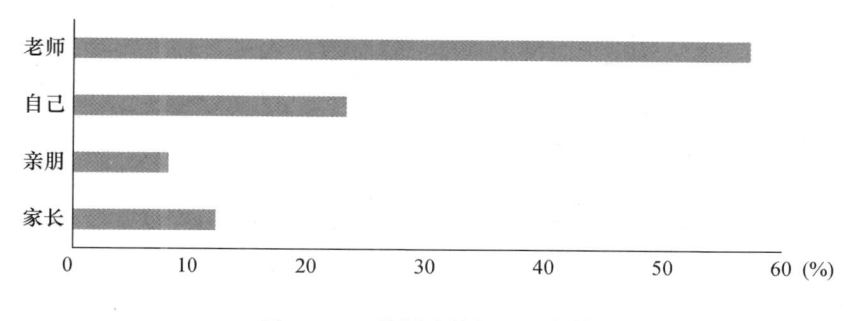

图4-26 传授法律知识的主体

第三节 大学生法治思维培育存在问题的成因分析

通过对大学生法治思维状况的调研发现，目前中国大学生法治思维培育中还存在许多问题，其原因是多方面的，既有历史的因素，也有现实的原因。科学地分析问题存在的原因，才能有针对性地提出解决问题的方式和方法。因此，对大学生法治思维存在问题的成因进行分析，能够为提升法治思维培育效果奠定基础。

一 重德育、轻法育传统的桎梏

"德主刑辅"的观念在中国影响深远，不管是国家、社会、学校还是家庭更注重道德品行的教育和培养，法治素养往往被忽视。历史沿袭下来的法治文化传统缺失导致了当代大学生法治思维的缺乏。在中国自汉代已降，儒家思想在思想领域中长期占据统治地位，儒家

---

① 谢芳：《依法治国背景下大学生法治教育路径研究》，《中国成人教育》2015年第18期。

"重德轻法""重礼轻法"的思想影响了两千多年的封建社会,至今余波仍在。中国近代社会战争频繁,中华人民共和国成立初期政治运动不断,法治思想一直处于边缘位置,因而中国的法治传统存在先天不足,法治精神缺失。在中国,先秦时期"法治"思想发展也一度鼎盛,但早期的法治重视对国家秩序的维护而忽视了人权的保护,导致人们畏惧法律,缺乏敬法之心。"'德主刑辅、出礼入刑、先教后诛'等是历代封建统治者遵循的治国方针。因此,在这种思想的长期影响下,中国古代民众普遍耻诉、厌诉、畏惧法律。"[1] 缺乏法治信仰,使法治精神难以传承,儒家"崇德尚礼、温良敦厚"的思想更易得到社会的认可,从而冲击了法治的地位。由于儒家"德""礼"思想的影响,整个社会缺少法治生存的土壤,从古至今,"以德服人"的观念已成为固定的思维模式被接受和认可,这在很大程度上影响了大学生法治思维的培育。想要努力改变这种状况,还需要长期不懈的法治宣传,才能逐步改善法治思维培育的社会环境,高等法治教育要想取得显著成效,也要探寻历史根源并在现实中寻求突破。

分析道德和法律的性质,也可以探究"德育"昌盛而"法育"步履维艰的原因。从道德和法治的作用范围看,道德作用于人的内心世界,是人类精神文化的凝结,是一种非符号化的社会秩序,以观念的形式存在,体现在人们社会生活的方方面面,亚里士多德曾经说过,"人的德性就是使人成为善良,并获得其优秀成果的品质"。[2] 而法律作用于人的外部行为,是统治阶级制定的社会秩序和规范,是一种符号化的规则体系,以强制手段要求全体社会成员遵守,只涉及社会生活的特定领域。从实施手段来看,道德对人的行为是一种"软约束",主要凭借思想引导、说服教育、社会舆论或风俗习惯等来协调人们之间的行为和关系。法律是一种"硬约束",主要凭借国家的强制力量来制约社会成员的行为。根据法律和道德在国家治理中发挥作用的大小,可以分为"法治"和"德治"两种国家治理方式。"在新

---

[1] 张社强:《全面依法治国视域下我国公民法治教育研究》,《广西社会主义学院学报》2015年第3期。

[2] [古希腊]亚里士多德:《尼各马可伦理学》,田力苗译,中国社会科学出版社1999年版,第35页。

第四章　当代大学生法治思维培育现状分析

形势下只有把法治作为治国的基本方式，同时注重用道德调节人们的行为，把依法治国和以德治国紧密结合起来，把法治与德治有机地统一于建设中国特色社会主义的伟大实践，大力培养既有法治信仰又有高尚道德情操、既接受他律又能够自律的新人，才能确保经济社会协调发展和全面进步。"[1] 在中国的历史传统中一直以"人治"为主，主张"明主德政"，"德治"发挥着不可取代的重要作用，所以道德的教化作用在对人的教育中一直占据主导地位，几十年的法治建设历程想要扭转几千年"德主刑辅"的传统，短期内还很难彻底改变，"德育"为主的传统一直在抢夺法治思维培育的资源，大学生的法治思维培育一直在与"德育"的竞争中求发展，步履艰难。"现代法治不排斥道德的应有作用，同时又注入了民主、自由、人权等新的价值元素，因此比中国传统的道德更符合时代特性与要求。"[2] 因此，要加强对大学生的法治思维培育效果，就要确立法治的主体地位。

从个人的素质修养来说，道德素质一直作为衡量人的品质的重要指标而备受关注。"内圣外王"曾经是先秦儒家的理想人格追求，成为全体社会成员道德行为的塑造标准，发挥过重要作用。在当代，道德的精神价值依然在人格塑造和性格养成中发挥着重大作用，仍然为国家、社会、学校和家庭所重视。"在德性教化活动中主要表现为忠于国家、服务社会、勇于担当、拼搏奉献等内在规定性，这既是大学生这一特殊群体自我价值的内在体现，也是当代大学生在德性修养中社会理想层面的目标所在。"[3] 与此相反的是，在现实生活中很难将"法律"或"法治思维"作为个人的素质修养来衡量，在古代，"刑""法"一直作为统治者管理人民的一种手段而存在，即使在当今社会，在评判人们是否遵法守法时，也是用具有道德意味的"好人""坏人"来界定，而极少在非法律场景下用"法"来评定个人素养。

---

[1] 黄中平：《把依法治国和以德治国紧密结合起来》，2015年4月，中国共产党新闻网（http://theory.people.com.cn/n/2015/0420/c40531-26871150.html）。

[2] 张文显：《法理学》，高等教育出版社2010年版，第360—361页。

[3] 王晶、王凌皓：《先秦儒家思想视域的当代大学生德性培育路径》，《黑龙江高教研究》2017年第5期。

由此可见,"重德育,轻法育"的传统在现实生活中依然是一个强大的现实存在,在国家、社会和个人的发展中都发挥着重要的作用,观念的根深蒂固影响着大学生法治思维培育的推进速度,还在一定程度上掣肘法治的发展。因此,大学生法治思维培育的发展需要克服历史传统中轻视法治的弊端才能有大踏步的前进。

二 教育内容、方式与社会发展脱节

对经济发展的高度重视导致教育发展与经济发展不同步,法治思维的培育与市场经济需求脱节。自党的十一届三中全会以来,国家实行改革开放政策,中国经济逐渐淘汰了自给自足的小农经济模式,并由计划经济走向今天全球化的市场经济时代,国家经济发展发生了翻天覆地的变化,人民生活水平有了质的飞跃。因此,改革开放以后加强经济建设依然是国家的工作重心,但片面强调经济发展的重要性,却忽视了法治建设,使得中国的法治发展相对滞后,法治思维与经济发展的速度脱节,不能满足经济发展的需求。随着市场经济逐步向全球化发展,对社会主义法治体系建设的要求也越来越高。尽管中国的社会主义法治体系在不断发展和完善中,但还存在一些漏洞和弊端。因此,法治实践过程中依然存在着有法不依、执法不严、贪赃枉法、徇私舞弊、以情代法、以权代法等违法现象,严重地影响了法律的权威,影响了人们对法治的信仰。再者,改革开放也让西方的腐朽思想乘虚而入,拜金主义、享乐主义腐蚀了部分人的头脑,有些人甚至为了追求享乐主义生活,不惜突破道德底线去做违法犯罪之事,最终走上了不归路。在金钱的巨大诱惑下,有人宁可相信金钱与权力的作用,而不信任法治的威严,更不会运用法治方式处理实际问题,法治思维的发展自然受挫。不良的社会风气影响法治思维培育的社会环境,也会对涉世未深的大学生造成一定的负面影响,影响他们接受法治思维培育的积极性和主动性。

法治思维培育的方式与方法创新性不足,不能适应培养大学生综合素质发展的时代需求。就目前高校法治思维培育现状而言,大学生的法治思维培育还采用传统的课堂教学模式,因客观教学条件的限制以及法律专业教师队伍的缺乏,导致法治思维教学模式缺乏创新性,教学手段陈旧，教学形式单一。当前这种保守的教学方式既难以激发学生的学习兴趣，更不利于调动学生接受法治思维培育的积极性。在调查中发现将近有一半的大学生本身对法律课程感兴趣，只是因为教师的讲授太过枯燥而降低了学习兴趣。而且大部分高校除了课堂教学以外，几乎没有任何配合课程的法治实践活动，法律理论知识与实践相脱节，法治思维难以形成。分析调研结果可以发现，目前各高校采用的法治教育方式和方法很难适应对大学生进行法治思维培育的现实需要。大学生法治思维培育的主阵地是《思想道德修养与法律基础》这一公共必修课，个别高校还辅之以为数不多的法治大讲堂，但这不足以改变目前法治思维培育教学方式单一的现状，故效果不佳。总的来说，各个高校在法治思维培育的教学中，还缺乏教学方式和方法的创新，不能开拓思路，紧跟时代的发展有效地拓展法治思维培育的新渠道和新载体，导致学生的学习兴趣低迷，参与率低，达不到预期的教学目的，不能满足学生全面发展和国家建设的需求。加之部分高校管理中依法治校能力不足，存在重视程度不够，专业师资力量薄弱等问题，都在很大程度上制约了大学生法治思维培育的发展。

　　大学生法治思维培育的内容不适应学生个人发展的需要和国家现代化发展的需求。当今社会正处于一个科技飞速发展的时代，高校已不再是单纯的象牙塔，大学生已成为社会人，同样要接触复杂多变的社会现象。他们不但要面对学习和生活，还要面对就业、择业甚至创业，与社会生活的方方面面都有牵扯不断的联系。大学生要面对和解决的实际问题也非常多，在处理问题的过程中也可能会涉及应用相关的《民法》《刑法》《婚姻法》《劳动法》《合同法》等法律知识，但对非法学专业的大学生来说，仅仅通过十余课时甚至更少的学习就达到对具体法律条文的掌握显然不切实际。大学生进行法治思维培育的目的是让学生们养成"自觉守法，遇事找法，解决问题靠法"的法治思维模式。而目前高校中的法治教育多是蜻蜓点水，重理论轻应用的理论教育，已远远不能满足大学生在实际生活中运用法治思维的需要。

三 法治思维培育供给侧与需求侧不匹配

在大学生法治思维培育的过程中,由于教育资源配置不合理,供给侧和需求侧不匹配的问题突出。"教育资源配置的生态化是教育资源在教育系统内部各组成部分之间的合理分配,是我国实现教育均衡、教育机会均等、教育相对公平的基本途径和前提条件。"[①] 目前,法治教育资源配置不合理,突出表现在国家、社会、高校作为教育供给侧和作为需求侧的学生的需求不匹配。受国家政策的影响,高校的法治思维培育存在一定的滞后性,与学生的时代需求不匹配。高校作为提供大学生法治教育的主要供给侧,在教学模式、师资队伍等方面还存在许多不足。社会作为大学生法治教育的辅助供给侧,在法治氛围营造、法治实践锻炼机会等方面还有很大的提升空间。作为需求侧的大学生思维活跃,求知欲强,易于接受新鲜事物,但对于掌握的法治知识还需要有消化吸收和实践应用的机会。因此,在大学生的法治思维培育中,还突出存在供给侧发展滞后,不能及时满足需求侧发展需求的问题,致使大学生进行法治思维学习的兴趣不高,法治思维培育进展缓慢,培育效果不理想。

法治思维培育政策滞后,与大学生的时代需求不匹配。大学生的法治思维培育是国家法治政策在教育领域的体现,紧随国家政策的变化而变化,具有相对的滞后性。1986年我国开始第一个普法五年规划,至今已到"七五"普法规划的末期。"四五"普法规划始于2000年,直到2002年教育部、司法部等才联合发布《关于加强青少年学生法制教育工作的若干意见》,以贯彻"四五"普法规划的要求。2006年"五五"普法规划实施,到2007年中共中央宣传部、教育部等联合印发《中小学法制教育指导纲要》,落实"五五"普法规划的法治教育目标。2011年"六五"普法规划颁布,2013年教育部、司法部发布《关于进一步加强青少年学生法制教育的若干意见》,指导学校实施"六五"普法规划的政策。2016年4月"七五"普法规划实施,7月教育部、司法部、全国普法办印发了《青少年法治教育大

[①] 王奎宏:《论教育资源配置生态化的法治思维》,《江苏高教》2015年第2期。

纲》的通知，这是同步性最高的一次。从国家普法规划的颁布和青少年法治教育政策的发布来看，法治教育领域的政策更新明显滞后，到学校贯彻实施教育政策还需要一段时间。因此，高校在实施法治思维培育的过程中，受政策更新速度的影响，法治思维培育的内容更新也相对缓慢，不能及时反映社会的变化和大学生对法治教育内容的需求，这也是受教育培训周期长的客观现实制约的。

高校法治思维培育方式陈旧，与大学生活跃的思维方式不匹配。目前，在中国的高等教育中法治思维培育主要仍以课堂教学为主，灌输式的教学模式已很难与大学生渴求创新、厌恶陈规的心理相匹配，因而学生容易出现学习兴趣低迷、学习态度敷衍的状况，导致教学效果不佳。"法治教育在美国得以独立，很大程度上就是因为其情境式的教学方法可以为公民教育注入新的活力。注重学生互动、提倡合作学习也是美国成功的法治教育项目的经验之一。"[①] 在中国，现在法治思维培育面临的一大困境就是无法突破陈旧的教学模式。高校连年扩招，导致在校生人数不断增加。高等教育从精英模式向大众模式转变，一方面提高了整体的国民素质，另一方面也使学校面临的教学压力不断增加。教育部要求高校思政教师与学生的比例不低于1∶350，但目前大部分高校无法达到这个要求，生师比高居不下，上课时只能采取大班授课，一个教学班多则200多学生，少则100余人，只能采用满堂灌的方式授课，情景式、互动式、合作式的新型教学方式都因课堂学生过多而无法使用。

教师资源配置不合理，非专业教师与学生对专业法律知识的需求不匹配。教师的教学态度、专业知识、教育技能直接影响学生接受法治思维培育的效果。事实上，目前中国绝大多数从事大学生法治思维培育的老师没有接受过系统的法律教育训练，因此，在讲授法治思维培育部分的内容时，只能是蜻蜓点水，点到即止。即使是在讲述一些案例时，也往往是浅尝辄止，由于法律专业知识不足，不能进行深入的分析和讲解。对学生来说，刚被案例激发起的学习兴趣，由于授课

[①] 张冉：《践行法治：美国中小学法治教育及对我国的启示》，《全球教育展望》2015年第9期。

教师专业知识的欠缺被迫中断,从而降低了学习的兴趣。可以想象,一个不具备基本的法律知识和法律分析推理能力的教师怎么能够成功地讲授法治思维培育课程,更难以满足学生对法治相关知识的渴求。

社会法治文化氛围不足,有法不依、执法不严或知法犯法的情况与学生理想的法治社会图景不匹配。有人指出:"在描述的意义上,法治社会是指一种由国家法律和社会自生规则共同缔造良好秩序的社会状态,以社会组织为主要主体的社会自治是其存在和运行的主要机理。"[1] 大学生对法治思维学习的动力正是基于对"良好秩序的社会状态"的期盼,在这种期盼中法治社会应当体现自由、平等、公正、法治等价值理想,以实现全体社会成员对美好幸福生活的追求目标。然而,现实社会中不时出现与法治社会相背离的社会现象,对法律和规则的破坏,损害了人们的自由;不应有的特权,损害了人与人之间的平等;执法的偏差,损害了公正与法治,降低了人们对法治的信任。社会法治文化氛围不浓厚,体现在社会成员的法治意识不强,大部分人意识不到社会行为与法律制度之间必然的因果关系。缺乏丰厚的法治文化氛围,与学生理想的法治社会图景不匹配,降低了学生的学习兴趣。

社会提供的法治思维培育实践机会不足,不能满足大学生应用法治知识的需求。目前对非法律专业的大学生来说,获得法治实践的机会非常少。绝大多数学生只能在学校的法治教育课堂上以受教客体的身份被动地接受教育,获取的法治知识很难通过实践的机会得到应用,这些知识只能是"死知识",时间一久便成了"废知识"。与大学生"英雄无用法之地"的情况相反,社会需要大量的法治宣传员,通过"进机关、进乡村、进社区、进学校、进企业、进单位"等形式宣传国家的法律知识。真正缺乏的是两者的有效对接。"可以将青少年普法活动与学生的社区参与活动相结合,使学生成为社区普法和家庭普法的'宣传员'和'行动者'。"[2] 有关部门应通过合理的规划和

---

[1] 庞正:《法治社会和社会治理:理论定位与关系厘清》,《江海学刊》2019年第5期。

[2] 张冉:《践行法治:美国中小学法治教育及对我国的启示》,《全球教育展望》2015年第9期。

设计，使高校和相关法治部门、社会组织相对接，定期、合理地为大学生安排一些法治实习的岗位，既能满足社会进行法治宣传的需要，又能为大学生提供应用法治知识的机会，使学到的法治知识能够活学活用，真正起到提升大学生法治思维的作用。

总的来说，国家、社会、学校要为大学生搭建良好的法治思维培育平台，使学生在良好的法治氛围中有所观、有所感，才能对法治有所学、有所获，从而真正提升法治思维水平。在大学生学习和生活的过程中会遇到很多需要运用法治思维方式解决的问题，可能会涉及《劳动法》《合同法》《劳动合同法》《知识产权法》《物权法》等。非法律专业的学生对这些法律条文的掌握是非常有限的，供给侧需要提供给需求侧的不是具体的法律条文，而是教会大学生遇到这类问题时想到用法律去解决问题的思维方式，知道通过哪些法律途径去处理问题的方法。高校的法治思维培育要进一步贴合大学生的实际需求，供给侧和需求侧的不匹配会造成资源浪费和效率低下，这也正是当前大学生法治思维培育急需改变的现状。

第五章

国外大学生法治思维培育的经验与启示

大学生的法治思维培育状况是与国家的法治状况发展相一致的，法治建设发达的国家其法治教育发展水平也较高。国外的大学生法治思维培育一般涵盖在公民的素质教育中，民主、法治制度的发展和成熟促进了公民素质教育的发展，为法治思维培育提供了丰富的实践经验和理论资源。耶鲁大学法学院前院长理查德指出："所谓教育，就是教给人们，如何去培养求知的冒险精神，以及那种随时随地'探测新领域'的好奇心。"[①] 教育的最终归宿就是引导人不断地提升自己，最终实现自身的全面发展。大学生的法治思维培育是国家高等教育发展中不可或缺的重要内容，法治教育在各国的高等教育中都处于重要地位。尤其是在中国进行社会主义法治建设的过程中，高等教育中的法治思维培育承担着为社会主义法治国家建设培育建设者和接班人的重担，是人才培养过程中不可缺少的重要环节。

正是由于大学生法治思维培育的重要性，学习和借鉴国外法治教育方面取得的成果和经验，将有助于推动大学生法治思维培育目标的达成。"认真分析研究国外高等教育法制建设的个性特征和共性特征，对于我们进一步认清当前我国高等教育法制存在的问题，借鉴他们的成功经验，完善和健全我国高等教育法制，具有重要意义。"[②] 许多国家经过长期的法治建设，法治体系完备，教育经验丰富，对国外高校法治教育的方式方法进行学习，加强和改进中国当前法治教育的状

---

① J. Flax, "On the Contemporary Politics of Subjectivity", *Human Study*, No. 4, 1993.
② 伊鑫：《国外高等教育法制建设经验及其启示》，《当代教育科学》2012 年第 23 期。

况，是国家实施依法治国的需要。

第一节　国外大学生法治思维培育的经验

在中国，真正意义上的法治建设始于党的十一届三中全会以后，因此中国高等教育中的法治教育仅仅走过了几十年的历程，虽然在法治教育中取得了较大进步，但总体来说中国的高等法治教育还有许多不完善之处，还需要在借鉴国外先进经验的基础上不断改进和提高。一些发达国家，有长期的法治传统，法治教育也已形成一定的体系和规模，"他山之石可以攻玉"，对国外先进经验的学习可以推动中国大学生法治思维培育的发展。

一　法治思维培育目标与社会需求一致

在国外一些国家，对大学生的法治教育与社会需求紧密贴合，法治思维培育的目标与社会需求相一致。美国是发达资本主义国家的代表，他们的法治教育涵盖在公民的素质教育中，培养合格的美国公民是其法治教育的目的。"美国学校的法治教育主要是通过'公民教育'来进行的，从根本上来讲，是为使学生成为一名合格的公民这一目标服务的。"[1] 为了实现这个教育目标，美国高校的法治教育课程贯穿高等教育的全过程，每个教育环节都开设相关的法律课程，形式多样，选课灵活，课程的内容也非常宽泛，与人们日常生活相关的法律，都会出现在高等学校教育的课堂上，学生可以根据自己的喜好和需要选择学习。"国外高校法治教育的内容具有突出的广泛性和实用性。美国高等学校教育教学纲要规定，法治教育内容必须贴近学生生活，让法治教育回归学生的生活世界。"[2] 实用性是美国法治教育的突出特点，贴近公民的日常生活需求。美国作为一个移民国家，其法治

---

[1] 谢佑平、王永杰：《多元视野下的美国青少年法治教育：途径、策略及启示》，《青少年犯罪问题》2007 年第 3 期。
[2] 李继辉：《国外高校法治教育的借鉴与启示》，《科教文汇》2015 年第 10 期。

教育还在于让所有公民都接受美国的法治价值观，消除外来文化对本国主流文化的冲击和影响。

英国高等法治教育受欧洲的法治传统影响较重，法治教育的目的就是为了培育专业的法律人才，这种观点一直延续至今，因此英国的法治教育非常注重法律实践。英国的各个法学院都是以培养职业法律人的标准来教育学生，更注重法律的实用性，而不是专注于培养法学理论家。英国的法治形式深刻地影响了本国高等法律教育体系的形成，这是因为"英国的法学教育注重的是培养具有法律家思维的专业人才"。① 英国的法治教育关注提升大学生的法律实践与应用能力，重视法律知识与人文知识相结合，在学习过程中，要求大学生不但要掌握一定的法律知识，更重要的是培养其独立思考的能力。

新加坡的法治教育目标与美国相似，也是公民素质教育的重要内容。新加坡是一个法治程度较高的国家，非常重视公民的法治素质培养，法治教育是公民素质教育体系的一部分。"新加坡也一直非常重视公民意识教育，在新加坡，国家意识、社会责任感、正确价值观这几点一直都是新加坡对于公民意识教育的培养目标。"② 在新加坡，非常重视规则意识的培育，认为规则意识是法治教育的精髓。正是在这种理念下，新加坡制定了非常完备的法治体系和规则体系，赏罚分明，他们认为严厉的处罚是秩序井然的保证。新加坡的法治原则契合了黑格尔的法学观：法律是规律的一种，是社会的规则，是人的规律，这种规律被人的理性所认识，并以共同意志的形式制定形成，遵守法律就可获得自由。③ 遵守法律和规则是使社会和谐有序，人们能够自由地享受美好生活的前提。"好公民"是新加坡高校法治教育培养的目标，"新加坡一贯重视公民道德教育，政府十分强调社会准则、道德责任、种族和谐与对共和国忠诚的教育，重视东方的道德传统和

---

① ［日］大木雅夫：《比较法》，范愉译，法律出版社1999年版，第255页。
② 蔡卫忠：《公民意识养成视阈下的大学生法律教育问题研究》，博士学位论文，山东大学，2014年，第115页。
③ ［德］黑格尔：《法哲学原理》，范扬译，商务印书馆1982年版，第10—15页。

道德观念教育"。① 注重公民素质养成是新加坡大学生法治教育的立足点,服务于为国家培养合格社会公民的实际需要,具有很强的实用性。

日本是亚洲比较重视法治建设的国家,近代日本通过明治维新的变法运动,走上了国家富强的道路,日本在法治建设的过程中受益匪浅。"法治""民主""自由"等理念已经普及到日本国民生活当中的每个角落。这些理念促进了日本民主、政治、法治观念的变化,促进了国家发展,因此日本也高度重视法治教育。特别是在二战结束后,日本经过一段时间的修整,励精图治,政治体制不断完善,经济实力不断增强,与之对应的是高等教育的迅速发展,法治教育也得到了普及与提升。日本和中国同属大陆法系国家,而且早在清朝末年,清朝统治者就试图模仿日本的"明治维新",通过维新变法使中国摆脱落后挨打的局面,因此两国的法治有许多相似之处。在法治教育方面,两国也有一些相似点,如法律知识的传授以课堂教学为主,学生接受法治教育的主动性较差;在法治思维培育目标上也大致相似,就如日本学者铃木贤所说:"日本大学本科阶段(四年制)法学教育的目的并不是培养法律的专职人才,而是一种为普及法学思维方式而开设的普通素质教育。"②

二 法治思维课堂显性培育与社会隐性培育相得益彰

从各个国家对大学生进行法治思维培育的途径来看,可分为课堂的显性培育和社会隐性培育两种途径。像美国这类以案例法为主的国家,法治思维的社会隐性培育所占比重远超课堂的显性培育,渗透式的教学方法,学生更乐于接受。以大陆法为主的国家,像中国和日本,课堂的显性教育所占比重大于社会隐性教育,学生的学习比较被动,教学效果不理想。

美国的法治教育也是公民政治教育的一部分,对学生进行法治思

---

① 王学风:《新加坡中小学的公民道德教育及启示》,《外国教育研究》2002年第8期。

② [日]铃木贤:《日本的法学教育改革——21世纪"法科大学院"的构想》,载《"21世纪世界百所著名大学法学院院长论坛"国际研讨会论文集》,中国人民大学法学院,2000年,第12页。

维的培育是通过开设丰富多彩的公民课进行的。"翻开美国历史,我们不会发现'思想政治教育'一词,然而美国国家精神、民族意识以及资产阶级意识形态、价值观念的培养却是通过许多实际上发挥着思想政治教育功能的教育和活动来完成的。"[①] 美国的法治教育从小学开始,直至大学,环环相扣,法治教育成为一个完整的体系。中小学侧重社会常识教育,高等教育阶段则主要集中在民主、政治、法治等内容。课堂的显性教育,并不停留在原理或概念的传授上,而是与日常生活对接,"美国学校的法治教育注重理论与实践相结合,在法治教育过程中贯穿知行合一的原则,强调在实践活动中加深学生对法律知识的理解,为法律意识的形成打下基础"。[②] 美国的法治思维培育更多地体现在生活中、课堂外。美国的法治教育大纲规定,法治教育的立足点是学生的生活实际,法治教育的内容要贴近生活。"美国对于隐性教学是非常重视的,最大程度地发掘隐性教学对人民思想形成的影响。"[③] 在美国的法治教育中,非常重视发挥学生的主体作用,课堂上采用生动形象的案例教学,学生的参与性非常高,随时可以进行提问和互动;课下通过丰富多彩的实践活动,如升国旗、社区服务、参加选举等活动,亲身体验美国的法治与民主,在活动中进行自我教育,逐步树立民主法治观念。美国国家法律的严密性和学校制度的规范化,对大学生的法治思维培育来说都是很有效的渗透式、隐蔽式的间接教育途径,以身示范,起到了很好的教育效果。"当代美国思想政治教育,十分注意运用隐性教育方式提高思想政治教育的效果,这种教育方式在思想政治教育实践中尤为突出。"[④]

英国和新加坡同属英美法系,在法治教育上也有许多相似之处。以新加坡为例,严明的《学校规则》是学校课堂显性教育的依据,在

---

① 刘世丽、杨连生:《美国"政治社会化"教育方法的启示》,《思想教育研究》2002年第9期。
② 谢佑平、王永杰:《多元视野下的美国青少年法治教育:途径、策略及启示》,《青少年犯罪问题》2007年第3期。
③ 蔡卫忠:《公民意识养成视阈下的大学生法律教育问题研究》,博士学位论文,山东大学,2014年,第102页。
④ 王雅楠:《当代中美高校思想政治教育灌输法之比较》,《新西部》2016年第24期。

日常生活中还存在一系列的公民行为准则和条例，这些准则和条例在生活中时时处处发挥作用，约束人们的行为，法治思维培育隐藏在日常生活的方方面面，无处不在。在新加坡随处可见一块块罚款的警示牌，随时对违法行为进行处罚。新加坡有个法治原则："法律之前人人平等，法律之内最大自由，法律之外没有民主，法律之上没有权威。"由此可见，在新加坡，法治的显性教育也无处不在，不但重视课堂教学的作用，也充分发挥家庭、社会在法治教育中的熏陶作用。"除显性课程形式之外，法治教育还以隐性课程的形式进行。它渗入学校课程中的所有学科，就像法律在我们每天的生活中无孔不入。"[①]在新加坡，道德也被制度化、法治化，成为一些人们要共同遵守的成文道德规定，这些规定体现在生活中，也成为一种隐性的法治教育，渗透于人们的日常生活之中。

　　日本是以大陆法系为主的国家，在高等法治教育中，课堂知识的传授是主要的授课方式，法律课程也是高校的公共必修课，全体学生都必须接受相关的法治基础知识培训。教师在法治教育中起到主导作用，传授法律知识是老师的职责，教师不但自己要以身作则，按照法律的标准严格要求自己，还要时时承担起培育学生的法治思维的责任，让学生树立对法治的信任感，即法治信仰。日本的法治教育已自成体系，课堂的显性教育贯穿学生学习的全过程，从幼儿园起即开始接受法治教育，贯穿小学、中学、大学的全部教育过程。对法治教育的重视提升了日本公民的规则意识和公民素质，因此法治教育是学校教育的重要内容。"日本相当重视将青少年法治思维的训练与学校教育相结合，使其纳入学校正规教育体系范畴之内。"[②] 课堂的显性法治教育是与学生的日常生活相结合的，日本对公民素质的要求也非常高，除了重视学校教学之外，还将法治思维培育渗透到政治、经济、文化、道德等课程体系当中。此外，也会通过学生参与的一些实践活动来激发学生学习法律知识的兴趣，从而达到提高学生法治水平的目

　　[①] 蒋一之：《培养积极公民的另一种努力——美国中小学法治教育述评》，《外国中小学教育》2003 年第 9 期。
　　[②] 汪蓓：《日本青少年法治教育改革经验及其启示》，《学校党建与思想教育》2015 年第 19 期。

的，民主法治理念也在这些实践活动中自然而然地形成。

总之，在国外的法治教育中，非常重视法治教育与普通社会生活的结合，注重在生活和学习实践中提升法治意识。"主要的方式有实习、相关的服务学习，以及进行一些社会调查，这样一来，公民的民主的价值信念和实践技能都可以得到相应的提升，而学生们了解社会的途径也大大地得到了增加。"① 纵观国外大学生法治思维的培育途径，课堂的显性教育和社会的隐性教育是相辅相成、相得益彰的，课堂教学为法治思维培育提供了明晰的课程内容，社会教育渗透于生活之中，使课堂教育内容得到实践和印证，同时弥补了课堂教学的枯燥和不足，共同促进了大学生法治思维的提高。"结果这种名义上并非政治教育的教育做了更多实质性的政治教育工作，表面上不具有鲜明立场的隐蔽性教育反而更具有渗透力，教育成效反而更明显。"②

三 以公民素质教育为主的培育内容

对公民进行素质教育或政治教育，是国外一些国家进行法治教育的主要目的。"国外高校法治教育一般分为专业性法学教育和公民体系的法律素养教育，前者相当于我国高校法科学生的专业法学教育课程，后者相当于我国高校非法科学生思想政治教育之一部分内容的课程。"③ 国外的高等法治教育一般作为公民素质教育或政治教育的一部分内容来呈现，其目的是培养遵纪守法，并具备一定的政治意识的社会公民。"这里所说的公民，并不仅仅是身份意义上的作为国家统治下的个人，还要求其在行为上遵守美国法律，在思想上服从于美国政治制度的规定。"④ 培养大学生认同本国的主流价值观，形成国家归属感和认同感，同时也是提高公民素质的需要，是政治教育也是法治教育的目标。

在美国，高等教育中的法治教育内容主要是传播美国的政治、经

---

① 蔡卫忠：《公民意识养成视阈下的大学生法律教育问题研究》，博士学位论文，山东大学，2014年，第118页。
② 金晶：《国外公民教育对我国的启示》，《中国农业教育》2009年第5期。
③ 李继辉：《国外高校法治教育的借鉴与启示》，《科教文汇》2015年第10期。
④ 李素敏：《美国少年法制教育与青少年法庭变革》，《法制博览》2015年第34期。

济、文化等制度,提高每个社会成员的思想素质和法治素养,是公民素质教育中应知应会的内容。"由于美国是一个多种族、多民族混居的国家,美国的公民教育最突出的特点就是对公民爱国主义精神的培养。"[1] 美国法治教育的目的是使大学生通过系统的教育,去认识本国的政治制度和法律体系,了解美国社会,最终成为一个忠实于美国的社会制度,并且遵纪守法的社会公民。美国对公民的法治素养教育高度重视,"美国开展学生法律教育时间较早,1975 年就将法律教育(Law - related Education,简称 LRE)列入社会课程,1978 年出台了《法律教育法案》(Law - related Education Act),旨在培养学生具备法治社会所需要的法律知识、法律意识和法律行为"。[2] 美国公民法治教育的目的是让大学生养成法律信仰,培养他们的法律思考力和法律行动力。在公民的素质教育中,美国更重视对法治文化的传承,比如,政府会加大投入,开放一些国家政府部门,普通公民也可随时参观国会、法院等机构,公民通过参观可以对国家的政治、法律有直观的深刻印象,实地观摩和学习胜过单纯的说教,让人更易接受。美国的公民教育比较注重方式方法,作为一个移民国家,文化多元化是其特色之一,"多元文化的教育促进学生构成对美国社会多种族、多民族社会现实的认同和包容,培养学生对于多元文化的尊重;通过法制教育让学生理解法律在日常生活中的重要作用;通过价值观教育帮助学生认同基于民主原则的核心价值,并且在价值澄清和道德发展的过程中逐渐形成自己的价值观"。[3] 对大学生的法治思维培育过程,也是法治价值观的形成过程,对青年学生的成长发展具有导向作用,因此各个国家都高度重视法治教育。西方国家还非常重视对人权的维护和保障,因此他们的法治教育还有一项重要职能——提升公民的权利意识,维护公民权利是美国法律的一项重要职责,也要通过系统的法治教育来实现。这样既有利于保持多元文化的特色,又有利于通过价值观的一致维护多民族的融合和统一。"在美国的一些高校,学校首先

---

[1] 金晶:《国外公民教育对我国的启示》,《中国农业教育》2009 年第 5 期。
[2] 杨时敏:《美国的公民法治教育及启示》,《中国司法》2015 年第 9 期。
[3] 金晶:《国外公民教育对我国的启示》,《中国农业教育》2009 年第 5 期。

会对道德和公民责任与能力进行相关的界定，并以此为基础制定适合本校的公民教育目标。"① 所以，对美国公民而言，法治教育是非常重要的一项常规素质教育，公民的法治教育对美国实现民主法治现代化的进程起到了巨大的推动作用。

在亚洲地区，新加坡是法治化水平较高的国家之一，也是亚洲地区实施公民素质教育较早也较为成功的国家。早在"1991 年新加坡政府颁布了《共同价值观白皮书》，提出了五大价值观：国家至上，社会为先；家庭为根，社会为本；关怀扶持，尊重个人；求同存异，协商共识；种族和谐，宗教宽容。新加坡的公民道德教育就是以这五大价值观为基本精神开展的"。② 从新加坡公民素质教育的经验来看，已经形成了从小学到大学、从学校到社区的全方位、立体化的教学网络，教育内容不但包含道德教育，更注重法治教育的普及。"新加坡借助法律的手段补充道德自律，不断地引导和规范公民的行为，促进良好社会风气的形成。"③ 在新加坡，法治教育不但是公民素质教育的重要内容，还是公民道德教育的有益补充，同时也是使公民素质教育落到实处的重要保证。"新加坡借助法律来规范、引导人们的行为，把自律与他律相结合、相补充，借助法律手段促进良好道德行为和社会风气的形成，为公民教育提供良好的社会环境。"④

第二节　国外大学生法治思维培育的启示

国外法治发展现代化程度较高的国家，其法治教育相对来说也比较发达。尽管国外的高等法治教育在培养目标、教学内容和教育方法上与中国的法治教育差异较大，甚至法律体系本身也有较大不同，但

---

① 金晶：《国外公民教育对我国的启示》，《中国农业教育》2009 年第 5 期。
② 曹宏伟、姜立哲：《浅谈国外公民意识教育及其借鉴意义》，《前沿》2013 年第 15 期。
③ 金晶：《国外公民教育对我国的启示》，《中国农业教育》2009 年第 5 期。
④ 侯新才：《新加坡公民教育的启示》，《武汉市教育科学研究院学报》2007 年第 2 期。

国外法治教育经过长期发展积累的成果和经验、方式与方法，对中国高等法治教育的发展有较大的启发和借鉴意义。

一 法治思维培育重在价值观塑造

国外的高等法治教育目标与中国的培养目标有较大差异。"国外高校法治教育更加注重的是价值塑造，而非只是知识传递。"[①] 而中国大学生的法治思维培育重在使大学生养成"自觉守法，遇事找法，解决问题靠法"的法治思维模式。培育目标的不同也使得培育内容和培育方式差异较大，法治传统悠久的国家，在法治教育方面也积累了丰富的经验，值得我们学习和借鉴。

美国大学生的法治教育，是公民教育体系的组成部分，以培养有责任意识的美国公民为目标。"美国法治教育的目标是通过与法治相关的知识、技能及价值观教育，使学生能够理解自己所属的公民社会，生活于其中并积极投身于其中，成为具有法治知识、支持民主宪政制度、积极参与的公民。"[②] 早期的美国法治教育也走过了一段以讲授基本法律制度，普及法律知识为主的发展道路。随着社会法治现代化程度的不断提高，当代美国的高等法治教育调整了培育目标，除了讲授必要的法律基础知识以外，更注重大学生公民意识和法律价值判断力的培养，通过法治教育让大学生知晓身为美国公民应该享有的权利和义务。美国非常重视大学生的法治思维培育，培养美国公民，面向社会、实现价值认同，一直是美国在青少年法治教育中秉承的基本理念。"从某种意义上来说，美国青少年法治教育是一种价值教育，其根本目的在于帮助学生实现积极的自我认同与社会认同，培养学生具备自主型人格，形成强烈的批判精神以及参与精神，进而促使学生能够参与到民主生活中，从而真正维护自己的权益。"[③]

一直以来，美国高度重视发挥课外教育在高等法治教育中的积极作用。"因为美国人认为作为一种价值观教育不是单靠一门课或多少

---

① 李继辉：《国外高校法治教育的借鉴与启示》，《科教文汇》2015年第10期。
② 陈洁：《我国大学生法治教育研究》，博士学位论文，复旦大学，2014年，第74页。
③ 谢佑平、王永杰：《多元视野下的美国青少年法治教育：途径、策略及启示》，《青少年犯罪问题》2007年第5期。

学时的教学就能完成的,它应是一个渐进的、不断积累、逐步加以塑造的过程。"① 所以,法治思维培育在美国的高等教育中不是孤立进行的,而是有效的融入政治、经济、文化各个领域,在法律实践中,通过观摩、参观、实践等多种形式提升大学生的法治运用能力,培养他们的法治意识和法治习惯。"法治教育并不只是在发展学生的基本技能时提供给他们有关法律和法律问题的信息,它同时也培养一定的态度、信念和价值观。"② 美国大学生的法治思维培育作为一种价值观教育,更着眼于对大学生法治价值观的塑造。体现在两个方面,首先,在法治思维培育的内容层面上,贴近社会生活,突出法治价值观的引领作用。法治教育内容要符合政治的发展规律和要求,同时要贴合大学生的实际生活和学习要求,使法治教育的目标与美国的政治目标发展相契合;其次,符合大学生的成长成才要求,根据青年成长的学习特点和规律,增强法治教育的实效性。美国大学生的法治思维培育,注重对法治传统的继承和发展,传承美国的法治传统和理念,通过法治培育和引导,使广大青年在实践中逐步树立符合本国的文化精神和价值规则的理念,为真正融入美国社会打下坚实基础。

　　国外的法治思维培育不但让大学生了解基本的法律知识,还要帮助他们塑造共同的社会价值观,具有共同的法治理想和法治目标,而这些价值观、理想和目标反过来又影响社会的法治发展程度。1991年,新加坡政府颁布了一本合格社会公民素质标准的书——《我们的共同价值观》,成为培育"好公民"的教科书。新加坡把为国家和社会培养"好公民"作为素质教育的目标,这一标准也成为国家制定法律的依据和社会的道德行为准则。新加坡前总理李光耀也曾提出:"一个社会有怎样的表现,是要看他有怎样的文化价值观。"③ 正是基于这样的理念,在新加坡的高等教育中,法治教育的地位非常高,在

---

① 刘咏梅:《美国青少年法制教育的特点及其启示》,《中国青年研究》2005 年第 9 期。

② 蒋一之:《培养积极公民的另一种努力——美国中小学法治教育述评》,《外国中小学教育》2003 年第 9 期。

③ 胡俊生、李期:《现代化进程中的价值选择——新加坡的"公民与道德教育"及其对我们的启示》,《延安大学学报(社会科学版)》2003 年第 1 期。

日常的法治教育中，一方面非常重视法律基础知识的传授，另一方面又注重实践教学和法治环境的外部作用，注重学生法治价值观的养成和法治实践能力的培养。国外在重视法治思维培育的同时，也同样注重法治与道德的作用。法治和道德共同发挥作用，有利于大学生法治价值观的形成。比如，在新加坡的高校中，道德规范和法律条款都会作为学校法治教材的内容，他们非常重视对大学生价值观塑造与价值判断选择能力的培养。新加坡作为亚洲国家，也深受中国传统文化的影响，在法治思维培育的过程中，很好地将法治教育和道德教育融为一体，将中国传统的忠孝仁爱、礼义廉耻等儒家文化元素融入法治教育中，增强法治教育的文化内涵，促进了道德内容与法治内容的融合，有利于具有正确的法治价值观的社会"好公民"的培养。同时，"新加坡道德教育与法治教育的互动与融合实现了教育在功能上的强制与自觉、有形与无形、他律与自律的结合，对于我国实行依法治国和以德治国相结合应该具有很好的借鉴意义。"[1] 对中国大学生的法治思维培育来说，值得进行深入的研究、学习和借鉴。

由此可见，国外大学生的法治思维培育，更注重法治价值观的形成和塑造，在国民素质教育中占据重要地位，在增强大学生法治意识的同时，增强对国家和民族的认同感，增强国家的凝聚力和向心力，意义重大。在中国，法治思维培育和道德教育结合也非常紧密，是思想政治教育的一部分，但其重要性还没有得到充分的认识。特别是法治思维培育的目标定位还有待进一步明确。通过法治思维培育，大学生应当形成对社会主义国家的认同感，在确立权利意识和主体意识的同时树立法治信仰、参政意识和社会责任感。这些观念的形成，要依靠系统科学的法治教育；反之，这些科学观念也会促进社会公民意识的提升，使大学生成为有素质、有担当的社会"好"公民。对这些理论和观点的研究，能够丰富中国的法治思维培育体系，促使当代大学生法治思维培育不断得到反思、总结和发展。

---

[1] 李继辉：《国外高校法治教育的借鉴与启示》，《科教文汇》2015年第10期。

二 浸入式的法治思维培育模式

国外对大学生法治思维的培育非常重视，在培育模式上也灵活多样，注重学生的学习感受和兴趣，鼓励学生自主参与，因此非常重视浸入式的法治思维培育模式。将社区活动、宗教仪式、政党活动以及大众媒体等作为公民意识的宣传途径，其中夹杂着大量的法治思维培育内容，将政治性的教育变为生活中的日常行为教育，更易于得到大学生的认可和接受。"这些教育方式的共同点，是教育者并不告知受教育者判断事物的标准，而是通过隐蔽性的教育让受教育者在不知不觉中认同教育者所传达的观念，受到潜移默化的影响。"①

美国的法治教育界非常重视课外活动在塑造大学生法思维培育方面的作用。美国的法治教育没有统一的教材，在美国的教育理念中，法治价值观的养成，不是单纯的课堂教学能够完成的，是一个系统的过程，需要家庭、学校和社会共同努力才能够逐步实现。因此，美国高校在注重课堂法治教学的同时，非常注重校园法治文化氛围的营造，而校园法治文化氛围又是与法治社会环境相一致的。学校会通过各种学术讲座、学生俱乐部、社团活动、节日庆典、宗教活动、社会实践活动等渗入法治教育的内容，让这些活动发挥法治思维培育的功能，将美国的法治价值观渗透进大学生的头脑中。"通过价值观教育帮助学生认同基于民主原则的核心价值，并且在价值澄清和道德发展的过程中逐渐形成自己的价值观。"②

美国的法治教育注重各种载体的运用和融合，将法治教育融入政治教育、文化教育、经济教育之中，使学生在学习法律的过程中充满兴趣，既不感到枯燥，也不感到晦涩。当法治思维培育涉及社会运行规则、法律的本质、个人的社会责任和义务、用法律的手段解决问题以及用民主法治的方法来改造社会这类理论性较强的内容时，不是纯粹的理论灌输，而是采用与实践相结合的浸入式的方式，使学生易于接受和理解。例如，"学校除了开设有专门的法制类课程以外，其法

---

① 金晶：《国外公民教育对我国的启示》，《中国农业教育》2009 年第 5 期。
② 金晶：《国外公民教育对我国的启示》，《中国农业教育》2009 年第 5 期。

第五章　国外大学生法治思维培育的经验与启示

制教育的内容还分散在其他文理各科课程中，如历史课、职业道德课、社会研究课、政治课、人文课等，都有相关的法律问题的讲述"。①

美国大学生法治思维的浸入式教育还从学校延伸至家庭和社会，家庭、社区、宗教团体、政党组织甚至大众媒体都承担着传播法律知识、培育法治思维的责任，各种社会资源都可以成为培育法治思维的载体。从学生在日常生活中遇到的具体问题出发，对理论进行深入浅出的总结和概括，与实践相结合，起到化人于无形的效果。学生在学校的安排下，能够进入当地法庭，亲眼看到法庭审判过程，增强对法律的直观感受，做到学用结合、学以致用。"美国最高法院是美国的最高审判机关，也是一座法律博物馆，是美国民众学习法律知识，研究法律文化的重要场所。"② 同时，学校还会聘请一些律师、法官、警察等法律从业者作为校外导师进入法治课堂，以自身的经验，传授法律知识，这些措施对大学生法治思维能力的培养有较好的促进作用，提高了大学生遵法守法的意识。

新加坡是一个法治体系比较完备的国家，它对大学生的法治思维培育同样渗透到公民的日常生活中，浸入式的法治教育取得了良好的效果。新加坡也非常重视利用校外资源对学生进行法治思维培育，例如，家庭教育委员会承担着家庭和社会的双重责任，会通过社区服务等活动对学生进行国家意识、社会责任、法治思维等系统培育，重在塑造社会共同价值观，提升社会成员的整体素质。"在学校具体管理中，学校十分注重对学生权利的尊重，对公正、平等、自由等法治理念的弘扬和践行。"③ 学校的课堂教育和生活中的浸入式教育相结合，使新加坡的法治教育取得了良好的效果。新加坡的法治教育以公民教育为依托，法治观念渗透到生活的细枝末节中，并且很好地补充了道德自律的不足，时时刻刻都在引导和规范人们的行为。"目前，新加坡由政府、社区、学校和家庭四个方面形成一个相互影响、相互促进

---

① 刘咏梅：《美国青少年法制教育的特点及其启示》，《中国青年研究》2005年第9期。
② 杨时敏：《美国的公民法治教育及启示》，《中国司法》2015年第9期。
③ 杜东、王珊珊：《国外青少年法治教育的启示》，《中国共青团》2015年第3期。

的教育网络，为公民道德建设起到了很好的促进作用。"①

日本大学生的法治思维培育虽然以课堂讲授为主，但不拘泥于法律课堂，而是与专业和就业相结合，体现为另一种浸入式的法治思维培育模式。以就业为导向是日本大学生法治思维培育的特色，法律与专业结合，因材施教。"日本的青少年法治教育根据各专业需求的不同，针对特定职业规划而进行，提供给学生不同的法治教育课程，供其自主选择，学生可以根据自己的兴趣爱好、专业类别等选修不同的课程。"② 可以看出，日本的法治思维培育趋于"私人定制"，能够将供给侧和需求侧匹配起来，适应学生的实际需求。日本不但关注大学生的法治思维培育，而且将大学的法治教育前置，大学的法律教师还会到高中讲授相关的法律课程，让学生尽早接触和掌握法律基础知识，树立法治观念，具备一定的法律分析能力，能够解决实际工作和生活中遇到的一些法律问题，培养以后能够解决社会问题的能力。

从对国外的法治教育经验分析可以看出，法律课堂教学只是法治教育中极小的一部分内容，大部分的法治教育在法律课堂之外，一是注重与其他学科的融合，二是注重实践活动及社会环境的重要熏陶和渗透作用。在教育过程中，其他学科，如政治、经济、文化以及其他专业课都可以作为法治思维培育的有效载体。而在日常生活中的方方面面——家庭教育、社区活动、公益活动等等都可以将法治思维培育的内容渗透其中；从事法治思维培育不仅仅是学校的责任，家长、社区工作者、所有法律从业人员都可以成为传播法治思维的种子。这种隐性的、间接的法治思维培育模式，有可能取得更好的培育效果，值得中国的大学生法治思维培育工作者进行深入的研究学习。

三 多样化的法治思维培育方式

注重发挥学生在学习中的主观能动性，让学生成为法治思维课堂教学的主导，同时重视法治理论与法治实践的结合，是国外法治教育的突出特点。中国高校的法治思维培育以课堂灌输为主，方式单一，

---

① 金晶：《国外公民教育对我国的启示》，《中国农业教育》2009年第5期。
② 杜东、王珊珊：《国外青少年法治教育的启示》，《中国共青团》2015年第3期。

学生处于被动接受的位置，学习兴趣不高。"分析国外进行政治教育的方法和手段，不难发现，没有一个国家不对公民进行政治教育，但如何巧妙有效地进行政治教育却是一门艺术。"① 国外高校的法治思维培育方式多样，非常注重教学的灵活性和开放性。就课堂教学而言，国外的法治思维培育课堂不是以单纯的课堂讲授为主。案例教学法、情景教学法和体验式教学法是国外大学生法治思维培育常用的授课方式，能够提升课堂吸引力，增加学生的参与度，提升法治思维培育的课堂效果。案例教学法是国外的法治教育课堂中最常用的教学方法，也是最有效的讲授方法之一。此外，聘请法官、律师等法律从业人员充当法律课讲师，利用他们丰富的法律专业经验以身说法，充分利用社会上的法治资源进行情景教学和体验式教学，也是国外课堂教学中经常采用的有效教学方法，国外的法治教育课堂能取得良好的教育效果也得益于此。美国、法国、日本、新加坡等国的高校就经常采用这些教学方法，来提高学生法治学习的兴趣。此外，在法治教学中还注重运用启发式教学的方法，用课堂讨论代替传统讲授，教学效果有明显提升。

国外一些高校还非常重视利用仪式、活动等载体对学生进行法治思维培育，并且与家庭、社会团体等各种社会组织建立相关联系，进行法治思维培育的联动。"美国的公民法治教育经验表明，参与一次生动直观的教育载体活动强过一百次的说教，这就是为什么美国的国会、最高法院、宪法中心每天都人流如织的原因，而美国政府也乐意投入巨资维持这些机构的运作，确保美国法律文化的传承。"② 美国的学校、家庭、社会团体、宗教组织等，在任何时间、任何地点都可以传播美国的法治思想和法律知识。有的国家在法治教育环境建设领域做了大量的投入，如对纪念馆、博物馆、名人故居等斥巨资加以修建，因为这些地方在一定程度上是本国民族精神、民族文化的凝聚，有利于文化精神的传承，也包含法治精神和法治文化，能够增强学生的爱国精神和法治信仰。

---

① 金晶：《国外公民教育对我国的启示》，《中国农业教育》2009 年第 5 期。
② 杨时敏：《美国的公民法治教育及启示》，《中国司法》2015 年第 9 期。

国外的法治教育非常重视家庭、学校和社会团体三位一体的联动教育。"美国官方非常关注家庭、宗教和社会的集体教学，通常会使用社会的各个资源进行关联，参与对人们的公共意识教学。"[1] 在美国，家庭教育被视为学生教育的关键一环，特别是母亲在家庭教育中更是起到举足轻重的作用，在对孩子的法治素质和道德品质的养成过程中起到至关重要的作用。美国相关教育部门非常善于运用各种社会活动对大学生进行法治思维培育，各种丰富多彩、花样百出的社团活动、文化活动和庆祝活动都可以成为法治思维和政治观念的有效载体，促进了美国公民共同法治价值观的形成。而各种社会团体也不惜人力物力，通过对公共文化设施或社区活动中心的建设，来加强对青年学生的法治思维培育。例如，在法国，各个社区会设立"课外活动中心"，作为本社区对青少年进行法治教育的活动基地，"活动中心定期邀请律师、检察官等法律工作者与学生交流互动，讲解法律案例或参与学生模拟法庭活动"。[2] 对青少年进行法治教育，是全社会共同的责任和义务。

社会实践是法治思维培育中最有效，也是学生最乐于接受的一种教育方式。美国和新加坡的高校经常组织大学生到法庭进行观摩，到法律服务机构进行实践锻炼，以培养学生的法治思维，提高法律应用能力。"美国总统制"是芝加哥大学曾经开设的一门特色政治法律课，主要讲解美国的政府制度；马里兰州则举办"巴尔的摩城市青年法庭""法律实习""模拟法庭竞赛"等活动，通过这些活动锻炼大学生的法治思维能力。"在实践方面，法国创立了'少年议员日'活动。学生以班级为单位选举产生一位'议员'。"[3] 选出的议员和真正的议员一样在本组织内部行使议员的职责，表现优异的还会参与到真正的国民议会中，提高学生对国家政治的直观感受。这些实践性政治

---

[1] 蔡卫忠：《公民意识养成视阈下的大学生法律教育问题研究》，博士学位论文，山东大学，2014年，第104页。

[2] 吴笛：《公民意识教育视野下的法治宣传——以法国青少年法治宣传教育为例》，《中国共青团》2015年第11期。

[3] 吴笛：《公民意识教育视野下的法治宣传——以法国青少年法治宣传教育为例》，《中国共青团》2015年第11期。

法律课程的开设，有助于提升大学生法治学习的兴趣，也推动了青年学生法治实践能力的发展。

多样化的法治思维培育方式，提高了大学生对于法治学习的兴趣。课堂上，案例教学和启发式教学方法的使用，使课堂讲授变得生动有趣，大学生对法治学习不感到枯燥；仪式、活动、社会实践等载体的运用，使得法治教育体系扩展到生活的方方面面，隐性的、渗透式的法治思维教学，更容易达到大学生法治教育的目标；家庭、学校、社会的联动教学模式，使大学生随时浸润在法治思维培育的氛围之中，在潜移默化中获取各种法律知识，树立法治思维。此外，国家法治的规范化，学校依法治校的实施，对学生的法治思维形成都有十分重要的意义。这些大学生法治思维培育的方法，都值得我们学习和借鉴，以改变目前中国大学生法治思维培育中教学方法单一、学生兴趣低迷的现状。

第六章

当代大学生法治思维培育的目标与原则

具备法治思维是当代大学生法治素质提升,成为法治社会合格公民的重要体现。习近平总书记曾说:"法治人才培养上不去,法治领域不能人才辈出,全面依法治国就不可能做好。"① 大学生的法治思维培育是关系社会主义法治国家建设成败的大事。广泛开展大学生的法治思维培育,是中国法治建设处于新的历史时期的新要求,"对于一个社会来讲,法治能否取得成功,直接依赖于社会的公共决策者和广大公民是否普遍接受与法治理念相适应的思维方式——法治思维"。② 因此,提升当代大学生的法治思维,能够促进国家法治现代化建设的发展进程。明确大学生法治思维培育的目标与原则,能够增强法治教育效果,更好地提升大学生的法治思维水平。

第一节 明确大学生法治思维培育的目标

随着国家现代化建设的不断推进,法治的重要性日益凸显,人民生活水平的提高和社会的发展进步都迫切需要大批具备良好的法治思维、能用法治方式管理社会和解决问题的法治人才。"法治教育的重要目标是,人们尊重和遵守法律,并非仅仅出于对利益或得失的权

---

① 习近平:《立德树人德法兼修抓好法治人才培养,励志勤学刻苦磨炼促进青年成长进步》,《人民日报》2017年5月4日第1版。

② 张玉来:《依法治国必须学会法律思维》,2003年2月,人民网(http://peopledaily.com.cn/GB/guandian/29/171/20030213/922561.html)。

衡，也并非仅仅思考法律制度能为我们提供怎样的权利保护或危害惩罚，而是在法律的作用下整个社会能够呈现良好的秩序和良善的生活。"① 当今中国正处于全面深化改革的深水区和全面建设小康社会的攻坚期，民主与法治是实现国家治理现代化的公共治理原则，良法善治是法治社会的建设目标。而这一切都离不开法治思维的提升，高校肩负着为法治国家建设培养人才的重担，法治思维培育的目标应基于法治思维的构成要素，从"知、情、意、信、行"五个方面对大学生进行法治思维培育，就是使大学生具备"自觉守法、遇事找法、解决问题靠法"的理念，形成按照规则行事的思维习惯，并把这些规则内化为心中的行为准则，从而形成独立的法治人格。"在法治教育过程中渗透个体对自身人格塑造的要求，使每一个独立的个体在社会生活中都能自觉地成为规范的遵守者、责任的承担者。"② 这样，大学生才能成为有独特的个性和稳定的行为模式的法治主体。

一　树立自觉守法的理念

"用法治的思维分析、观察和解决社会问题，已成为社会存在必不可少的视角，法治思维作为现代多元思维的核心之一，其重要地位不言而喻。"③ 而法治思维培育的目标是培养人们自觉守法的意识，成为遵纪守法的合格公民。自觉守法以"知""情"为基础，要求人们知法懂法，具备法治情感。自觉守法是法治建设的理想状态，也是社会主义法治建设追求的目标。日本法学家川岛武宜曾指出："大凡市民社会的法秩序没有作为法主体的个人的守法精神是不能维持的。"④ 也就是说，法治如果不能为人所遵守，就失去了存在的意义。守法是人的一种精神活动，如果单靠强制力量来实施，并不符合法治的核心

---

① 徐蓉：《法治教育的价值导向与大学生法治信仰的培育》，《思想理论教育》2015年第2期。
② 徐蓉：《法治教育的价值导向与大学生法治信仰的培育》，《思想理论教育》2015年第2期。
③ 蔡晓卫：《论高校大学生法治思维的养成》，《中国高教研究》2014年第3期。
④ ［日］川岛武宜：《现代化与法》，王志安等译，中国政法大学出版社1994年版，第19页。

要义。对大学生的法治思维培育要充分发挥他们的主观能动性,使青年学生主动地学习并掌握一定的法律基础知识,形成对社会主义法治的认同和信任,能够积极地学习法律、自觉地遵守法律、坚定地维护法律的尊严,才能最终达到法治社会的理想境界。

　　法律被自觉遵守的前提是法律本身必须是良法,也就是说良法是守法的基础。由于中华人民共和国建国时间短,加之国家在建设中走过一段弯路,中国真正实施法治的时间也不过四十年左右,但却取得了令世人瞩目的成就,各项法律法规从无到有,从有到优,国家的法治建设发生了历史性的巨变。到2010年,党在十五大上提出的建设中国特色社会主义法律体系的目标如期完成。"这是我国社会主义民主法制建设史上的重要里程碑,是中国特色社会主义制度走向成熟的重要标志,具有重大的现实意义和深远的历史意义。"① 法治建设取得的成就说明,国家现在已经拥有一整套适用于中国特色社会主义国家发展需要的"良法",已经具备了自觉守法的前提和基础,只有有法可依,通过有力的法治思维培育,使青年具备丰厚的法律知识储备,拥有对社会主义法治价值观的深刻认同,才有可能实现自觉守法。

　　有法可依并不意味着法律一定被遵守,还需要做到有法必依,自觉遵守法律才是实现法治的关键。"法律情感,对于任何法律秩序都是必不可少的情感,不可能纯粹从功利主义伦理学中得到充分的滋养。"② 拥有法治信仰会对法治社会充满憧憬,并愿意身体力行,用自身的行动去推动法治社会的建设。只有经过法治思维培育之后,人们具备了自觉守法的意识,对法治认同和忠诚,对法治产生信任之情,法治社会的理想才能实现。伯尔曼认为:"确保遵从规则的因素,如信仰、公正、可靠性和归属感,远较强制力更重要。法律只有在受到信任,并且因而并不要求强制力制裁的时候,才是有效的;依法统治

---

　　① 吴邦国:《全国人民代表大会常务委员会工作报告》,《人民日报》2011年3月10日第1版。
　　② [美]哈罗德·伯尔曼:《法律与宗教》,梁治平译,生活·读书·新知三联书店1991年版,第43页。

第六章　当代大学生法治思维培育的目标与原则

者无须处处都仰赖警察。"① 这说明，公民具有自觉守法的意识才是法治思维培育想要达成的目标。但是再完善的法治，要为全体社会成员所接受，不经过培育也不可能实现。

对大学生进行法治思维培育，使之习得法律知识并且自觉遵守法律，知晓法律的权利和义务，可行与禁止；还要让大学生明白法律是个人行为的准则，更要明白法律是需要全体社会成员共同遵守的社会规则，违反法律就会受到相应的强制性处罚，这是法律的强制性特点。国家的宪法和法律是不可逾越的"红线"，任何个人，包括国家机关和国家权力，都要在法治的框架内行走，不能越雷池半步。法治思维培育的职责是引导大学生树立自觉守法的理念，自觉维护宪法和法律的尊严。宪法和法律不但限制个人的行为，同时对政府的公权力也会加以约束。不管是个人还是国家都要依据法律行事，符合法律规范。可见，法律的存在不仅是对个人行为的规范，也包括对权力的约束。

引导大学生树立法治思维。首先，要引导大学生尊重宪法的权威。宪法是国家的根本大法，是一切组织和个人的根本活动准则。从法治思维的构成要素来看，"知"是前提，大学生要率先掌握宪法的基本知识，明确宪法在法律体系中的核心地位，是其他法律制定的根本依据，具有最高的法律效力和权威性。尊重宪法的权威，在实际行动中要以宪法为指引。其次，大学生作为国家未来的栋梁，要积极主动地学习宪法和相关法律知识，明确公民的职责，教育青少年依据宪法、法律行使权利并承担义务，用法律规范自己的行为。"宪法对公民的基本权利和义务给出了明确规定，教育青少年学生在行使权利时要处处以法律为依据，不无限扩大自己的权利，同时要具有自觉履行法律规定的各项义务的意识。"②

对社会主义法治价值观的情感认同，是大学生法治思维的心理基础。对大学生的法治思维培育要"入心入脑"，要培育大学生自觉遵

---

① [美]哈罗德·伯尔曼：《法律与宗教》，梁治平译，生活·读书·新知三联书店1991年版，第43页。
② 李立群：《学校法治教育的核心内容及其实施路径》，《教学与管理》2015年第30期。

法的意识,关键在于培养他们对社会主义法治价值观的认同之情。要通过法治思维培育,在大学生的内心构筑起对法治的忠诚和信任,"所有法律制度都不仅要求我们在理智上承认——社会所倡导的合法美德,而且要求我们以我们的全部生命献身于它们。"① 对法治的信仰和忠诚,不应因法律本身的好坏而改变,坏的法律也优于没有法律;也不应因执法过程中出现的有法不依、执法不严,甚至执法的偏差而动摇。正如卢梭所言:"这种法律既不镌刻在大理石上,也不镌刻在铜表上,而是铭刻在公民的内心里。"② 在法治思维培育过程中使大学生对法治的情感能够在实际生活中践行,才能养成自觉守法的习惯。

二 具备遇事找法的意识

法治思维是一种价值思维方式,奉行"法律至上"的原则,对大学生的法治思维培育,就是要他们养成"法律至上"的习惯,形成对法律的遵从和敬畏。法治只有在被信仰的时候,才可能成为解决问题的优先选择方式,遇事找法的意识才可能形成。对法治的信仰是一种源自内心的情感,是对法治的神圣崇拜和情感依恋。遇到问题时首先想到求助于法律,将法律的准则和手段作为处理问题时首要和唯一的选择。习近平总书记强调:"领导干部要把对法治的尊崇、对法律的敬畏转化成思维方式和行为方式,做到在法治之下、而不是法治之外、更不是法治之上想问题、作决策、办事情。"③ 遇事要找法,办事要依法,不只是对领导干部的要求,也是法治社会对每一个社会成员的要求。社会主义法治观念要求大学生在处理实际问题时要树立"法治优先"原则,要有高度的法治自觉性,处理问题时要依据法治原则、遵守法治程序,也就是要有"遇事找法"的意识。因此大学生要对国家现行的法治理论、法治道路和法律制度做到耳熟能详,还要尊重并认同国家的法治体制。高校法治思维培育的任务就是"帮助大学

---

① [美]哈罗德·伯尔曼:《法律与宗教》,梁治平译,生活·读书·新知三联书店1991年版,第54页。
② [法]卢梭:《社会契约论》,李平沤译,商务印书馆2011年版,第61页。
③ 中央文献研究室:《习近平关于全面依法治国论述摘编》,中央文献出版社2015年版,第124页。

生增强社会主义法治观念,首要任务就是增强大学生走中国特色社会主义法治道路的自信与自觉,同时引导他们通过合法途径正确处理参与国家和社会法治生活中的各种问题。"[1] 法治思维培育的目的在于应用,对大学生来说,法治思维不仅是一种价值思维,还是一种导向思维,遇事找法的意识不但体现在宪法和法律的应用与实施中,也体现在全体社会成员包括大学生在内的每一个人,在社会法治生活的每一个环节中。习近平总书记还强调:"谋划作事要运用法治思维,处理问题要运用法治方式,说话做事要先考虑一下是不是合法。"[2] "遇事找法"就是在做任何事情时,先考虑合不合法,也就是在实际工作中要运用法治思维。"遇事找法"要求大学生具备的法治思维既具有丰富性,又具有开放性。这种丰富与开放以法治自信为基础,它来自于丰厚的法治知识储备和对法治规范的认同。因此,法治思维培育进课堂,最终是为了进大学生头脑,只有具备一定的法治知识,形成"遇事找法"的意识才能水到渠成。

教育和引导大学生形成遇事找法的意识是法治思维培育的目标。党的十八届四中全会指出:"法律的权威源自人民的内心拥护和真诚信仰。人民权益要靠法律保障,法律权威要靠人民维护。"[3] "信",即法治信仰,是法治思维的构成要素之一,是大学生法治思维培育的信念基础。树立法治信仰,并使大学生的法治信仰能够在实践中得到印证,遇事找法的原则才能在现实生活中得到应用。"意"指社会主义法治意识,同样是法治思维的要素之一。高校要培养大学生树立法治意识,具备主动学习法律的积极性,进而懂得遵法和守法,在此基础上"学会正确运用法律来解决自身及周围各种问题,"[4] 遇到问题能够立刻作出正确反应,用法治思维进行分析判断,知道用法律来解

---

[1] 臧宏:《高校法治教育的目标体系探析》,《东北师大学报(哲学社会科学版)》2016年第5期。
[2] 中央文献研究室:《习近平关于全面依法治国论述摘编》,中央文献出版社2015年版,第124页。
[3] 习近平:《中共中央关于全面推进依法治国若干重大问题的决定》,《人民日报》2014年10月29日。
[4] 李先伦:《中国政党协商发展研究》,山东人民出版社2018年版,第233页。

决问题。然而，在现实生活中还存在一些不按法治原则办事的现象，阻碍了人们对于法治的信任；社会上的违法行为败坏了社会风气，也影响了大学生"遇事找法"意识的形成。目前，社会还存在一些看不见、摸不着的"潜规则"，成为阻碍老百姓"遇事找法"的重要原因。办事难，难办事，难就难在"潜规则"上。这也成为败坏党纪国法的毒瘤，不除不足以正党风、扬正气。习近平总书记指出："法不阿贵，绳不挠曲。这就是法治精神的真谛。"① 正是社会上不良风气的存在，打击了人们对于法治的信任和信心，法治文化建设氛围不佳也影响了大学生法治思维的培育，"遇事找法"意识的形成，在法治培育的道路上"道阻且长"。

  对于大学生来说，要逐步养成"遇事找法"的办事习惯，不断提高法治责任感和政治参与度。"遇事找法"的意识，体现为在实际生活和工作中人们自觉地依据法治原则、按照法律规则思考问题，并依据法治程序处理问题。习近平总书记指出："要深入开展法制宣传教育，弘扬社会主义法治精神，引导群众遇事找法、解决问题靠法，逐步改变社会上那种遇事不是找法而是找人的现象。"② 高校法治思维培育的着力点是使大学生拥有依法约束自己行为的能力，能根据自己所学所会的法律知识预知自己行为的后果，以避免违法以及犯罪行为的发生，也就是形成遇事找法、行事依法的法治思维能力。从实际情况来看，大学生正处于世界观、人生观和价值观形成的关键时期，虽然接受了法治思维的培育，但还没有形成稳定的法治价值观，在日常事务中运用法治思维、法治方式的能力还比较弱，还没有完全具备"遇事找法"的意识。法治思维培育以权利和义务为核心内容，遇事找法意识的养成也应以权利和义务教育为主线。提高法治思维培育的有效性和针对性，就要使大学生形成权利和义务相统一的观念。遇事找法的意识包含两层内容：一是对法律的认可，将法律作为处理社会事务和国家事务的首要依据，并将法律作为自己的行为准则。大学生作为

---

① 中央文献研究室：《习近平关于全面依法治国论述摘编》，中央文献出版社 2015 年版，第 98 页。

② 中央文献研究室：《十八大以来重要文献选编》上，中央文献出版社 2014 年版，第 722 页。

法律主体，既要依法行使自身权利，维护自己的合法利益，同时又要依法履行法定义务。关键是在大学生的实际生活中，要明确自己及他人的法定权利和义务，在维护自身的权利时不损害他人的权利，并且能主动履行法定义务，时刻将法律置于首位。二是对法律的践行，大学生不但要让自己的言行符合法律规范，在处理个人与他人、个人与社会、个人与国家的问题时也要依据法律，在法治的范围内行事。

"关于高校法治教育的现实状况及目标实现，一方面包括大学生在内的青少年法治教育还存在着定位不明确、思想认识不到位、教育内容不系统、保障条件不充分等问题。另一方面把法治教育纳入国民教育体系，目标就是要把法治变为包括大学生在内的青少年的一种思维方式和生活方式，不仅是法治意识内化为大学生的公民素质，更为重要的是见诸大学生的法治生活行为。"[1] 这就对大学生的法治思维培育指明了具体的发展方向。首先，要明确法治思维培育的目的不仅要传授法律知识，更在于应用法律，通过多种途径和方法引导大学生将法律知识内化为法治思维，使他们养成遇事找法的意识，形成从法治的角度看待和处理问题的习惯。其次，应将法治思维培育融入大学生的日常生活中，学生不只是被动地接受知识灌输，而是在生活中感受到法治的存在。良好的生活秩序，明晰的规则制度，风清气正的社会环境，都会对大学生养成遇事找法的意识有潜移默化的影响。

三 养成解决问题靠法的习惯

法治思维起于"知"，终于"行"，最终的落脚点在于"行"，即法治实践，对大学生来说就是要养成解决问题靠法的习惯。社会生活中时时有问题，处处有问题，社会也在分析问题和解决问题中不断前进，正确地看待问题存在的意义和价值，抓住主要矛盾，解决主要问题，社会发展才可能"更上一层楼"。法治是统治阶级为了维护自己的统治，同时也是为了有效地解决社会问题而制定的规则制度。法治的存在不是为了消灭问题，而是找到化解问题和矛盾的合理方法。

---

[1] 臧宏:《高校法治教育的目标体系探析》，《东北师大学报（哲学社会科学版）》2016年第5期。

"中国特色社会主义进入新时代,我国社会主要矛盾已经转化为人民日益增长的美好生活需要和不平衡不充分的发展之间的矛盾。"① 社会主要矛盾的存在也导致了一系列社会问题的发生,如果不能及时有效地处理这些问题,就有可能阻碍社会的前进和发展。法治作为最有效地处理社会问题的方式,已经经过了历史的检验。在社会主义法治建设中,要运用法治思维和法治方式来处理问题和解决问题,才能使法治的权威性得到彰显。在处理社会问题的过程中,要遵循法治原则和法治程序,做到依法办事,才能维护社会的公平正义,构建和谐社会。

法治体系的存在为解决社会问题提供了强大的制度保障。目前中国的社会主义法治体系已经基本确立,但这并不意味着国家已经达到高度法治化的水平。法治体系的形成只是实现了依法治国的阶段性目标,社会的制度化、法治化还有很长的路要走,不管是领导干部、政府工作人员,还是包括大学生在内的社会公民,在面对问题时还要养成解决问题靠法的习惯,以革除实际工作中人治的弊端。在党的十八届四中全会上明确要求:"健全依法维权和化解纠纷机制。"② 要解决当前社会中存在的大量社会问题,迫切需要加强法治思维培育,提高法治方式的运用能力,转变过去"以权代法""以情代法"甚至"以钱代法"的人治思维模式,改变"有法不依""有法难依"的状况,学会运用法治手段解决问题。大学生作为一个受教育程度较高的群体,其法治思维状况也不容乐观,由于法治教育不到位,大学生运用法治解决问题的能力不足,也导致大学生群体的犯罪率有上升的趋势。因此,对大学生进行法治思维培育不仅是必要的而且是必需的。要让大学生树立法治思维,每个社会个体都必须严格依法办事,个人的权利要在宪法和法律允许的范围内行使。解决问题也要以法律为准则,既维护自身的合法权益,又不损害他人利益,更不能违背法律原则。

---

① 习近平:《决胜全面建成小康社会,夺取新时代中国特色社会主义伟大胜利》,《人民日报》2017 年 10 月 28 日第 1 版。

② 习近平:《中共中央关于全面推进依法治国若干重大问题的决定》,《人民日报》2014 年 10 月 29 日第 1 版。

社会问题千千万万，想要真正有效地解决问题，关键在于采取什么途径，毫无疑问是法治途径。"特别是在化解社会矛盾、维护社会稳定方面，不能简单依靠国家强制力、甚至国家暴力去压制，不能用行政手段'摆平'，也不能套用'人民内部矛盾人民币解决'的老办法，而是要通过法治方式、回归法治途径。"[1] 法治思维培育要坚持把教育引导和实践能力相结合，使大学生将法治思维内植于心并外践于行。通过法治思维培育，大学生应自觉形成和树立法治意识，成为具备"法治理念，法治素养，法治信仰，法治自信"的社会主义法治国家建设的主力军。此外，还要为大学生提供法治应用和法治实习的机会，让大学生在实践中形成用法律处理和解决问题的定性思维习惯，提高法治思维培育的效果。不但解决问题要用法治方式，排查问题也要用法治手段，才能真正有效地化解社会矛盾，营造和谐社会。高校对大学生进行的法治思维培育是一个法治精神培育的过程，一个法治价值观养成的过程，一个法治共识凝结的过程。从这个过程来看，高校目前已经形成一套完整的教育模式，但要把法治教育的内容与社会实际相结合，将法律至上的原则与实际解决问题的方法相对接，还在于让大学生养成法治思维，形成解决问题靠法的习惯，而这还将是一个漫长的教育过程。

第二节 彰显大学生法治思维培育的原则

法治体现了历史的进步，是经过历史积淀的人类文明成果。法治国家建设需要全新的思维模式指导，这就是"法治思维"。法治思维是当前中国特色社会主义法治国家主流的意识形态，是以法治为核心的思维方式。对大学生进行法治思维培育，首先要彰显法治思维培育的原则，顺应法治发展的时代要求，根据党提出的依法治国方略和社会主义法治国家的建设目标，社会主义法治思维培育应当明确以下

---

[1] 张文显：《法治化是国家治理现代化的必由之路》，《法制与社会发展》2014 年第 5 期。

原则。

一 明确法治优先原则

法治道路是国家建设唯一的正确道路,作为大学生对此要有明确的认知。习近平总书记指出"要信仰法治""只服从事实、只服从法律",指明了大学生应当首先要明确法治优先原则,形成法治至上的理念。伯尔曼曾说:"法律必须被信仰,否则它将形同虚设。"[1] 法律不只是纸上的条文,只有成为生活中的最高行为准则才有存在的意义。法律是否具有权威性,是检验法治社会的标尺。要实现国家治理现代化,必须确立法治至高无上的地位,明确法治优先的原则。

法治是国家治理优先选择和唯一正确的方式。美国的政治学家法兰西斯·福山针对发展中国家的政治现实,曾做出这样的论断:"在当代发展中国家,最大的政治缺点,就是法治的相对软弱。"[2] 这确实是中国作为一个发展中国家,不能回避的社会现实。正是认识到法治在国家现代化建设中的重要作用,才能从中国的国情出发,确立依法治国和建设社会主义法治国家的目标。"在我们看来,从中国政治发展的实际进程看,国家治理现代化在目前这个阶段,理当以建设法治中国为突破口和前提。"[3] 法治优先原则的确立源自对国家发展规律的认识和对治理方式的深刻理解,也离不开社会精英的智力支持,更需要全体社会成员凝聚共识,身体力行。人始终是法治建设的主体,如果在当今以变革为主旋律的现代化社会中,法治社会主体,特别是将来承担建设法治社会重任的大学生的知识储备和法治思维不足以胜任国家治理现代化的需要,那么法治中国的建设最终也会成为难以实现的梦想。总之,法治建设是一个政治制度与文化传统交织的复杂社会变化过程,特别是中国这样一个具有独特历史文化的国家,任何现有

---

[1] [美]哈罗德·伯尔曼:《法律与宗教》,生活·读书·新知三联书店1991年版,第28页。

[2] [美]弗朗西斯·福山:《政治秩序的起源:从前人类时代到法国大革命》,毛俊杰译,广西师范大学出版社2014年版,第224页。

[3] 杨明佳、董英栋:《法治优先:中国治理转型的战略选择——以亨廷顿和福山的政治发展理论为视角》,《武汉理工大学学报(社会科学版)》2017年第1期。

的国家治理模式都不能给中国的法治建设提供完全可以复制或模仿的蓝本，需要我们在实践中不断摸索和改进，寻找适合中国国情的法治化建设道路。

社会主义市场经济的发展也要以法治为保障。经济的发展需要稳定的政治环境，但政治的发展更是一个复杂过程，法治建设是国家政治发展中关键的组成部分，需要在政治理想和社会现实之间找到结合点，寻找一条切实可行的发展之路。中国的改革开放经过四十年的发展历程，取得了世界瞩目的成就，市场经济的发展已经完全融入经济全球化的大潮。目前中国的经济发展充满活力，但改革发展正处于深水区，也给国家治理带来巨大挑战，在这个发展的关键期更离不开法治的规范作用。从社会主义现代化建设来看，不管是为了保障深化改革的顺利进行，还是促进市场经济的持续健康发展和维护社会的和谐稳定，在人民中进行法治思维培育，推进社会主义法治建设都是当前的首要任务。"缺乏法治的框架，便不用奢谈国家治理的现代化。"[1]可以看出，法治在当前国家建设要实现治理现代化的过程中始终处于非常重要的位置。俞可平曾经说："法治是善治的基本要求，没有健全的法制，没有对法律的充分尊重，没有建立在法律之上的社会秩序，就没有善治。"[2] 在党的十九大上，习近平总书记更是明确提出了"良法善治"的标准，这是对党的十八大以来确立的依法治国目标的不断推进和发展，是法治中国不断完善的需要。建设社会主义法治国家，实现国家治理现代化，必须确立法治的主体地位。

在社会治理中，也要贯彻法治优先的原则。对于什么是法治，习近平总书记曾说："用法律的准绳去衡量、规范、引导社会生活，这就是法治。"[3] 在社会生活中需要法律的规范和引导，因此在社会治理中，同样要贯彻法治优先的原则。法治优先即崇尚法治之治，在管理社会事务中，法律拥有至高无上的地位，要强调法治的权威，法律是

---

[1] 杨明佳、董英栋：《法治优先：中国治理转型的战略选择——以亨廷顿和福山的政治发展理论为视角》，《武汉理工大学学报（社会科学版）》2017年第1期。
[2] 俞可平：《论国家治理现代化》，社会科学文献出版社2014年版，第26页。
[3] 中共中央文献研究室：《习近平关于全面依法治国论述摘编》，中央文献出版社2015年版，第8—9页。

面向所有社会成员和组织的行为规则，任何人、任何事都不能脱离法律的约束。在社会治理中，必须坚持有法必依，这是贯彻法治优先原则的关键。有法不依，法治就形同虚设，法治的作用就无法发挥，就与依法治国的道路背道而驰。有法不依会损害法治的权威，甚至破坏法治的根基。因此特别强调领导干部要具备法治思维，要按照法治方式办事，率先成为遵法守法的榜样。"行政机构体系无论如何都必须置于由公众制定的法律规则的控制之下。"① 法治优先原则指导下的行政行为以法治为遵循，即行政行为法治化，每一个行政主体在处理社会问题时，都要像司法行为那样严格以法律为指导，这样裁定的行政结果必然符合法治的规范。"行政主体不再是行政行为的绝对决定者，而规则则是行政行为的决定因素，法律优先也因此得到印证。"②

　　法治优先原则也是个人的行为信条。法律只有被信仰，纸上的法律条文才能成为生活中的行为准则，大学生尤其要率先树立法治信仰。而信仰法律的前提是必须知法、懂法，若对法律一无所知，也就无从谈法治信仰。法治能够得到全社会的认可和信仰，其本身还必须是制定良好的法律。终究什么是良法？"所谓'良法'，可在四种意义上把握。一是法律应符合人性、人文、自然、经济、政治、社会等的规律，与作为法律调整对象的各种关系的存在与发展规律保持一致，而不能蔑视规律、抗拒规律。……二是法律制定的良好。……三是法律实施得良好，不仅全民自觉守法，而且国家机关尊重宪法、严格执法、公正司法。四是法律体现社会良善价值。"③ 张文显从四个角度对"良法"的把握，主要体现了法治的价值观和价值标准。总的来说，"良法"应该是符合社会发展规律，体现人民利益，能够得到有效实施的法律。中国的法律从立法、司法、执法的过程来看，已经基本具备了"良法"的标准，对社会个体来说就是要做到"守法"。"守法"的前提是"懂法"，而"懂法"的关键还在于法治教育，因此，对法治的遵守最终还要落脚于对人的法治思维培育上，通过教育

---

① 张淑芳：《行政优先权与法律优先之鉴别》，《政治与法律》2004年第1期。
② 张淑芳：《行政优先权与法律优先之鉴别》，《政治与法律》2004年第1期。
③ 张文显：《习近平法治思想研究（中）——习近平法治思想的一般理论》，《法制与社会发展》2016年第3期。

让人们明确法治优先的原则,特别是对当代大学生来说,更要在行动中明确法治优先原则,用法治指导自己的行为,用法治思维处理问题,用法律途径表达自己的利益诉求。

二 重视良法之治原则

"良法是善治的前提。"对大学生来说,首先要明白何为"良法"。"所谓良法,就是反映人民意志、尊重保障人权、维护公平正义、促进和谐稳定、保障改革发展、引领社会风尚的法律,就是体现民意民智、符合客观规律、便于遵守和执行的法律。"① 党的十八届四中全会提出:"法律是治国之重器,良法是善治之前提。"② 这段话深刻地阐明了良法与善治的逻辑关系。古今中外的政治家都对良法之治进行了重要论述,亚里士多德提出了"良法"的理论,宋代的政治家王安石也曾指出:"立善法于天下,则天下治;立善法于一国,则一国治"(《临川先生文集》)。从以上论述中可以看出,"良法之治"作为国家治理的重要原则已经得到公认,是国家实现善治的前提。国家在总结和反思中外历史经验的基础上,确定了建设中国特色社会主义法治国家的道路,将形式法治和实质法治相结合,形成了适合中国国情的法治模式,具有开创性意义。这意味着:"中国法治作为现代社会主义法治,不仅应当是形式上的法律之治,更应当是实质上的良法之治。"③ 这种法治形态与中国的国家制度相协调,体现了公平正义、维护了人民权益、坚持了共同的价值观,得到了有效的保障和实施。良法之治体现为不断完善立法,推动法治的实现,也是推动法治思维不断发展和提升的过程。"中央要求'提高领导干部的法治思维',既是对改革开放以来法制建设、法治建设的一种肯定,也是对已有成

---

① 张文显:《四十年,法治强国——对话著名法学家张文显》,《光明日报》(2018年12月2日第7版)。

② 习近平:《中共中央关于全面推进依法治国若干重大问题的决定》,《人民日报》2014年10月29日第1版。

③ 张文显:《习近平法治思想研究(中)——习近平法治思想的一般理论》,《法制与社会发展》2016年第3期。

果的一种继承与弘扬,意义深远。"① 大学生是法治社会建设的后备军,终将承担法治建设的重任,因此要对大学生进行法治思维培育,也必须明白良法之治的意义。

良法应遵循公平正义。法律作为"具有一定强制性和约束力的规范,"② 其存在就是为了维护公平正义,这是法律的应有之义。法律是为了维护正义,为人民谋福祉,为公共谋幸福。古罗马的法学家西塞罗认为制定法律就是为了惩恶扬善,为了"保障公民的福祉、国家的繁昌和人们的安宁而幸福的生活"。③ 这就是说,制定良好的法律,必须以公平正义为中心,建立在维护人民权益的基础上,能够促进人的全面发展,能够促进社会的和谐稳定与国家的繁荣昌盛。"全面依法治国,必须紧紧围绕保障和促进社会公平正义来进行。"④ 进行社会主义法治建设,不仅要实现社会日益增长的物质文化发展目标,也要实现社会的公平正义目标,这是中国特色社会主义良法之治的目标。良法之治,强调国家治理的法治化、政府行政的法治化、职员办事的法治化和社会公民参政议政的法治化,以保障社会的稳定和谐发展。

良法应维护人民权益。习近平总书记强调:"人民是推动发展的根本力量,实现好、维护好、发展好最广大人民根本利益是发展的根本目的。"⑤ 在社会主义法治下,人民享有更广泛的民主权利,坚持以人民为中心,是"良法"的基础,"人权得到切实保障,产权得到有效保护,"⑥ 让人民能够共享改革的成果,过上安居乐业的生活。人类历史的发展历程告诉我们,"法治"不一定是"法"的应然向度,"法治社会"也不一定是"法"存在的必然结果,以维护少数统治阶

---

① 吕世伦、金若山:《法治思维探析》,《北方法学》2015 年第 1 期。
② 李先伦:《中国政党协商发展研究》,山东人民出版社 2018 年版,第 126 页。
③ [古罗马]西塞罗:《论共和国·论法律》,王焕生译,中国政法大学出版社 1997年版,第 219 页。
④ 习近平:《领导干部要做尊法学法守法用法的模范 带动全党全国共同全面推进依法治国》,《人民日报》2015 年 2 月 3 日第 1 版。
⑤ 《中共中央关于制定国民经济和社会发展第十三个五年规划的建议》,《人民日报》2015 年 11 月 4 日第 1 版。
⑥ 《中共中央关于制定国民经济和社会发展第十三个五年规划的建议》,《人民日报》2015 年 11 月 4 日第 1 版。

第六章　当代大学生法治思维培育的目标与原则

级利益为主的法律，最终以牺牲大多数人民的利益为代价。只有在社会主义社会中，人民成为国家的主人，成为法律的制定者和参与者，才使法律具备成为"良法"的可能。"所以，社会主义法治首先应该是良法之治，是保护人的自由和权利之治。"① 良法之治将提高社会公民参与国家事务的积极性，提高公民的政治参与度，利用各种渠道维护公民的合法权益，最大限度实现社会的公平正义。当代大学生应当树立社会主义的法治理念，明确社会主义法治作为良法之治，其根本就是为了"始终把实现好、维护好、发展好最广大人民根本利益作为党和国家一切工作的出发点和落脚点"。② 也如阿奎那所说，"法律的制订说到底是为实现社会公共福利，必须以整个社会的福利为其真正的目标"。③

良法应坚守共同价值。良法应体现良善的价值观，这是良法的基本要义。法治价值观是决定法治体系是否是良法之治的关键。"除了人民主体和公平正义之外，中国特色社会主义法治还涵盖了人类社会的共同价值。"④ 良法是实现国家治理现代化的基础要件，应以人民的共同利益为出发点，应该体现人民共同的价值观。亚里士多德认为："良法的标准可以总结为三点：良法是为了公共利益而不是为了某一阶级（或个人）的法律；良法应该体现人们所珍爱的道德价值（对古希腊人而言就是自由）；良法必须能够维护合理的城邦制度于久远。"⑤ 在中国，对于良法的讨论也层出不穷，党的十八届四中全会决议中指出"良法"就是"要恪守以民为本、立法为民理念，贯彻社会主义核心价值观，使每一项立法都符合宪法精神、反映人民意志、得到人民拥护"。⑥ 良法应符合道德准则，遵循人们对于正义、公平、

---

① 杨士林：《论社会主义法治理念的基本内涵》，《山东社会科学》2010年第6期。
② 胡锦涛：《坚定不移沿着中国特色社会主义道路前进，为全面建成小康社会而奋斗》，《人民日报》2012年11月18日第1版。
③ ［意］托马斯·阿奎那：《阿奎那政治著作选》，马清槐译，商务印书馆1982年版，第105页。
④ 张文显：《习近平法治思想研究（中）——习近平法治思想的一般理论》，《法制与社会发展》2016年第3期。
⑤ 转引自王人博、程燎原《法治论》，山东人民出版社1998年版，第11页。
⑥ 习近平：《中共中央关于全面推进依法治国若干重大问题的决定》，《人民日报》2014年10月29日第1版。

道德、尊严、正当程序及个人权利的价值追求。良法之治的目的就在于为个人尊严和个人发展创造条件，不但要承认和维护公民的各项权利，还要为实现个人的全面发展创造各种条件。"具体地说，符合良法标准的法律，必须建立在尊重和保障人权的基础之上。"①

制定良好的法律应该得到有效的实施。习近平总书记指出："各级政府必须坚持在党的领导下、在法治轨道上开展工作，创新执法体制，完善执法程序，推进综合执法，严格执法责任。"② 法律只有在实施过程中，通过国家机关依法办事、公正司法，社会重法尊法，全民守法，法治的精神和价值才能实现，才能给人民带来幸福和安宁。良法是善治的前提，还要积极营造能够使法律得到有效实施的环境和机制，以保证法治建设的目标得以实现。法治实施是法治建设的落脚点，法治实施的措施多种多样，加强法治思维培育，提高公民的法治意识，树立规则意识，加强国家机关的行政执法能力，都是促进法治实施的有效举措。良法得以实施，才能实现善治。对大学生加强法治思维培育，提高其运用法治方式解决问题和化解矛盾的能力，才能促进良法的有效实施。大学生身处改革的时代洪流，要不断提高自身的法治思维水平，不断推动法治建设的发展，实现国家的"善治"目标。

三 贯彻依法办事原则

1959年9月19日，董必武同志在党的第八次全国代表大会上发言指出："党中央号召公安、检察、法院和一切国家机关，都必须依法办事。"③ 这一原则最早是针对国家执法机关提出的办事原则，并进一步阐释："依法办事有两方面的意义：其一，必须有法可依。……其二，有法必依。"④ 依法办事的原则确立后不断地被传承与创新，在当今的法治建设中依然是一项重要的原则。在中国长期的法治建设实

---

① 蒋传光：《良法、执法与释法》，《东方法学》2011年第3期。
② 习近平：《中共中央关于全面推进依法治国若干重大问题的决定》，《人民日报》2014年10月29日第1版。
③ 《董必武法学文集》，法律出版社2001年版，第352页。
④ 《董必武法学文集》，法律出版社2001年版，第352页。

践中,依法办事的实际情况并没有达到立法预期,在实际的工作中不按宪法和法律规则行事的情况还时有出现。针对这种情况,习近平总书记反复强调:"领导干部尤其要带头依法办事,自觉运用法治思维和方式来深化改革、推动发展、化解矛盾、维护稳定。"① 依法办事是法治建设成败的关键,有法可依只是具备了法治实现的可能,有法必依才是法治存在的意义。

让大学生在行动中贯彻依法办事的原则,先要明确依法办事的主体。首先是具有执法资格的行政机关及其工作人员,其次还应包括全体社会公民。"在严格依法办事的主体上,应在执法者、司法者之外增加公民与其他社会主体,并坚持一种'交互主体性'的法律实施观。"② 对于行政机关及政府工作人员来说,他们作为执法的主体,必须忠诚于宪法和法律,在行动中严格贯彻依法行事的原则,加强依法行事的执法理念,在行动中自觉地践行法治原则。"据统计,我国百分之八十的法律是由行政机关执行的,依法行政是依法治国的主要内容,也是现代法律观念形成的现实基础。"③ 行政机关依法办事、严格执法,不仅是对自身职责的履行,也是一个向全社会传递法治理念的过程。大学生作为社会公民在依法办事原则中是一个双向主体,一方面公民作为遵法守法的主体,在自身的行动中要做到依法办事,是法治参与的主体;另一方面,在具体的法治实施中,依法办事还应成为公民自觉的一种主体行为。

依法办事原则实质上体现了对权力的约束和规范,孟德斯鸠说过:"一切有权力的人都容易滥用权力,这是万古不变的一条经验。"④ 法治方式的核心在于法治主体能否做到依法行事,法治主体在行使权力时必须以法律为准绳,这就要求公权力的行使要合法,法治

---

① 中央文献研究室:《习近平关于全面依法治国论述摘编》,中央文献出版社 2015 年版,第 115 页。
② 江必新:《严格依法办事:经由形式正义的实质法治观》,《法学研究》2013 年第 6 期。
③ 张琼:《论我国现代法治社会的形成条件》,《四川职业技术学院报》2005 年第 2 期。
④ [法] 孟德斯鸠:《论法的精神》,张雁深译,商务印书馆 1961 年版,第 154 页。

思维的核心就是要用法律限制公权力滥用,同时保障私权利的实现。因此,要依法设置行政机关、依法取得行政权力、依法确定行政程序、依法做出行政行为、依法承担行政责任,行事要符合"法无授权即禁止"的原则。同时在行使法治权力时要确保公正执法,排除法律之外因素的干扰,践行依法办事,严格执法。习近平总书记曾强调"要加强对权力运行的制约和监督,让人民监督权力,让权力在阳光下运行,把权力关进制度的笼子。"[①] 但是,有法不依、执法不严的情况却在挑战依法办事的底线,凌驾于法律之上,以权压法、以言代法、执法犯法、徇私枉法的现象严重损害了党和国家的形象,破坏了人民群众对法治的信任。有法不依、执法不严、有禁不止、有令不行的现象妨碍了法治的实施。所以,党反复强调要强化领导干部的法治思维,领导干部要率先垂范,成为守法的模范。否则,在实际工作中就不能很好的运用法律武器,将会损害法律的公信力,削弱政府权力的作用,阻碍国家的法治建设。习近平总书记强调:"行政机关是实施法律法规的重要主体,要带头严格执法,维护公共利益、人民权益和社会秩序。执法者必须忠实于法律。"[②] 行政机关及其工作人员作为公权力的执行者必须做到依法办事,严格执法。

　　对于普通社会公民而言,依法办事并非"事不关己",每个公民都是依法办事的主体,要通过法治思维培育不断提升公民的法治意识,提高依法办事的自觉和能力。法治社会的建设必须培养公民遵法、守法、用法的理念。法律法规不仅仅是政府机关行使管理职能的工具,如果没有被全体社会成员所接受,不能成为个人规范自身行为的准则,法律的功能就不能得到正常发挥,就不可能建成法治社会。由于"德主刑辅"这一传统观念的影响,中国公民的法治观念相对来说比较淡薄,面对这种情况,董必武同志就曾强调:"我们的人民民主专政的政权要想办法使人民从不信法、不守法变为信法、守法,这

---

① 习近平:《决胜全面建成小康社会,夺取新时代中国特色社会主义伟大胜利》,《人民日报》2017年10月28日第1版。

② 习近平:《依法治国依法执政依法行政共同推进,法治国家法治政府法治社会一体建设》,《人民日报》2013年2月25日第1版。

虽然是比较困难的任务，但是我们必须要完成这个任务。"[1] 法治意识必须深入人心，要全方位地进行法治宣传教育，在多个领域的社会治理中践行法治原则，弘扬法治精神，建设法治文化，在全社会形成用法治思维和法治方式处理问题、化解矛盾的能力，让全体公民具备依法办事的意识。依法办事是从法治的角度对社会问题进行把握和处理的方式，是在对法治进行理性分析和认识基础上产生的一种认知体验，体现了对法治的认同感和遵从感，是对法治的理性认识的升华。依法办事是对现代法治观念的践行，不能依法办事，现代法治观念就是一句空话。只有形成全民守法的社会风气，才能形成公正、有序、和谐的社会，才能凝聚全体人民的力量，调动每个人追梦的积极性，实现国家富强、民族振兴和人民幸福的中国梦。

四 坚持程序公正原则

程序公正起源于古罗马时代的"自然正义"，在近代为英美法系所继承并发展，成为"正当程序"，直到18世纪，在美国"正当程序"作为法律的一项基本原则被联邦宪法所确立。在中国，受传统法治观念的影响，在现代法律程序中一直更重视实体公正，程序公正一直处于边缘位置，甚至有人认为程序公正和实体公正是对立的，不能同时并存。直到20世纪90年代，中国的法学家们在学习英美法系程序公正优先论时，开始反思中国传统的实体公正优先论。对程序公正，学者们持三种观点：一是持有传统的实体公正优先，程序公正次之的观点；二是接受英美法系观点，程序本位，重程序公正，轻实体公正的观点；三是认为程序公正和实体公正并重的观点。就目前来说，接受第三种观点的人更多。从中国的《刑事诉讼法》修改中可见一斑，修改后的刑事诉讼法要求在案件的查证中所有证据都必须"依法定程序查证属实"。"这就把程序与实体紧密结合在一起了，此时程序不仅有其独立存在的价值，而且对定案证据的效力起着直接决定作用，即证据如果没有依法定程序进行查证，即便其真实也不能被采纳

---

[1] 《董必武法学文集》，法律出版社2001年版，第195页。

作为定案根据。"① 就中国的法治执行状况而言，也越来越重视程序公正的重要作用。

程序公正同样是法治思维的重要原则。法治思维是强调程序公正优先的思维方式，这是因为程序公正是结果公正的先决条件，应当以显性的方式呈现。程序公正原则不仅适用于司法情景中，也适用于行政情景，在处理问题时要做到事前、事中和事后三个阶段的前期公开、事中参与和结论告知。在这个过程中，权力的行使要依据法定程序，不能滥用权力，恣意妄为。同时，行政决策在执行过程中要严格依法进行，允许公民积极有效参与，并保证参与者有表达自己观点和想法的机会，这样得出的行政结果易于为公民接受和认可，也满足了公民参与社会事务管理的心理需求。行政结果的公开透明，保障了公民的知情权，结果不仅要告知行政当事人及相关人员，还要兼顾公民对政府行政能力的知情权，并接受来自公众的监督。

"'法治思维'的首要特点是注重程序的正当性。"② 长期以来，片面地追求结果，忽视了程序的正当与合法性，以至于会出现为达目的不择手段的现象。这种情形下，结果的正当也可能会带来极其恶劣的社会影响，从而背离了正当结果的初衷。"树立坚持程序正当的法治思维，要反思中国传统'重结果轻程序'的思维传统。"③ "程序正义是法治文明的根本标志，是人治与法治、专制制度与民主制度的分水岭。"④

大学生加强法治思维培育，要明确程序公正的重要意义。首先，要重视依法保护公民的权利，让所有的公民在生活中都能感受到程序公正，才能共享社会成果。程序公正具有多重作用，能够保障公民享有平等的权利，并保障权利得到充分地行使。同时，公民还有监督和规范权力运行的职责，以保障自身的合法权益不受侵犯。习近平总书记指出："深化司法体制综合配套改革，全面落实司法责任制，努力

---

① 史立梅：《程序公正与实体真实》，《国家检察官学院学报》2013年第5期。
② 徐松林：《"法治思维"的新探索》，《同舟共进》2014年第3期。
③ 于浩：《当代中国语境下的法治思维》，《北方法学》2014年第3期。
④ 徐松林：《"法治思维"的新探索》，《同舟共进》2014年第3期。

让人民群众在每一个司法案件中感受到公平正义。"① 人民是国家的主人,是国家建设和改革发展的力量之源,让人民感受到程序法治、享受到公平正义是中国特色社会主义法治的内在要求,维护人民的合法权益始终是法治建设的重心。其次,要通过完善程序公正的法治化,促进社会公平与效益的实现,使改革发展的成果能够更公平公正的为全体人民享有。大学生通过法治思维的培育,要懂得权力公正的重要性,"这就是说,权力的行使不仅要以追求客观公正为目的,而且要以程序公正作为路径"。② 就程序本身而言并不具有公正的价值属性,但程序的公正却是通往实体公正的道路。程序公正是公平正义的法律价值——包括权力、机会、规则等实现的路径。程序公正能够有效地避免其他非公平价值对公平价值的冲击,从而保证公正结果的实现。因此,大学生通过法治思维的培育还应当树立程序公正优先的意识。目前社会上存在着一些不按法定程序办事或滥用程序的现象,视程序为无物,对程序公正的漠视是社会"潜规则"和"暗箱操作"恶果产生的根源,对大学生法治思维的树立产生了不好的影响。对大学生而言,应当尊重程序公正的权威性,从自身做起,尊重程序公正。而政府机关及其工作人员更应该在工作中严守程序公正的原则,对违反程序公正原则或滥用程序者,要追究相应的法律责任,在社会上积极营造法治的氛围,让每个社会成员也包括大学生都能够感受到对程序公正的尊重。

总之,程序公正是通往实体公正的正确路径,它注重规则在制定和使用过程中的正当性。程序公正不仅适用于司法过程,对大学生来说更关注的是行政过程中的程序公正,甚至日常事务中应遵循的程序公正。大学生要对司法公正、司法民主以及行政民主和行政公正有所了解。"因此程序正义本质上是一种'过程价值',它主要体现于程序的运作过程中,是评价程序本身正义与否的价值标准。"③ 而这种价值标准实质上在传递一种个人行为的法律标准,对大学生来说应当明

---

① 习近平:《决胜全面建成小康社会,夺取新时代中国特色社会主义伟大胜利》,《人民日报》2017年10月28日第1版。
② 江必新:《试论社会主义法治的几个新命题》,《中国法学》2010年第4期。
③ 肖建国:《程序公正的理念及其实现》,《法学研究》1999年第3期。

确这种行为标准,并以此作为衡定自己行为的价值标准。"当程序给予当事人参与机会时,人们就会倾向于认为法律权威是中立的、尊重他人的和可信任的,从而间接地提升程序公正感。"① 程序公正能使人们感受到法律权威,通过公正的程序做出的最终结果,更易于被当事人接受并自愿履行裁决结果。坚持程序公正原则,有利于维护法律的权威,也有利于人们树立遵守法律的意识。

---

① 李昌盛、王彪:《"程序公正感受"研究及其启示》,《河北法学》2012年第3期。

第七章

当代大学生法治思维培育的体系与路径

全面贯彻依法治国的方针，对高等法治教育来说，要不断完善大学生法治思维协同培育体系，积极拓展大学生法治思维培育路径，开拓大学生法治思维培育的新局面。大学生的法治思维培育是一个系统工程，需要全社会的共同支持和参与，既需要营造良好的法治生态环境，也需要各方资源协调推进，更要积极探索法治思维培育的有效路径，不断深化和拓展大学生法治思维培育的系统化建设。

第一节 完善大学生法治思维协同培育体系

目前，高校的思想政治理论课是对大学生进行法治思维培育的主阵地，《思想道德修养与法律基础》是对大学生进行法治教育的唯一的课程。要使社会主义法治思维真正做到"进教材、进课堂、进学生头脑"，[1] 真正把大学生法治思维培育的任务落到实处，就要切实提高大学生法治思维培育的实施效果，明确法治课程的目标定位，明晰法治思维培育的重点，不断调整和完善法治思维培育的课程体系，引导大学生深入了解法治思维的内涵和属性，并真正树立社会主义法治思维。

---

[1] 陈大文：《论大学生社会主义法治理念教育的目标定位》，《思想理论教育导刊》2010年第4期。

一　突出思想政治理论课的主体地位

法治建设是国家的重点工作，法治思维是推动法治建设的核心思维方式。加强大学生的法治思维培育是时代发展和国家建设的需要。法治思维是当代大学生必备的综合素质之一。"加强大学生的法治教育，增强社会主义法治理念，促进其法治思维的养成是高校法治教育的重要使命。"[1] 加强大学生的法治思维培育首先要重视思想政治教育的作用，尤其要突出思想政治理论课的主体地位。高校从开设"法律基础"课对大学生进行法治教育以来，已历时三十余年，取得了良好的教育成效。但在建设现代化法治国家的背景下，原先以法律知识传授为主的法治教育已不适应依法治国的需求，对大学生进行法治思维培育成为高校法治教育的新课题。

围绕大学生法治思维培育，应突出思想政治理论课的主体地位。党的十八大号召："提高领导干部运用法治思维和法治方式深化改革、推动发展、化解矛盾、维护稳定能力。"[2] 法治思维作为社会主义法治国家处理问题、化解矛盾的能力备受重视。目前中国正处于全面迈向小康社会的攻坚期和深化改革的深水区，社会的急剧转型和变迁加剧了各种社会问题的产生，各类矛盾突出，人心躁动，影响也波及大学校园。近年来，大学校园犯罪频发深刻地反映了高校法治教育的不足和欠缺。针对当代大学生法治思维缺失的现状，教育部在2016年颁布的法治宣传教育"七五规划"中，重点强调了青少年法治教育的重要性，指出："围绕'十三五'时期教育改革发展的中心任务，以将青少年法治教育全面纳入国民教育体系全面提高教育系统领导干部法治理念为重点，深入开展法治宣传教育，为基本实现教育现代化提供良好法治基础。"[3] "四个全面"的提出，把全面推进依法治国作为法

---

[1] 蔡晓卫：《论高校大学生法治思维的养成》，《中国高教研究》2014年第3期。

[2] 胡锦涛：《坚定不移沿着中国特色社会主义道路前进，为全面建成小康社会而奋斗》，《人民日报》2012年11月18日第1版。

[3] 教育部：《教育部关于印发〈全国教育系统开展法治宣传教育的第七个五年规划（2016—2020年）〉的通知》，2016年7月22日，中华人民共和国教育部网（http://www.moe.gov.cn/srcsite/A02/s7049/201608/t20160805_274100.html）。

治国家建设的重点。在这种历史背景下,大学生的法治教育被赋予更高的目标定位。当代大学生通过法治思维培育,要具备解决问题、化解矛盾的法治思维能力。在高校中承担法治教育教学任务的是思想政治理论课。为全面提升大学生的法治思维水平,要加强对思想政治理论课重要性的认识,调整法治教育内容所占的比例,扭转目前法治教育边缘化的状况,将高等教育中学法、用法的教育明确化、制度化。

围绕大学生法治思维培育,要明确法治思维培育的主体内容。中国高校法治教育的内容与时俱进,紧跟时代的需求,与国家政策的变化相一致。随着国家法治建设的不断推进,2018年版的《思想道德修养与法律基础》教材中调整了法治教育部分的内容,更加关注大学生法治思维的培育,教材指出:"法治思维是指以法治价值和法治精神为导向,运用法律原则、法律规则、法律方法思考和处理问题的思维模式。"[1] 对大学生而言,就是通过法治教育使自身的法治思维在精神维度、知识维度和行为维度得到提高。从精神维度来说,大学生需要树立法治观念和法治信仰;从知识维度来说,大学生需要熟知宪法及相关法律知识,了解中国的社会主义法治体系;从行为维度来说,大学生要了解公民的权利和义务,能够依法行使权利并自觉履行义务。

法治思维培育是依法治国背景下对大学生综合素质培养的要求。新的时代变化也催生了法治思维培育的发展,思想政治理论课是对大学生进行法治思维培育的主体课程,有着不可替代的重要作用。要通过课程教学,提升大学生的法治素养和现代化的法治理念,培育法治国家建设的合格人才。目前,高校的法律基础课程设置边缘化,学时少、教学方式单一、老师学生重视度不够,导致大学生法治意识差,违法犯罪率有攀升趋势,这些现象的存在为法治教育敲响了警钟。美国法学家德沃金曾经说过:"我们生活在法律之中,并以法律为准绳。"[2] 树立法治意识并形成依法办事的习惯是法治国家公民的应有之

---

[1] 《思想道德修养与法律基础》编写组:《思想道德修养与法律基础》,高等教育出版社2018年版,第173页。

[2] [美]罗纳德·M.德沃金:《法律帝国》,李常青译,中国大百科全书出版社1996年版,第1页。

义，具备法律基础知识也成为大学生综合素质的必要条件，更重要的是培养对法治的尊崇和信仰，能够"自觉运用法治理念、法律原则、法律规范、法律逻辑来分析和解决问题、推进各项工作的思维方式"。① 依法治国的实现，需要全体社会成员的参与，要依照法律通过各种各样的途径参与国家事务的管理当中，这就需要公民有较高的法治思维能力。

二 发挥法治思维培育的协同育人作用

思想政治教育在中国的教育发展中具有独特而重要的地位，发挥着思想政治和教育的双重功能。法治思维培育是其中重要的组成部分，有着不可替代的育人作用。传播社会主义的法治理念是法治思维培育的首要任务。社会主义法治理念是党在长期的社会主义法治实践中的经验总结，是借鉴中外法治文明的成果，以马克思主义为指导，在法治实践中对实际问题的理论总结与创新，是国家理论建设的重要组成部分。法治思维培育是用正确的法治理念武装大学生的头脑，清除无组织、无纪律以及自由主义等西方消极思想的影响，让程序和规则意识成为大学生的自觉意识，培育法治社会的合格公民。明确法治思维培育的重要育人作用，才能摆正法治思维培育的位置，合理地安排和设置法治教育课程。

充分发挥法治思维的育人功能。对思想政治教育来说，"育人功能，是指通过培养、提高人们的思想政治素质，完善人们的人格。"② 法治思维的育人功能就是通过法治思维培育，使大学生掌握一定的法治知识，提高法治素养，养成健全的法治人格。法治思维培育本身也是一种法治文化传递，"育人"的过程也是法治"传承"的过程。特别是在建设法治国家的时代背景下，法治文化成为社会文化发展的重要价值维度，同样发挥着"文化育人"的功能。只是这种"文化"是特殊的"良法文化"，是用法治的力量去塑造人、规范人、制约人，

---

① 张文显：《习近平法治思想研究（下）——习近平法治思想的一般理论》，《法制与社会发展》2016年第4期。

② 李辉：《思想政治教育价值与功能研究进展》，《思想教育研究》2014年第6期。

要通过法治文化建设提升思想政治教育的全面性和丰富性。这是社会主义法治国家建设的时代需求，也是大学生实现个人全面发展的需要。法治观念、价值理念、规则意识等作为法治思维培育的内容，也是思想政治素质的重要组成部分，会渗透到政治、经济、文化生活等各个领域，经过实践的历练会融入人们的意识形态和行为规范中，影响人们的价值理念、认知模式、伦理观念和行为规范等，最终内化为人们的思维方式和行为方式，成为影响和支配人们的思想和行为的强大力量。在大学生的法治思维培育过程中还要充分发挥"实践育人"的作用，将课堂理论知识传授与法治社会实践相结合，是实践观在法治教育体系中的直接运用，对坚定大学生的社会主义法治信仰，增强法治意识，培养运用法治思维和法治方式解决问题的实践能力，具有独一无二的重要作用。

  法治思维育人功能的内容是指法治思维在大学生培育过程中的各项具体功能，主要体现在以下几个方面：导向功能，是指通过法治思维培育，运用传授、启发、引导、实践等方法，对大学生的思想和行为进行指引，将其引导到符合社会主义法治要求的方向上来，引导大学生树立社会主义法治信仰和法治理想，以促进中国法治建设的发展。保障功能，法治思维培育为社会主义法治国家建设提供人才支持和智力保障，同时也为国家的经济、文化、科技的发展提供制度保障。法治思维不是孤立之物，它要渗透到各个行业和领域，各行各业的人才都要具备法治思维，只有具备法治思维的专业人才，才能使自己的专业能力在法治的框架内自由发展，取得更高的成就，创造更多的价值。规范功能，法治思维培育要将法治规范灌输进大学生的头脑，让学生逐步树立规则意识、程序意识、公正意识、公平意识、权利意识、义务意识，以规范自身的日常行为。规范功能是法治思维的一项重要育人功能，能从思想上和行动上起到规范作用。协同功能，法治的重要功能是维护社会秩序，对法治思维培育来说，在各个领域中通过法治规则的传播，积极帮助人们学习法律知识，改变不知法、不懂法、不守法的状态，使全体公民树立规则意识，提高法治觉悟，从而起到调整社会关系，维护和促进社会和谐与稳定的作用。

  法治思维育人功能的方法。法治思维的育人功能要得到充分的发挥，必须注重两个结合，一是与思想政治教育密切结合，二是与文化建设紧密结合。其一，法治思维培育既是思想政治教育的组成部分，又具有相对的独立性。法治思维与思想政治教育结合，体现在指导理论的一致性，都以马克思主义的科学原理为指导。恩格斯曾经说过："一个民族要想登上科学的高峰，究竟是不能离开理论思维的。"[①] 马克思主义理论揭示了人类社会发展的客观规律，为国家的未来发展指明了前进的道路。以马克思主义为指导的法治思维才是正确的法治思维方式，才有发展的动力和长久的生命力。其二，法治思维还要与文化建设紧密相连。法治建设也要在全社会营造一种积极向上、讲究程序、规则和公平的法治氛围。法治思维与文化建设相连，能够增强法治的文化内涵，进而增强法治思维的文化"化人"功能，提升法治思维的接受度和认可度。在法治思维中融入文化因素，能够提升法治思维的文化内涵和文化属性，使枯燥的法治思维在具备理论性和严谨性的同时也具有一定的思想性和艺术性。文化建设能够传承中国优秀的文化传统，广泛挖掘中国传统文化的宝藏，其中也不乏闪光的法治思想。用历史文化资源丰富现代法治思想，发挥传统法治文化的优势，对当代法治思维的发展有所裨益。此外，中国的文化传统历史悠久，已经渗透到我们民族的血液中，以文化为载体，能够有效地促进法治思维的育人效果。总的来说，法治思维与思想政治教育和文化建设的发展具有一致性，以科学的理论武装当代大学生，培育担当民族复兴大任的时代新人，是思想政治教育、文化教育和法治教育的共同目标。

三 实现法治思维的动态育人过程

目前，中国高等教育中的法治思维课程缺乏环环相扣、层层递进的体系设置，致使法治思维培育效果欠佳。虽然每个大学生都在学习法治知识，有的人却流于形式，大学生的违法犯罪率也有上升的趋势。《思想道德修养与法律基础》作为公共必修课，一般在大一上学期开设。因此，对大学生的法治思维培育主要集中在大一上学期，此

---

① 《马克思恩格斯选集》第4卷，人民出版社1995年版，第285页。

后的三年半时间里，绝大多数高校不再开设相关课程。从课程设置来看，高校的法治思维培育存在时间短、静态化、效果差的问题。法治思维培育在进入高等教育阶段前，缺乏前期充足的教育铺垫。进入大学后，大学生从中小学的被动灌输教育模式进入自主学习阶段，变化大，学习适应性差，在还没有完全适应大学生活的情况下接触法治思维培育，致使大多数学生在还没弄清楚《思想道德修养与法律基础》课程的教学目的的情况下，课程已经结束。由于课程设置缺乏系统性，法治思维课程显得孤立无援，前期知识铺垫不足，后续也没有实践验证。对非法学专业的学生来说，法治思维培育课程与其他专业课程没有任何关系，"学好学不好一个样"，甚至是"学不学一个样"，导致大部分学生对课程不重视。针对这种情况，必须从根本上提高对大学生法治思维培育课程的重视，改变目前课程设置单一、静态的状况，将法治思维培育贯穿于整个大学学习过程，形成一个完整的动态法治育人过程。在学分设置上，可以将法治课的现有学分进行拆分，大一的《思想道德修养与法律基础》占50%，大二的课外法治实践占20%，大三的法律选修课占20%，大四的法治讲座占10%，使大学生的法治思维培育成为一个连续的系统过程。

大一期间，针对大学生"小萌新"的特性，法治思维培育应该以校规校纪和《思想道德修养与法律基础》课的基础教学为主。校规校纪是每所高校针对学生制定的行为准则，是大学生基本的日常行为规范，是每一名新生入校后首先应该学习和掌握的"规矩"，应达到耳熟能详、应知应会的程度。从目前一些学生和学校之间出现的纠纷或法律问题来看，矛盾主要集中在对学生违纪事件的处理上，如考试作弊的处分、学术造假的处理等。对新生做好校规校纪的教育，是新生入学的第一堂法治思维培育课，能够让学生在大学期间少违纪甚至不违纪，这也是学生养成良好的行为习惯的开始，同时思想道德水平的提高也为后续的法治思维培育打下良好的基础。《思想道德修养与法律基础》对大学生来说是加强法治思维培育的主干课，也是入门课，任课教师应该首先让学生明确法治思维培育的重要意义，如果学生对法治思维培育的认识不到位，引不起足够的重视，后续的法治课程将形同虚设。其次，要提高学生课堂的参与度，增加学生与老师的课堂互动，不能让学生觉得自己只是课堂的旁观者，而是要让学生成为课堂的主体。再次，《思想道德修养与法律基础》课程应改进教学方法，拓宽教学思路，调动学生的学习兴趣。否则，只是一味枯燥地灌输，再好的课程也收不到预期的教学效果。

大二期间应通过丰富的法治实践让学生所学的法律知识在实践中得到应用和检验。理论知识是间接经验，只有通过实践，才能真正把知识转化为能力，应用到实际的工作、学习和生活中。对大学生法治思维培育的过程来说，大二期间应通过课堂外的法律志愿服务、普法宣传、参加模拟法庭、以案说法等形式，用实践的方法提高大学生的法治思维能力。法治实践能够增强法治思维课程的吸引力和有效性，让学生在实践中感受和体验法治的魅力，了解国家的法治体系，激发学生对社会主义法治的认同感，"通过认同一种行为的价值，人们可以充分地接受并内化它，"[①] 使实践育人的作用得到充分的发挥。

大三期间应该开设与专业相关的实体法选修课。法治思维培育不是一个"短平快"的过程，而是一个连续递进，不断提高和发展的过程。大三阶段是大学生专业学习的关键期，大学生经过两至三年的学习已经对所学专业有了详细的了解，在这一阶段应该开设与专业相关的实体法选修课。"实体法是规定法律关系主体权利义务或职权、职责，以追求实体正义为主要内容的法律规范的总称，如民法、刑法等。"[②] 与大学生的学习和生活相关的实体法有民法方面的《著作权法》、刑事方面的《刑法》、经济方面的《经济合同法》和《技术合同法》、行政方面的《环境保护法》等等。学生可以根据自己的兴趣和专业有针对性地选择，以满足部分对法律课程有兴趣或有进一步学习意愿的学生的需求。在实际教学中也经常遇到这样的情况，随着"全民创新、万众创业"的号召，部分学生在校期间就已经走上创业之路，在创业的过程中遇到了一些事关《公司法》《合同法》《劳动法》等方面的问题，却不知该如何解决，从而制约了自身的发展。还

[①] 冯琳琳：《亲社会行为对幸福感的影响及其心理机制》，中国社会科学出版社2018年版，第32页。

[②] 张文显：《法理学》，高等教育出版社2016年版，第59页。

有的学生在校期间就有一些发明创造，由于对《知识版权法》《著作权法》等不了解，使自己的成果被他人窃取，自身权益受损；也有相反情况，剽窃他人成果，却不知后果的严重性，导致违法犯罪。法治思维培育就是为了提高大学生的法治思维水平，减少甚至消除由于对法律无知而酿成恶果的现象。此外，还可以开设法学专业的辅修课程，设立法学双学位，以满足部分喜爱法学专业的非法学学生的需求，从而有效地扩展法治思维培育的空间。

大四学生面临的最大问题就是就业。法治思维培育不应在大四期间成为空白，相反，大四学生面临就业，即将走上社会，遇到的问题更多，法治教育应该以此为契机，紧跟学生的需求，开展学生急需的法治教育。学校可根据大四学生在择业、就业、创业时面临较多的问题，有针对性地邀请社会上知名的法学专家或者是有丰富从业经验的法律工作者，就学生经常遇到的问题，开展法律专题讲座、法治座谈会等，以灵活多样的形式向学生进行法律知识普及和教育。即将毕业的学生可能对《劳动法》《合同法》《劳动合同法》等法律知识有更多的实际需求，要多开展一些与就业创业相关的法治讲座。要将法治思维培育课堂进行有效的延伸，将法治教育与职业生涯规划、就业指导以及创新创业教育进行有效的衔接，贴近大学生的实际需求。在法治思维培育过程中，承担教育责任的不只是专业老师，还应该包括学校领导、辅导员、就业指导师以及社会上的法律从业人员。"辅导员是高校思想政治教育工作的主体力量之一"，[1] 因此要特别注重发挥辅导员的作用。要把全员育人、全过程育人的思想落实到大学生法治思维培育的全过程。江泽民同志也曾经指出："一种观念的树立，一种意识的培养，需要一个相当长的过程，要充分认识法制宣传教育的长期性、艰巨性，并逐步使之制度化、规范化。"[2] 法治思维培育只有成为一个连续的、动态的发展过程，才能收到理想的教育效果，这个目标的实现需要对法治思维培育的课程体系进行系统的顶层设计，更需

---

[1] 张爱莲：《高校辅导员职业价值观与工作幸福感及其相互关系研究》，中国社会科学出版社2018年版，第1页。
[2] 中国人民共和国司法部全国普法办公室：《中共中央法制讲座汇编》，法律出版社1998年版，第108页。

要全员的共同努力才能达成。

四　贯穿高等教育教学全过程

在 2016 年的全国高校思想政治工作会议上，习近平总书记强调："要坚持把立德树人作为中心环节，把思想政治工作贯穿教育教学全过程，实现全程育人、全方位育人，努力开创我国高等教育事业发展新局面。"① 大学生法治思维培育肩负着培养人的重担，是高校思想政治工作中不可或缺的重要组成部分，同样要做到全过程育人和全方位育人。

高校的法治思维培育也要弄清楚"培养什么样的人、如何培养人以及为谁培养人这个根本问题"。② 法治思维培育是培养有社会主义法治信仰的合格公民，能够"运用法律原则、法律规则、法律方法思考和处理问题"③ 的接班人，要用社会主义的法治理念引导学生，从"健全完善立法、坚持依法行政、严格公正司法、加强制约监督、自觉诚信守法、繁荣法学事业、和坚持依法行政七个方面"，④ 培养大学生的法治思维，使他们成为遵纪守法的社会主义合格公民。

法治思维培育要实现全过程育人。"全过程贯穿育人是育人的时间要素。要充分领会在教育领域的终身教育和全程教育的重要性。"⑤ 法治思维培育的目的是培养法治人格，提升人的法治观念，完善人的法治素养，要把"自觉守法，遇事找法，解决问题靠法的思维模式"作为大学生法治思维培育的目标。因此在法治思维培育中要贯彻以学生为本的原则，无论是在课堂教学还是在课外的实践教学环节都要强

---

① 习近平：《把思想政治工作贯穿教育教学全过程，开创我国高等教育事业发展新局面》，《人民日报》2016 年 12 月 9 日第 1 版。
② 习近平：《把思想政治工作贯穿教育教学全过程，开创我国高等教育事业发展新局面》，《人民日报》2016 年 12 月 9 日第 1 版。
③ 《思想道德修养与法律基础》编写组：《思想道德修养与法律基础》，高等教育出版社 2015 年版，第 178 页。
④ 中共中央政法委员会：《社会主义法治理念读本》，中国长安出版社 2009 年版，第 127 页。
⑤ 王岩、冯爱玲：《高校思想政治"三全育人"模式组成要素解析》，《高教学刊》2018 年第 16 期。

调学生的主体地位,以学生的需求为核心。全过程育人,重在把法治思维培育课程融入大学生学习生活的全过程。首先要渗透到整个教学环节中,以思想政治理论课堂为主,逐步渗透到专业课、职业生涯规划、创新创业、就业指导、心理辅导等课程中,要将法治思维融入各个学科,通过法治思维与其他课程的融合,达到全过程学习的浸润效果。要将第一课堂和第二课堂相结合,充分发挥第二课堂实践育人的作用,通过实践提高法治思维的育人效果。其次要渗透到学生生活的整体环境氛围中。高校是一所大熔炉,大学生在校期间不仅要接受知识教育,还要进行日常生活。因此法治思维培育还要渗入学生日常的生活环境中。良好的法治文化环境是对大学生进行法治思维培育的有利因素,秩序井然的学习生活、规范标准的后勤保障、严格规范的管理服务、严明规范的校规校纪和优美整洁的校园环境,都会对大学生法治思维的形成产生良好的促进作用。融入大学生学习和生活中的法治思维培育,可以实现法治教育的无缝隙覆盖,让学生时时处于法治浸润之中,使法治思维培育达到"润物细无声"的效果。

  法治思维培育要实现全方位育人。"全方位实施育人是育人的空间要素。马克思主义理论著作中的基本原理之一是人的全面发展理论,这个原理也是我国高等教育所追求的目标之一。"[①] 国家是法治方针政策的制定者,是社会宏观法治环境的决定力量。国家管理的法治化为大学生的法治思维培育提供良好的宏观发展空间。社会上的法治风尚和法治舆论导向,对法治思维的培育起到引导和规范的作用,是将党和政府认可的法治理念、法治规范通过媒体及舆论在全社会营造法治宣传氛围,并提高政府公职人员带头守法和严格执法的自觉性,向全社会传递法治信息。家庭是个人法治思维的启蒙地,良好的家风,对孩子优良品行的形成起到关键作用,对个人法治思维的形成也是如此。中国早就有"忠厚传家远,诗书继世长"的家训,说明家庭教育对个人发展的重要影响。树立法治思维也需要在家庭中形成遵纪守法的习惯,形成对法治的敬畏。学校是对大学生进行系统的法治教

---

① 王岩、冯爱玲:《高校思想政治"三全育人"模式组成要素解析》,《高教学刊》2018年第16期。

育的关键环节,在这里学生受到系统化、专业化的法治教育,由专业老师甚至是法学专家来系统地讲授法治知识,对法治思维的形成至关重要。法治思维已经成为当今大学生综合素质的重要组成部分,在进行法治思维培育的过程中政府、社会、家庭、学校既要各司其职,又要协同用力,倾力打造全方位的法治育人环境,更好地促进学生的成长与发展。

第二节 拓展大学生法治思维培育路径

法治思维方式是法治社会处理问题、解决问题的主要方式。"法治思维则是一种理性思维、科学思维。"① 法治思维是建设社会主法治国家必需的一种理性思维方式,也是当代大学生必备的素质。习近平总书记强调:"谋划工作要运用法治思维,处理问题要运用法治方式,说话做事要先考虑一下是不是合法,把握不准的就要去查一查党纪国法是怎样规定的,还可以请法律专家、法律顾问把把关。"② 法治思维的重要性要求提高大学生的法治思维培育效果,应该充分挖掘各种资源和载体,积极拓展法治思维培育的路径,营造有利于法治传播的培育环境,以课堂教学为阵地,利用课内课外、校内校外的各种途径对大学生进行全方位、全覆盖的法治思维培育。教育是对知识的有效传播,法治思维培育就是要将法律知识和法治理论进行有效的传播,为社会成员熟知、掌握和运用。因此,法治思维的培育也应符合传播学的特点,遵循传播学的规律。法治思维培育要想取得好的教育效果,其整个培育框架也要建立在传播逻辑的基础之上。

一 营造优良的法治思维传播环境

深入推进大学生法治思维培育,要"以培育和践行社会主义核心

---

① 张文显:《习近平法治思想研究(下)——习近平法治思想的一般理论》,《法制与社会发展》2016年第4期。

② 中共中央文献研究室:《习近平关于全面依法治国论述摘编》,中央文献出版社2015年版,第124页。

价值观为主线,将法治教育与道德教育相结合,使青少年理解法治的道德底蕴,尊崇公序良俗,牢固树立规则意识、平等意识、诚信观念和契约精神"。① 大学生法治思维培育要在优良的培育环境下进行,才能取得良好的传播效果。传播环境作为传播学的环体因素,在大学生法治思维培育中起到基础性的作用。要充分整合各种法治教育资源,将传播环境中各要素的积极性调动起来,形成家庭、学校、社会和国家协调联动的模式,营造大学生法治思维培育的良性培育环境。

1. 要依法齐家,营造优良的家风。

家,是社会最小的组成单元,千千万万个家组成了国家。国家的繁荣富强离不开家庭的兴旺发达。"齐家、治国、平天下","齐家"是国家昌盛、天下太平的基础。"不论时代发生多大变化,不论生活格局发生多大变化,我们都要重视家庭建设,注重家庭、注重家教、注重家风,紧密结合培育和弘扬社会主义核心价值观,发扬光大中华民族传统家庭美德,促进家庭和睦,促进亲人相亲相爱,促进下一代健康成长,促进老年人老有所养,使千千万万个家庭成为国家发展、民族进步、社会和谐的重要基点。"② 习近平总书记强调的是要从家风角度出发,在点滴的日常生活中塑造人们的价值观。对大学生的法治思维培育来说,也要从家庭开始,做好法治思维的启蒙,同时还要做到"依法齐家",营造遵法、守法、用法的家庭氛围,促进大学生法治思维的发展。深究社会上的违法犯罪现象,可以发现相当一部分犯罪滋生的"根"就在家庭。对个别贪污腐败官员的查处也可以看到许多"家庭式腐败"。因此,习近平总书记特别强调"家风"的重要性。对法治思维培育来说,良好的"家风"能够促进大学生法治思维的发展。

"家庭是社会的细胞,家风是社会风气的细胞。家风自然会向民

---

① 教育部:《教育部关于印发〈全国教育系统开展法治宣传教育的第七个五年规划(2016—2020 年)〉的通知》,2016 年 7 月 22 日,中华人民共和国教育部网(http://www.moe.gov.cn/srcsite/A02/s7049/201608/t20160805_274100.html)。

② 习近平:《在 2015 年春节团拜会上的讲话》,《人民日报》2015 年 2 月 18 日第 1 版。

风辐射，民风自然会向国风延伸。"① 那到底什么是家风？所谓家风即家族代代相沿相传的呈现家族人员精神风气、道德品格、审美情趣和整体气韵的家族文化风貌。② 真正能称得上"家风"的，必是经过数十年的传承和完善，能够对自己的家族成员起到规范、引导、教诲作用的文化传承和行为规范。"家风"也称之为"门风"，是家族成员展现出来的一种共同的精神气质，是"一个家庭、家族在长期的社会生活过程中逐渐形成的被其家庭家族成员共同认可、接收并自觉遵循的道德观念、价值追求、行为规范、精神向往等方面的总和"。③ 好的家风能够对家庭成员起到很好的教育作用，通过家庭的耳濡目染，将良好的礼仪规范传递给子孙后代。"家风对家族的传承至关重要。没有淳厚家风，无法使一个家族瓜瓞不绝，更无法使一个家族不分崩离析。"④ 遵法、守法、用法的法治思维也应该作为一种最基本的家风在各个家庭中传承，大学生的法治思维应该启蒙于家庭，同时又成长发展于家庭。

良好的家风能够使大学生养成遵纪守法的习惯，并促进个人的成长和成才；能从小培养孩子的规则意识、秩序意识和公正意识，为日后的法治思维培育打下良好的基础，有利于社会的和谐发展。家是孩子生活的原生态环境，父母的言行是孩子模仿和学习的榜样。"一个家庭在代代繁衍过程中，逐步形成的较为稳定的生活方式、生活作风、传统习惯、道德规范，以及待人接物、为人处世之道等等。"⑤ 这就是"家风"，是一个家庭道德文化的传承。"家风"也是社会主义法治国家建设中不可或缺的道德伦理。"家风和家教的教化虽然在治理效能上很难与法治相比，但是，它却必不可少，它与法律约束在本质上殊途同归。"⑥ 良好的家风能够培养出优秀的社会公民，能够推动

---

① 陈晋：《从家风看社会主义核心价值观的培育》，《思想政治工作研究》2014年第4期。
② 杨树桐：《感悟集》，内蒙古人民出版社2010年版，第197—206页。
③ 申家宇：《传统家风家训对大学生道德文化自觉养成的作用探究》，《教育教学论坛》2018年第34期。
④ 鲍鹏山：《家风乃吾国之民风》，《光明日报》2014年2月24日第3版。
⑤ 阎旭蕾、杨萍：《家庭教育新论》，北京大学出版社2012年版，第11页。
⑥ 刘巧梅：《充分发挥优良家风家教在大学生思想政治教育中的作用》，《法制与社会》2016年第10期。

依法治国的进程，有利于维护社会秩序，促进社会和谐发展。

2. 要依法治校，营造良好的法治校园文化环境。

《中共中央关于全面推进依法治国若干重大问题的决定》第一次以全会文件的形式对依法治国做出明确规定，体现了党依法理政的决心和信心。依法治校是依法治国理念在学校管理上的运用和实施，是学校依据宪法和法律来管理学校，组织各项教学和服务活动。高校不仅承担着教育学生、培养学生的职责，也有管理学生、服务学生的职能。随着高校招生规模的扩大，学校的管理难度也在加大，新情况、新问题层出不穷。如何提高学校管理水平的现代化，更好的服务学生，为国家培养更多的优秀人才，是当前高校面临的主要任务。高校管理要实现现代化，就要运用法治思维和法治方式进行管理，就要实现依法治校。通过依法治校的实施，领导干部和教师要率先具备法治思维，并在学校营造良好的法治氛围，为大学生法治思维的培育提供良好的校园环境，充分发挥环境育人的作用。法治文化环境可分为宏观环境和微观环境两类，依法治校能够为大学生的法治思维培育营造良好的法治微观小环境。

依法治校，要积极巩固课堂法治教学阵地。思想政治理论课堂是对大学生进行法治思维培育的阵地，应当加强师资队伍建设，将思想过硬、专业过人、知法懂法的教师安排在课堂上，成为大学生法治思维培育的"引路人"。依法治校，要加强校园制度体系建设。2012年教育部印发了关于《全面推进依法治校实施纲要》的通知，要求各级各类学校要全面落实依法治国的方针，大力推进依法治校。对高校来说，依法治校首先要加强制度体系建设，让依法治校有章可循。"依法制定具有自身特色的学校章程。"[1] 依法治校，制度要先行，高校制度体系的规范，能够使学生亲身感受到法治的魅力，在法治氛围的浸润下有利于大学生法治思维的培育。依法治校，要加强法治观念建设。高校不仅承担着培养社会主义法治人才的重担，也承担着培育社

---

[1] 教育部：《教育部关于印发〈全面推进依法治校实施纲要〉的通知》，2012年12月22日，中华人民共和国教育部网（http://www.moe.gov.cn/srcsite/A02/s5913/s5933/201212/t20121203_146831.html）。

会主义法治文化的重任，应当贯彻依法治校的原则，实现学校治理法治化。实施依法治校，还要加强校园法治文化建设。习近平总书记在北京师范大学纪念五四座谈会上曾经谈到，要构建中国特色高等教育治理体系和实现高等教育治理现代化。在法治氛围营造与保障上，高校要积极行动起来，重点是营造崇善尚法、公平正义的良好校园法治文化环境。要将各类传播媒体运用起来，打造多种形式、多种风格、多种声音的融合性法治思维培育平台，形成有利于大学生法治思维培育的法治校园环境。

3. 要依法行政，营造公平、公正的社会法治文化环境。

大学生的法治思维培育是一个系统工程，需要各方协调，共同营造大学生法治思维培育的良好法治社会环境，这是大学生法治思维培育的大背景。"七五普法规划"中明确指出，"建立健全青少年法治教育部门协调机制，充分利用整合各部门和社会的法治教育资源，建立政府部门、学校、社会和家庭协调配合开展法治教育的机制，形成青少年法治教育的新格局。"[1] 依法行政，形成良好的社会法治文化氛围，为大学生的法治思维培育提供更多的社会实践资源，健全社会支持体系，有助于实现社会教育治理体系和治理能力的现代化，有利于推动大学生法治思维培育的良好社会法治文化环境的形成。

依法行政，要营造公平公正的法治文化氛围。"依法行政，是指国家各级行政机关及其工作人员依据宪法和法律赋予的职责权限，在法律规定的职权范围内，对国家的政治、经济、文化、教育科技等各项社会事务，依法进行有效的管理活动，它要求一切国家行政机关和工作人员都必须严格按照法律的规定，在法定职权范围内，充分行使管理国家和社会事务的行政职能，做到既不失职，又不越权，更不能非法侵犯公民的合法权益。"[2] 依法行政是社会和谐稳定、经济良性发展、人民幸福生活的需求，各级政府和部门要在实际行动中贯彻依法

---

[1] 教育部：《教育部关于印发〈全国教育系统开展法治宣传教育的第七个五年规划（2016—2020年）〉的通知》，2016年7月22日，中华人民共和国教育部网（http://www.moe.gov.cn/srcsite/A02/s7049/201608/t20160805_274100.html）。

[2] 殷啸虎：《推进依法治国，建设法治中国——学习习近平同志关于法治中国建设的重要论述》，《上海市社会主义学院学报》2014年第1期。

第七章 当代大学生法治思维培育的体系与路径

行政，营造良好的法治社会环境。特别是高校所在地区，具体到街道和社区，更要依法行政，打造良好的社会秩序。"不断满足人民日益增长的美好生活需要，不断促进社会公平正义，形成有效的社会治理、良好的社会秩序，使人民获得感、幸福感、安全感更加充实、更有保障、更可持续。"[①] 大学生处于从学校到社会的重要过渡阶段，也会参与到一些社会事物中来，依法行政能让学生感受到社会的程序公正和公平正义。社会环境是大学生法治思维培育的土壤，公平公正的法治社会环境有利于大学生法治思维的提升；反之，如果社会上有法不依、潜规则盛行，不但会阻碍社会主义法治国家的建设进程，也会严重损害大学生对法治的信仰和信任。因此，加强大学生的法治思维培育要加强法律制度建设，认真地贯彻依法行政，清除不良的社会风气，净化法治社会环境，营造风清气正的法治文化氛围。社会各级政府和部门还要积极配合高校做好大学生的法治思维培育工作，可以"送法进校园"，让公检法部门的优秀法律专家或专业法律人才走进校园，通过讲座、座谈会等形式协助高校对大学生进行法治思维培育。

依法行政，要加强社会主义文化的引领作用，营造大学生法治思维培育的社会文化环境，这是大学生法治思维形成和提升的文化土壤。依法行政，营造良好的法治文化环境，是培育大学生法治思维的必然要求。法治文化环境的形成不是一朝一夕就能完成的，是各种不同文化在交流和碰撞中不断磨合、融合而成。建设社会主义法治文明，并不排斥道德文明，习近平总书记曾经说过："我们要坚持把依法治国和以德治国结合起来，高度重视道德对公民行为的规范作用，引导公民既依法维护合法权益，又自觉履行法定义务，做到享有权利和履行义务相一致"。[②] "以德治国"在国家治理中依然发挥着重要作用，道德建设对于解决社会问题、促进社会和谐、提升公民素质都起到非常重要的作用。因此，法治文化环境建设还应该结合中国的道德文化传统，让"以德治国"推动和促进"依法治国"的发展，为法

[①] 习近平：《决胜全面建成小康社会，夺取新时代中国特色社会主义伟大胜利》，《人民日报》2017年10月28日第1版。

[②] 习近平：《在首都各界纪念现行宪法公布施行30周年大会上的讲话》，《人民日报》2012年12月5日第2版。

治思维培育营造更好的文化空间。

依法行政，积极调动社会资源投入大学生法治思维培育，形成全社会育人的格局。依法行政，营造良好的法治社会环境，还要积极地调动各类社会资源，为大学生的法治思维培育创造条件。首先，大学所在的城市，要在学校周边设立一些大学生法治实践基地，让学生在学习之余，可以运用自己所学的法治知识为社区居民服务，提供一些力所能及的法律咨询和法律援助；还可以通过法治进社区的宣传服务活动，提高大学生自身对法治学习的兴趣，不但"学有所用"，还可以"以用促学"。其次，当地机关单位及相关社会组织，在不影响本部门正常工作的前提下，可以设置一些实习岗位，让大学生能在实际的工作岗位上切身感受依法行政的职责，加深对程序公正、公平正义等法治理念的认识和理解。再次，政府和社会还可以在一些特殊的场所，如监狱、劳教所、戒毒所等，设立开放日，让大学生通过参观或志愿服务等形式，从另一个角度理解法治的作用。

依法行政，是法治价值观在实践中的应用，可以弘扬社会主义法治文化，提升法治的影响力。在政治多元化、经济全球化的今天，人们的利益追求和价值观念也日益多样化，只有突出法治的作用，坚持依法办事、依法行政才能形成良好的法治文化环境。"努力营造有利于全社会成员知法守法的法治氛围，让厉行法治、追求公平正义成为全体社会成员的最大共识，形成不愿违法、不能违法、不敢违法的社会法治大环境。"[①] 法治文化环境和法治思维培育，是一个相辅相成的过程，良好的法治文化环境能促进法治思维的培育，法治思维的培育又为法治文化建设提供人才支持。

4. 要依法治国，营造民主、法治的国家环境。

大学生接受高等教育是为了实现自身的全面发展，成为国家建设所需要的人才。高校思想政治理论课中法治思维培育的效果直接影响大学生法治思维的养成，关系法治国家建设未来人才的素质和能力，关系法治国家建设的成败。"准确把握全面推进依法治国重点任务，

---

① 孙由体、胡方红：《略论大学生法治思维的培育》，《教育理论与实践》2015年第12期。

着力推进科学立法、严格执法、公正司法、全民守法。"① 因此,大学生的法治思维培育也要紧紧围绕法治国家建设的重点任务,在依法治国理念指导下,推动法治文化建设,积极营造民主、法治的国家环境,提升大学生法治思维培育的效果。在党的十八届四中全会上,把法治教育纳入国民教育体系和精神文明建设中,目的是将社会主义法治思维根植于青年,特别是大学生的头脑中,体现了依法治国的时代需求。

依法治国,要科学立法,让大学生法治思维培育有章可循。科学立法是建设社会主义法治国家的重要前提。遵循科学立法的原则,不断完善社会主义法治体系,为实现"良法善治"提供了科学的法律遵循,也为大学生的法治思维培育提供了科学系统的内容。习近平总书记进一步强调,"要完善立法规划,突出立法重点,坚持立改废并举,提高立法科学化、民主化水平,提高法律的针对性、及时性、系统性。"② 科学立法要讲民主,才能使法律法规符合公共利益,体现最广大人民群众的根本利益诉求。

依法治国,要做到严格执法,让大学生感受到法治的权威。严格执法是法治国家建设的重点,习近平总书记指出,"执法者必须忠实于法律。各级领导机关和领导干部要提高运用法治思维和法治方式的能力,努力以法治凝聚改革共识、规范发展行为、促进矛盾化解、保障社会和谐"③ 目前,社会上还存在着一些执法不严、违法不究、滥用权力的现象,不但损害了人民的利益,更损害了法治的威严,降低了人们对法律的公信力,成为法治国家和法治政府建设的最大障碍。"只有严格执法、不枉不纵,才能彰显法治权威、带动全民守法,才能引领法治政府建设整体上台阶、切实增强人民群众的法治获得感。"④ 严格执法要求执法主体忠于法律,胸中有正气,才能惩恶扬

---

① 习近平:《加快建设社会主义法治国家》,《求是》2015年第1期。
② 中共中央文献研究室:《习近平关于全面依法治国论述摘编》,中央文献出版社2015年版,第43—44页。
③ 习近平:《依法治国依法执政依法行政共同推进,法治国家法治政府法治社会一体建设》,《人民日报》2013年2月25日第1版。
④ 张鸣起、袁曙宏、姜伟等:《学习十九大报告重要法治论述笔谈》,《中国法学》2017年第6期。

善，真正发挥法治的权威作用，维护宪法和法律的尊严。

依法治国，要坚持公正司法，让大学生法治思维培育在公平正义的环境中进行。公正司法是提高司法的公信力，实现社会公平正义的首要之义。中国特色社会主义要实现社会的公平正义，让全体人民平等地享有改革开放的成果。"全面深化改革必须着眼创造更加公平正义的社会环境，不断克服各种有违公平正义的现象，使改革发展成果更多更公平惠及全体人民。"[①] 司法公正是维护社会公平正义，实现人民民主，促进人的全面发展的保证。只有在公平公正的环境中，人民的民主权利才能得到充分地行使，个人的能力才能得到充分地发挥。

依法治国，要实现全民守法，这是大学生法治思维培育的目标。全民守法是现代化法治国家的基础，也是法治建设和大学生法治思维培育的目标。习近平总书记指出："全民守法，就是任何组织或者个人都必须在宪法和法律范围内活动，任何公民、社会组织和国家机关都要以宪法和法律为行为准则，依照宪法和法律行使权利或权力、履行义务或职责。"[②] 大学生法治思维培育就是要培养大学生的法治理念，树立社会主义法治信仰，尊重法治的权威，养成遇到问题依靠法律来解决的思维方式，能够认同法律、信任法律，并能自觉地遵守和运用法律。对于大学生来说，加强法治思维培育是实现全民守法、接受法治教育的客观需要，也是推动法治国家建设，为推进依法治国培育建设者和接班人的需要。

二 直线性传播提升法治思维培育主体的素质

对大学生进行法治思维培育，要充分发挥思想政治理论课的主渠道作用，教师是课堂的主导，也是大学生法治思维传播的主体，要想提高大学生法治思维培育的效果，首先要提升教师的法治素质。提升大学生的法治思维，要通过课堂的法治理论灌输，系统掌握法律知识，用法律武装自己的头脑，会用法治方式解决问题，并能用法律武

[①] 习近平：《切实把思想统一到党的十八届三中全会精神上来》，《人民日报》2014年1月1日第2版。

[②] 中共中央文献研究室：《习近平关于全面依法治国论述摘编》，中央文献出版社2015年版，第87—88页。

器维护自己的合法权利。课堂教学是大学生法治思维培育的主阵地，课堂教育以"灌输法"为主，"灌输"是教育教学中普遍采用的一种教育方法。"在人类文化的思想传播、代际延续活动中，灌输是一种普遍的教育活动。"[1] 灌输理论由马克思恩格斯最早提出，考茨基对其进行了丰富和发展，列宁将其发展为系统的理论。在论述工人阶级的阶级政治意识时，列宁指出："阶级政治意识只能从外面灌输给工人，即只能从经济斗争外面，从工人同厂主的关系范围外面灌输给工人。"[2] "灌输"通常指的是一种面对面的知识理论传递，"曾在我国革命和建设的实践中发挥了巨大作用，依照反复灌输原则面向民众进行思想教育，有效凝聚了社会共识"。[3] 从传播学的角度来说，知识"灌输"是一种直线性的知识传播。"从大众传播学的角度看，新闻宣传一般有三种模式：第一种以媒体为中心，强调媒体的主体地位和传播的单向性，即从媒体向受众的直线性单向传播。第二种以受众为中心，强调宣传效果的决定性。第三种模式是一种综合折中的做法，认为媒体与受众之间的关系是双向互动的，而非简单的'刺激—反应'或'需要—提供满足'。"[4] 对法治思维培育课堂教学来说，教师作为法治知识传播的主体，大学生作为客体，在课堂教学中也存在着三种授课模式，第一种是以教师为中心，强调教师在课堂上的主体地位，具有知识传播的单向性，即传统的"填鸭式"的灌输模式，老师讲，学生听，课堂没有互动和参与。第二种是以学生为中心，老师处于指导的辅助位置，强调教学效果，类似现在的翻转课堂教学模式。第三种强调老师和学生之间的双向互动，强调学生在课堂的参与度，是一种较为理想的教学模式。目前，中国高校的课堂模式还是以第一种为主，教师的主导性较强，学生只是被动接受，互动性差，参与率低，导致教学效果不佳。高校法治思维培育要改变目前学生学习兴趣

---

[1] 孙来斌：《马克思主义"灌输论"的当代视界——"列宁的灌输理论及其当代价值研究"课题成果介绍》，《思想政治教育研究》2015年第6期。

[2] 《列宁选集》第1卷，人民出版社2012年版，第363页。

[3] 牛凤燕：《新媒体时代大学生思想政治教育话语的现代转换》，《社会科学战线》2018年第12期。

[4] 刘晖、刘小新：《新闻宣传与大众趣味》，《当代传播》2003年第1期。

低迷，教学效果差的状况，也要遵循直线性传播的规律，改变课堂教学中客体的地位，增加参与性、互动性，用形式多样，生动活泼，为学生喜闻乐见的形式丰富课堂教学，提升教学效果。

思想政治理论课是法治思维培育的主阵地，要充分利用好这一阵地，完成传播法律知识的任务。法律基础知识是法治思维形成和运用的基础素材，不可或缺。在传授基础法律知识的过程中，讲授是必不可少的方式，教师作为传播主体，应该首先掌握法律的基本概念和程序、法律基本原理以及具体的法律条文，然后通过"灌输"的方式将这些内容传递给大学生，使他们能够了解宪法及法律的基本条文，掌握法律的概念和原理以及法律的适用范围，厘清法治思维的基本内容，树立明辨是非的标准，理解国家的"法"，明确国家的法治体系，为遵法守法提供最基本的遵循。"这样不但可使学生完整地理解和接受法律规则，而且可使学生学会探索法律知识的重要方法，形成一套独特的法律思维模式。"[1] 在法治思维培育中，传统的"灌输"必不可少，但课堂不应是枯燥乏味的"一言堂"。首先，教师应该通过授课方式的改进，提高法治思维课程的吸引力。在教学过程中应该多用案例教学的方法，不但能够增强法治课程的说服力，还能让学生积极地参与案例讨论，增强学生学习的直观性和积极性。其次，教师应该拓宽教学思路，让法治思维培育和思想政治教育的其他课程携手并进，共同发挥法治思维培育的功能。再次，教师应该提炼法治思维培育课程的核心内容，实现跨学科的融合。法治思维培育的课堂不应拘泥于《思想道德修养与法律基础》课课堂，还应该将法治思维培育的核心内容与专业课、职业生涯规划、就业指导、心理辅导等课程相结合，将法治思维培育与学生的专业需求和生活需求结合起来。教师要将法治思维培育的要点提炼出来，探索出可以与其他各类课程融合的法律、法规，渗透到相关的教育教学环节中。

法治思维培育在课堂的直线性传播过程中有两个重要的因素：传播主体和客体，大学生作为客体在直线性传播中受主体的影响较大，所以要重视研究课堂教学中传播主体——教师的作用。作为灌输主体

---

[1] 陈楚庭：《大学生法思维方式的培育》，《黑龙江高教研究》2015年第6期。

的教师,要紧跟社会主义法治国家建设的步伐,及时学习和了解国家的法治政策变化,及时更新法治知识储备。教师自身必须具备丰富的法治知识才能做好大学生法治思维培育的工作,但目前高校中从事法治教学的教师大多出身于思想政治教育专业,法学专业教师非常少,这也是法治思维边缘化和教学效果差的一个重要原因。要加强师资队伍建设,必须从几个方面入手:一是引进专业对口的法学专业教师,从事法治基础教育,能够提升法治思维培育的专业化水平;二是让现有的法学专业教师开设法学公选课,以弥补法律基础课程专业性不足的现状;三是从社会上选聘知识理论深厚的法学专家或实践经验丰富的法律工作者从事法治教学工作,作为外聘教师或兼职教师,开设法治公选课或法律讲座,作为法律基础课的有益补充。最重要的是对现有的从事法治思维培育的教师进行专业化培训,使他们有机会到法治部门进行实践锻炼,鼓励他们继续深造,加强法学专业素养,提高整个师资教育水平,转变教育理念,在教学中做到"以学生为中心",增强法治思维培育的效果。

三 嵌入式传播促进法治思维的养成

嵌入式指的是一种计算机操作系统,是"以应用为中心,以计算机技术为基础,软硬件可裁剪,适应应用系统对功能、可靠性、成本、体积、功耗等严格要求的专用计算机系统"。[①] 嵌入式传播借用嵌入一词的本意,指将传播内容嵌入已有的载体,以提高传播效果。"嵌入式传播是指将某一特定的信息隐蔽地植入到既存信息中,使其随着既存信息在大众媒介上传播,从而使特定信息引起受众关注的传播方式。"[②] 大学生的法治思维培育要扩大传播范围,提升传播效果,也要大胆使用嵌入式传播的方式,借用各种有效载体进行法治思维的传播,使越来越多的学生接受法治思维、具备法治思维。大学采用开放办学的方式,是一个浓缩的小社会,大学生的活动领域和社交范围

---

① 俞建新、王健、宋健健:《嵌入式系统基础教程》,机械工业出版社2008年版,第1页。

② 刘徐州、陈路坤:《法治新闻传播的当代特征》,《新闻与写作》2012年第11期。

与社会人无异，主要差异体现在大学生以学习为主要职责，是向社会生活过渡的重要阶段，是在为未来的社会生活储备专业知识、锻炼生存技能和打造良好的综合素质，而法治思维已成为当代大学生综合素质的重要内容。法治思维的传播不能单纯依靠理论灌输，还要借助有效的载体才能达到良好的传播效果。对高校来说，要充分挖掘校园文化的作用，将法治思维嵌入到校园文化中，以学生喜闻乐见的方式，在接受法治文化的熏陶和滋养中提升自己的法治思维。

充分发挥第二课堂的法治育人作用。百花齐放的社团，是大学校园一道亮丽的风景，也是学生发展兴趣爱好的平台。法治思维可以借助法律社团进行各种各样的社团活动，吸引学生积极参加。通过"模拟法庭"活动，在具备条件的情况下，还原法庭的真实场景，将"法庭"搬进大学校园，经过庭审、辩论、审判等环节，可以让学生们感受法律的威严，了解法律的程序和规则，真正体会到遵纪守法才是最大的自由。通过"以案说法"，让学生在案件的讲述中解读法律条例，领会案例中所蕴含的法律原则，掌握相关的法律知识。案例的选择要符合学生的需求，突出法治思维的主题，要涉及与学生的学习和生活相关的各种实体法。通过"法律话剧"的演出，选取有代表性和典型性的案例改编成剧本，再现和还原案件的真实场景，让学生在故事情节和人物冲突中感受案件当事人的心路历程。"在课堂上，通过选用学生扮演法庭角色、认知庭审程序、理解法律人物关系，激发学生学法守法的兴趣和积极性，实现法治教育从'要我学'到'我要学'的转变。"[1] 能够生动鲜明地让学生感受到法治剧情中所蕴含的法治精神，提高遵法守法的自觉性。还可举行"与法同行"知识竞赛，寓教于乐，让学生在备赛的过程中加深对法治思维的理解，"以赛促学"，明白法治思维之中蕴含的深刻意蕴，以及法治思维对个人行为的指导意义。还可举办"法律电影放映周"，电影的表现形式，能在短时间内浓缩人生，有巨大的容量，通过法治电影的观看，将原本抽象的法治内容生活化，使大学生乐于接受和理解，激发对课程内容的认同

---

[1] 李立群：《学校法治教育的核心内容及其实施路径》，《教学与管理》2015 年第 30 期。

感。通过电影观看明白法治对人的行为规范的要求，学会从法律的角度对个人的行为做出约束，通过电影凝练的情节，了解自己的权利和义务，知道如何自觉地履行义务，合法地维护权利。

法治思维培育要嵌入心理健康教育之中。健康的心理是对大学生实施法治思维培育的前提，心理健康才能增强法治思维培育的效果。大学生拥有健康心理事关法治思维培育的效果，拥有健康的身心，能够关爱自己、善待他人、关心社会、适应环境、情绪正常、人格和谐，有良好的人际交往和积极主动的学习能力，能更好地接受法治思维培育的内容。大学生在校期间正处于从学校到社会的过渡时期，已具备成人的生理特点，但在心理发育方面却并未完全成熟，处于逐步脱离家庭独立面对生活的特殊阶段，在学习、就业、人际关系还有经济能力等方面都面临不同程度的压力，也会面对各种各样的问题，一些心理脆弱、处事能力差的学生可能会出现难以适应学习生活的状况，出现异常的社会心理。"因此要重视学生的心理教育，开设心理教育课程，使学生学会心理调适的基本途径和方法。"[1] 法治思维培育嵌入心理健康教育，在引导学生养成健康身心的同时，将法治的理念根植于学生的头脑，让法治思维培育与心理健康同向同行，相辅相成，相互促进。

法治思维培育要嵌入大学生职业生涯规划和就业指导课程。职业生涯规划课旨在引导大学生了解自己的个性、职业特征以及未来的就业环境，了解职业的分类及企业对人才的素质要求，通过学习让学生根据自身的特点、行业和社会需求，规划自己的职业生涯，更好地学习和生活。就业指导则是为学生提供就业政策、求职技巧以及就业信息方面的指导，使学生能够突破自我，在择业和就业中能够把握机会，实现自身价值。"法律思维需要广博的知识来'触类旁通'、'旁征博引'。"[2] 将法治思维培育嵌入大学生职业生涯规划和就业指导的过程中，用社会主义价值观引导和塑造大学生的世界观、人生观和价

---

[1] 赵莉丹：《论大学生社会主义法治思维方式的培养》，《中国成人教育》2015 年第 5 期。

[2] 陈楚庭：《大学生法思维方式的培育》，《黑龙江高教研究》2015 年第 6 期。

值观，通过法治教育提高法治意识和法律素养，积极学习依法治国的理论知识，让大学生感受社会主义法治的浓厚氛围，体会到法治的重要作用。

法治思维培育要嵌入高校的专业课课堂内，将法治思维培育渗透到各个学科的教学过程中。"提炼'渗透要点'，教学环节'全面渗透'，学校要把法治教育、预防和减少青少年学生违法犯罪工作纳入学校教育工作，加强研究，提炼法治教育'全面渗透'的'渗透要点'。"① 急学生之所急，想学生之所想，抓住需求点向学生灌输法治思维，让法治思维随着各个学科的教学渗入学生的头脑，"化人于无形"，能有效降低学生对被动性法治思维培育的抵触心理，提升培育效果。要把法治思维培育与专业课融合作为一个课题来研究，组织教师提炼要点，寻找方法，促成课程有效融合的实现，全面促进法治教育渗透到各学科的教学过程，使课程更具有可行性和实用性，更贴近学生的专业需求。在专业学习中也可以确立法治信仰，明确权利义务，树立程序意识、公正意识和规则意识。

四 互动式传播促进法治思维的提升

在中国，当前正处于实现全面依法治国的历史新时期，法治思维培育是一项长期性、系统性的工程，不能仅仅局限在大学课堂里，还应将法治课堂扩展到社会中。社会实践可以看做一种"互动式"传播方式，大学生在法治实践中不断地与不同的传播活动参与者进行信息交换，使法治知识得到运用和升华。"全媒体时代，要有效凝聚社会共识必须将社会成员的需求放在首位，"② 充分了解民众的心理接受特点和需求偏好。"互动式传播是指在传播活动参与者地位相对平等的基础上，能够实现信息交流双方相互作用的传播方式。"③ "实践是检验真理的唯一标准"，大学生的法治思维也要在实践中得到运用和

---

① 李立群：《学校法治教育的核心内容及其实施路径》，《教学与管理》2015 年第 30 期。
② 牛凤燕：《全媒体时代社会主义核心价值观传播的新生态》，《青年记者》2019 年第 32 期。
③ 刘徐州、陈路坤：《法治新闻传播的当代特征》，《新闻与写作》2012 年第 11 期。

提升。大学生是社会主义法治国家建设的储备军,一部分人将来必定会走上领导岗位,因此,大学生也应该成为学法、懂法、遵法、守法、用法的模范,成为践行社会主义法治的楷模。要将《思想道德修养与法律基础》的实践教学与大学生假期的"三下乡"、社会实习等活动充分结合,以各种与法律相关的节日庆典为抓手,通过实践不断地深化大学生的法治思维培育,在实践中扩展法律知识,提升法治能力,养成程序思维、公平正义思维、合法性思维。要充分调动国家、社会、学校、家庭参与到大学生法治思维的培育中,使法治思维与学生的个人价值观教育相结合,最终形成符合国家社会发展要求的价值观,法治理念才能逐步确立,法治思维也在耳濡目染中逐渐形成。

大学要实行依法治校,让学生有机会参与学校依法管理的过程。教育部在 2012 年 11 月 22 日颁布了《全面推进依法治校实施纲要》,要求各级教育行政主管部门和学校实施依法治校,"增强运用法治思维和法律手段解决学校改革发展中突出矛盾和问题能力,全面提高学校依法管理的能力和水平"。[①] 大学要实现治理现代化,就必须走依法治校的道路,学校领导干部运用法治思维和法治方式管理学校的各项事务。学校也是大学生学习和生活的主要场所,依法治校应贯彻"以人为本"的原则,以教书育人为中心,从学生的角度出发用民主法治的原则管理学校事务,赋予学生参与校园管理和监督管理的权力,让学生在校园中有机会行使自己的公民权利,也有机会履行自己的公民义务,在依法治校的实践中体验法定的权利和义务。大学生在校内的法治实践,欧美一些国家起步较早,也形成了一些好的传统,可以借鉴国外高校一些好的做法,将法治思维培育融入依法治校的实践中,让学生"足不出校园"就能得到法治锻炼。例如,"在英国,学生自治会代表可以进入学校理事会从而参与学校的民主管理,剑桥大学甚至明确规定合同上的签章代表全校教师和学生的意志"。[②] 欧美等国的法治传统较长,早在中世纪大学生就有机会参与到学校的日常管理

[①] 教育部:《教育部关于印发〈全面推进依法治校实施纲要〉的通知》,2012 年 12 月 22 日,中华人民共和国教育部网(http://www.moe.gov.cn/srcsite/A02/s5913/s5933/201212/t20121203_146831.html)。

[②] 赖怡芳:《大学生法治实践的价值导向与模式初探》,《法治博览》2018 年第 12 期。

中,而且已经成为一种约定俗成的规定。这些国家的做法,对中国大学生法治思维培育有很好的启发作用,随着依法治校的推进和学生法治思维的提高,大学生也应积极参与到学校的管理过程中,并在依法治校的实践中不断提高自己的法治思维水平。

社会实践基地是大学生走出校园走向社会,进行实践锻炼的有效平台。法治教育实践基地也是大学生进行法治实践,提高运用法治思维能力的重要场所。高校要善于挖掘和整合社会上的法治教育资源,加强大学生的法治教育实践基地建设。首先,可以和公检法等国家机关联合,利用假期或学生的业余时间,在不干扰政府机关正常工作的前提下,分批次让学生到这些部门参观见习,了解司法程序和办案原则,感受到法律的威严。其次,可以联合少管所、劳教所、戒毒所、看守所等机构,建立服务性和实践性于一体的法治教育示范实践基地,学生可以在基地进行力所能及的志愿服务,也可以通过跟违法人员的近距离接触,感受到违法带来的后果,达到预防犯罪和教育学生遵纪守法的目的。也可以在各个社区建立"法治宣传基地",大学生定期进入社区进行法治宣传,在服务他人的同时提高自身的法治素质,同时利用自身所学的法律知识,在社区从事法律咨询服务,真正做到学以致用;还可在社区开设"法律诊所",配合专业教师或律师为社区居民提供法律服务,在实践中提升运用法治思维解决问题的能力。

大学生法治实践具有很强的价值导向意义。首先,法治实践是大学生法治思维培育的现实基础,是将法治基础知识消化、吸收,真正为我所用的过程。马克思曾说实践是生活的本质,法治实践也是法治的本质。习近平总书记也指出:"法治也并不体现于普通民众对法律条文有多么深透的了解,而在于努力把法治精神、法治意识、法治观念熔铸到人们的头脑之中,体现于人们的日常行为之中。"[①] 法治存在的价值在于实践,法律知识和法治实践相结合,才是一个完整的大学生法治思维培育过程,缺一不可。只有在这个过程中才能完成大学生法治思维培育的目标,使学生深刻领会"法"的精神和内涵。其次,通过法治实践让大学生认可社会主义法治理念,成为社会主义法治的

---

① 习近平:《之江新语》,浙江人民出版社2007年版,第205页。

忠实遵从者和坚定捍卫者。大学生的法治思维形成是一个"知、情、意、信、行"的过程，最终要落实到"行"，即法治的实践和应用中。因此，法治实践是大学生法治思维培育的必然环节和最终目标。

五　融合式传播实现法治思维培育全覆盖

"融合式传播是指在不同媒介形态融合的基础上，综合运用数据、语言和视像等多种媒体表现手段进行信息交流的传播方式。"① 利用网络资源进行大学生法治思维培育是实现融合式传播的有效方式。"媒介融合不仅仅是传播技术的融合，更包含传播理念的转换以及内容融合、文化融合等等，多个层面共同发挥作用。"② 网络平台融合了数据、语言、视像、音频、图像等多种现代技术手段，可以进行方便、快捷的信息交流传播，是当代大学生最愿意接受、利用率最广的传播方式。以网络为中介的新媒体正在改变人们的生活，也在改变着教育方式，"数字革命范式声称，新媒体将改变一切"。③ 网络正在成为大学生不可或缺的信息获取途径，法治思维培育也要占领这一领域，以学生喜闻乐见的方式向他们传递法律知识。"现代信息科学技术的发展特别是互联网的产生，导致了思想政治教育的深刻变革，网络成为思想政治教育的新载体，网络领域成为思想政治教育的新场域，网络思想政治教育成为思想政治教育的新形态。"④ 大学生的法治思维培育作为思想政治教育的一部分，面对新的发展形势，势必要借助网络这个新载体，否则就会面临被淘汰的危险。党的十七届六中全会指出："发展健康向上的网络文化。加强网上思想文化阵地建设，是社会主义文化建设的迫切任务。"⑤ 由此可见，在新的历史条件下，利用网络

---

① 刘徐州、陈路坤：《法治新闻传播的当代特征》，《新闻与写作》2012年第11期。
② 牛凤燕：《媒介融合视域下中华优秀传统文化传播的现代转换》，《理论学刊》2018年第5期。
③ ［美］亨利·詹金斯：《融合文化——新媒体和旧媒体的冲突地带》，杜永明译，商务印书馆2012年版，第34页。
④ 骆郁廷：《论网络思想政治教育的主体与客体》，《马克思主义与现实》2016年第2期。
⑤ 胡锦涛：《中共中央关于深化文化体制改革推动社会主义文化大发展大繁荣若干重大问题的决定》，《人民日报》2011年10月26日第1版。

进行大学生法治思维培育是加强网络文化建设的重要战略思想，也是当前网络时代下高校法治思维培育创新的重大课题。

其一，要完善法治思维培育的网络平台建设。习近平总书记曾在党的新闻舆论工作座谈会上强调网络新媒体的作用，"要推动融合发展，主动借助新媒体传播优势"。[①] 在网络新媒体盛行的环境下，大学生的法治思维培育要适应新情况，寻找新方法，尤其要学会利用网络平台切实提升大学生的法治思维能力。"工欲善其事，必先利其器"（《论语·卫灵公》），完善的网络平台能够迅速、高效地发布信息，实现校园的全网络覆盖，同时也能对信息进行强有力的监管。主要体现在以下几个方面：一是要有主题鲜明、内容新颖的法治内容。"全面加强校园网络建设，构建集知识性、趣味性、服务性、思想性于一体的主题教育网站及网页。"[②] 网站主题鲜明，内容新颖，才能吸引学生上网浏览相关内容，让学生有主动学习的兴趣。网络的最大优势在于海量的信息，可以给学生充分进行自由选择的权利。网络平台的职责在于根据大学生群体的特性，提供丰富的、集知识性和趣味性于一体的法治知识。"为此，我们应坚守'为学、务实、育人'的教育理念，凸显教育的人文性。"[③] 学生可以根据自己的需求和兴趣随时随地进行学习，真正地实现自主学习。二是网络平台要具备互动功能，能配备专业的法学导师对学生的问题进行及时的在线指导和答疑。网络法治教育，学生不能只是"人—机"互动，而应该是在线教师与学生的双向互动，才能实现网上学习的有效沟通，保证信息传递和思想交流的畅通。

其二，要营造健康向上的网络法治教育氛围。大学生是网络法治思维培育的主要受众，要积极有效的对网络信息进行监管，营造文明、向上的网络氛围，屏蔽和隔离低级趣味及反动暴力的信息，建设

---

① 习近平：《坚持正确方向创新方法手段，提高新闻舆论传播引导力》，《人民日报》2016 年 2 月 20 日第 1 版。

② 神彦飞、金绍荣：《提升大学生网络思想政治教育实效性的困境与路径》，《思想理论教育导刊》2015 年第 7 期。

③ 神彦飞、金绍荣：《提升大学生网络思想政治教育实效性的困境与路径》，《思想理论教育导刊》2015 年第 7 期。

健康、绿色的网络环境。首先,要营造法治教育网络平台的文化氛围。法律本身具有刻板、严谨、枯燥的特点,如果法治网络平台只是将枯燥的课堂内容搬到网络上,那最终只能走向消亡。高校网络法治思维培育应增强内容的文化性和吸引力,用喜闻乐见的形式引导大学生将行为能力与法治素养结合起来,将依法做人与依法做事联系起来,提高学习的方向性和目的性。用社会主义法治观引导大学生的价值观,用社会主义法治国家的远景引导大学生的法治理想,通过网络法治培育让大学生树立社会主义法治信仰。其次,关注大学生的问题焦点。法治思维培育应该紧扣当代大学生的特点,关注他们关心的社会热点,让法治思维培育的内容与当下文化同步,用接地气的内容和语言阐释法治的内涵,才能引起大学生的关注和共鸣。最后,实施"渗透式"教育。网络法治思维培育应该采用"渗透式"和"引导式"的教育方式。让大学生在轻松愉快的浏览网页过程中,接受法治思维的熏陶,引导大学生学习法律、热爱法律、遵守法律。

其三,网络法治思维培育要体现交互主体原则。在网络环境下进行大学生法治思维培育,应该充分调动和发挥大学生自主学习的积极性,改变课堂教学"灌输"模式下学生被动学习的局面。从传播学的角度看,在融合式传播中,法治教育教师作为传播主体,应该在坚持社会主义法治原则的前提下,利用网络媒体的各种形式和功能,结合大学生的生理特点和心理需求,依据教育发展规律,以培育大学生的法治思维为目标,制定出促进学生成长成才的教育教学安排,通过网络对大学生进行法治教育。网络是媒介和载体,虽然大学生在网络受教过程中感受不到教师的存在,但"隐藏"其中的教师却应该充分发挥施教者和引导者的职责,与学生形成互动学习的模式。网络教育有自身鲜明的特点,方便、快捷、信息量大,能够实现全覆盖,同时也具有网络信息泥沙俱在、缺乏监督等特性。因此,施教者要充分利用网络的优势对大学生进行指导和引导,不断地通过法律知识、法治原则的传递,引导学生用法治的眼光分析问题和解决问题,引导其主动参与整个法治思维培育过程,从而达到使大学生的法治思维水平得到不断提升和完善的教育目的。

其四,网络法治思维培育还要坚持渗透引导原则。网络教育的最大优势是不受时间和空间的限制，特别是在今天手机普及的情况下，只要有移动网络在，随时随地都可以进行网络学习。网络法治教育应该抓住"碎片"时间，将大学生法治思维培育进行"见缝插针"的渗透引导式教育。虚拟性、隐蔽性是网络教育的突出特点，有些大学生在现实生活中可能低调、沉默，在网络的虚拟空间中却异常活跃，作为法治思维培育的实施者和管理者应主动参与到网络活动中去，了解和把握学生的思想脉搏，提高大学生的学习兴趣，提升他们的法治思维水平。一方面，高校法治思维培育施教者要主动占领网络阵地，江泽民同志曾说："意识形态领域，社会主义思想不去占领，资本主义思想就必然去占领。"① 因此，要坚持以社会主义法治观引导大学生的价值观，起到引领思想成长，传播社会主义法治文化的作用。另一方面，要不断开拓大学生网络法治思维培育的新方法，要善于综合运用各种新媒体技术，如微信、微博等等，特别是要参与到交互性强、影响面广的栏目中，通过互动传播的方式加强大学生的法治思维能力。

其五，要充分加强网络法治思维培育的话语权。提高大学生的法治思维是一项重大的政治任务，要适应信息全球化的发展，不断提高法治思维培育的网络话语权。要发挥"网络大V"和评论员的话语引导作用，将一部分三观正、有责任心的思想政治理论课教师或辅导员打造成"网络大V"或网络评论员，让他们在网络空间中占据主导话语权，树立起威望，利用其舆论领导力，宣传主流价值观，形成强大的网络主导力量，发挥网络媒体对大学生的法治思维培育功能。提升大学生法治思维培育的网络文化话语权，应着重提高网络文化话语的表达能力、设置能力、交锋能力和控制能力。就目前情况来看，网络话语权还主要为少数西方发达国家所控制，大学生思想政治教育要想在网络上站稳脚跟，在网络传播上占据一席之地，还要不断地寻求创新和突破，不断提高法治思维网络文化话语权的整体能力。

---

① 中共中央文献研究室：《十三大以来重要文献选编》中，人民出版社1991年版，第772页。

第八章

结　　论

　　法治思维成为主流思维方式是实现法治社会的基础。大学生的法治思维状况，直接关系到法治中国的建设蓝图。由于中国"德主刑辅"的传统文化观念的影响，目前中国大学生的法治思维培育还存在重视程度不够，教育效果不理想，社会支持不足和大学生法治信仰不坚定等问题。培育大学生的法治思维是为了培养高素质人才，为中国特色社会主义法治建设培养优秀的接班人和杰出的建设者。目前，中国正处于全面建成小康社会的攻坚期和深化改革的深水区，社会转型带来了一系列的社会问题，也引起了价值观的波动，传统的价值观、社会规则甚至生活方式都受到了挑战。建设中国特色社会主义法治国家，实现中华民族的伟大复兴，让中国屹立于世界民族之林，需要大批素质过硬、全面发展的复合型人才。复合型人才不仅要具备文化知识和专业知识，还应该具备高尚的道德情操和良好的法治素养。大学生是国家建设的栋梁，代表国家的未来和希望，其法治思维状况如何，将直接影响到整个国家的公民法律素质和社会法治文明程度。法治能够保障人民的权益，人民要维护法律的权威，建设社会主义国家是全体人民的共同追求。因此，加强大学生的法治思维培育是社会主义法治国家建设的客观需求。要以马克思主义法治观为指导，在继承中国优秀法治理论，借鉴西方成功的法治实践经验的基础上，立足中国国情，以社会主义法治理念加强对大学生法治思维的培育。本书经过认真地思考和深入地研究，澄清了以下几个问题：

　　阐明了大学生法治思维的构成要素。目前学术界对于大学生法治思维培育的研究日益重视，但对大学生法治思维最基本的构成要素并没有做认真地思考和梳理。构成要素的澄清是研究的基础，基础不明是影响大学生法治思维研究深入发展的障碍。本书从意识与物质、思维与实践的关系出发，明确了大学生法治思维的构成要素。以"知、情、意、信、行"为基础，阐明大学生法治思维构成的五个要素，即全面掌握法律基础知识，培养社会主义法治价值观的情感认同，提升法治意识，树立法治信仰，增强法治实践能力。为大学生法治思维培育研究奠定了基础。明确大学生法治思维的构成要素，解决了从哪些方面培养人的问题。

明确了大学生法治思维培育的人才目标。教育是为党和国家的事业培养人才，高校是培育高素质人才的基地，思想政治教育是培养具备较高的政治素质人才的关键环节，法治思维培育是大学生思想政治教育的核心组成部分。科技飞速发展，社会急遽变化，许多大学生在变化多端的世界中渐渐迷失了政治信仰、理想信念和价值取向，意识形态的迷茫导致了实际行为的偏差。近年来，大学生群体中违法犯罪行为的攀升，恰恰反映出思想政治教育中法治思维培育不足的问题，为大学生的法治教育敲响了警钟。大学生具有独特的社会身份，是社会主义事业的建设者和接班人，将来一部分人还会走上领导岗位，成为党的事业的储备干部。大学生的法治思维关系党的事业的成败，也影响依法治国和社会主义法治国家建设的成败。因此，要重视大学生的法治思维培育，不断加强大学生法治思维培育的效果，切实提升大学生的法治思维水平。本书以法治思维的构成要素为基础，提出要培养大学生具备自觉守法的理念，形成遇事找法的意识，养成解决问题靠法的法治思维模式，使他们成为能够运用法治方式分析问题、解决问题的德智体美劳全面发展的社会主义建设者和接班人。让大学生形成掌握法律知识，具备法治理念，拥有遵法、学法、守法、用法的法治意识，成为具有独立法治人格的高素质综合人才。时代的发展需要综合发展的高素质人才，既要有较高的专业知识和能力，还要有运用法治思维和法治方式思考、分析、解决问题的能力。明确大学生法治思维培育的人才目标，解决了培养什么人的问题。

厘清了大学生法治思维培育的原则。目前学术界对法治思维的内涵理解各有千秋，没有形成定论。本书在广泛研究的基础上，结合大学生自身的特点，通过理性的思考与提炼，总结了大学生法治思维培育的四条原则，即法治优先、良法之治、依法办事、程序公正。厘清大学生法治思维培育的原则，解决了如何培养人的问题。

本书的创新之处在于从多学科、多视角、多维度切入大学生法治思维的培育路径研究。突破了目前大学生法治思维培育路径研究中平面化、单一化的弊端，立足学科本源，从思想政治教育学和法学切入，依据传播学等理论，构建多维度、立体化的大学生法治思维培育协同推进体系。培育大学生的法治思维是面向社会主义法治国家建设的未来发展，立足于当前依法治国的时代需求，扎根于法治中国建设，依托马克思主义视野培养社会主义法治国家的建设者和接班人。什么样的价值观，决定着什么样的人生道路。用社会主义法治价值观引领大学生的价值取向是一项事关国家未来发展的大事。大力加强大学生的法治思维培育，必须坚持用科学的法治理论武装人，用正确的法治价值观引导人。培育大学生的法治思维，要充分发挥法治实践育人的作用，积极鼓励大学生走出校园，在法治实践中提升自己的法治思维水平；还要发挥法治文化的环境育人作用，要在风清气正、法治严明的环境中，对大学生进行法治文化熏陶。时代的发展需要综合发展的高素质人才，既要有较高的专业知识和能力，还要有运用法治思维和法治方式思考、分析、解决问题的能力，法治思维培育正是为社会主义法治建设培育全面发展的杰出人才。

法治思维的培育对于社会主义市场经济的健康发展，对于社会主义民主政治体系的完善，对于社会主义法治国家的建设都具有重要的意义。大学生法治思维培育对于促进中国特色的社会主义道路的发展，对于中国梦的实现，对于实现中华民族的伟大复兴都发挥着重要的作用。所以，大学生的法治思维培育在高等教育中占有重要位置，是大学生思想政治教育的重要一环。但目前中国的法治教育还存在教育目标不明确、缺乏顶层设计、课程体系不完善、培育方式单一、培育效果不佳等问题，制约了大学生法治思维培育的效果。在大学生法治思维培育研究的道路上，还有很长的路要走。基于本人理论功底的不足和研究视域的局限，在本书写作中还存在许多尚待提高之处。首先，对大学生法治教育研究成果的梳理还不够全面；其次，对大学生法治思维培育的理论基础需要进一步夯实；再次，对国外大学生法治教育的状况还需要深入地研究；关键是对大学生法治思维培育的路径还要进行深入细致地研究和探索。大学生法治思维培育是一项长期而复杂的系统工程，关系大学生法治教育的发展空间和方向，需要全体高校思想政治教育工作者和法律教育工作者的共同努力和不断探索，大学生的法治思维培育必将迎来崭新的篇章。

参考文献

一　重要文献

《马克思恩格斯选集》第1—4卷，人民出版社1995年版。
《马克思恩格斯全集》25、30、31、44卷，人民出版社2001、1995、1998、2001年版。
《列宁选集》第1、3卷，人民出版社2012年版。
《邓小平文选》第1—3卷，人民出版社1993年版。
《江泽民文选》第1—3卷，人民出版社2006年版。
江泽民：《论"三个代表"》，中央文献出版社2001年版。
《胡锦涛文选》第1—3卷，人民出版社出版2016年版。
《习近平谈治国理政》，外文出版社2014年版。
《习近平总书记系列重要讲话读本》，人民出版社2016年版。
《习近平关于全面依法治国论述摘编》，中央文献出版社2015年版。
习近平：《之江新语》，浙江人民出版社2007年版。

二　著作

（春秋）《管子》，上海三联书店2014年版。
（春秋）《论语》，中央编译出版社2006年版。
（春秋）《尚书》，中华书局2016年版。
（春秋）《左传》，中华书局2007年版。
（汉）班固：《汉书》，团结出版社2002年版。
（汉）董仲舒：《春秋繁露》，阎丽译注，黑龙江人民出版社2003年版。
（明）黄宗羲：《明夷待访录》，中华书局2011年版。

（宋）刘挚：《忠肃集》第 6 卷，中华书局 2005 年版。

（宋）司马光：《资治通鉴》第 196 卷，新疆人民出版社 2000 年版。

（宋）王安石：《临川先生文集》，国家图书馆出版社 2018 年版。

（唐）吴兢：《贞观政要》，骈宇骞译注，中华书局 2016 年版。

（战国）《韩非子》，中华书局 2010 年版。

（战国）《孟子》，中华书局 2017 年版。

（战国）《商君书》，中华书局 2009 年版。

（战国）《慎子》，华东师范大学出版社 2010 年版。

（战国）《荀子》，上海古籍出版社 1989 年版。

蔡定剑：《历史与变革——新中国法制建设的历程》，中国政法大学出版社 1999 年版。

蔡定剑：《历史与变革——新中国法制建设的历程》，中国政法大学出版社 1999 年版。

陈保重：《法治思维》，上海人民出版社 2016 年版。

陈立中：《思维方式与社会发展》，社会科学文献出版社 2001 年版。

陈甦：《当代中国法学研究》，中国社会科学出版社 2009 年版。

《董必武法学文集》，法律出版社 2001 年版。

冯琳琳：《亲社会行为对幸福感的影响及其心理机制》，中国社会科学出版社 2018 年版。

顾海良：《高校思想政治理论课程建设研究》，经济科学出版社 2009 年版。

何勤华：《20 世纪外国民商法的变革》，法律出版社 2004 年版。

华东政法学院思想理论研究会：《法律教育与人才培养》，上海人民出版社 2003 年版。

黄仁宇：《万历十五年》，上海三联书店 1997 年版。

蒋传光：《新中国法治简史》，人民出版社 2011 年版。

蒋廷黻：《中国近代史》，岳麓书社 2010 年版。

教育部思想政治工作司组：《大学生思想政治教育理论与实践》，高等教育出版社 2009 年版。

教育部思想政治工作司组：《大学生思想政治教育研究方法》，高等教育出版社 2010 年版。

教育部思想政治工作司组:《大学生思想政治教育与管理比较研究》,高等教育出版社 2010 年版。

教育部思想政治工作司组:《思想政治教育原理与方法》,高等教育出版社 2010 年版。

李辽宁:《当代中国思想政治教育意识形态功能研究》,武汉大学出版社 2006 年版。

李先伦:《中国政党协商发展研究》,山东人民出版社 2018 年版。

刘斌:《法治新闻传播学》,中国政法大学出版社 2012 年版。

刘平:《法治与法治思维》,上海人民出版社 2013 年版。

刘旺洪:《法律意识论》,法律出版社 2001 年版。

骆郁廷:《高校思想政治理论课程论》,武汉大学出版社 2006 年版。

乔克裕、曹义孙:《法律教育论》,中国政法大学出版社 2014 年版。

思想道德修养与法律基础编写组:《思想道德修养与法律基础》,高等教育出版社 2018 年版。

孙国华、朱景文:《法理学》,中国人民大学出版社 1999 年版。

孙晓楼:《法律教育》,中国政法大学出版社 2004 年版。

汤能松:《探索的轨迹:中国法学教育发展史略》,法律出版社 1995 年版。

文件起草组:《〈中共中央关于全面推进依法治国若干重大问题的决定〉辅导读本》,人民出版社 2014 年版。

吴晗:《朱元璋传》,人民出版社 2004 年版。

吴志攀:《中国法制建设研究》,中国人民大学出版社 2009 年版。

夏新华:《法治:实践与超越——借鉴外域法律文化研究》,中国政法大学出版社 2004 年版。

肖前:《马克思主义哲学原理》,中国人民大学出版社 2013 年版。

阎旭蕾、杨萍:《家庭教育新论》,北京大学出版社 2012 年版。

杨树桐:《感悟集》,内蒙古人民出版社 2010 年版。

姚建宗:《法治的生态环境》,山东人民出版社 2003 年版。

于向阳:《法治伦》,山东人民出版社 2003 年版。

张爱莲:《高校辅导员职业价值观与工作幸福感及其相互关系研究》,中国社会科学出版社 2018 年版。

张丽清：《法治的是与非：当代西方关于法治基础理论的论争》，中国政法大学出版社2015年版。

张小虎、康树华：《法治教育研究》，北京大学出版社2004年版。

张耀灿、郑永廷、吴潜涛等：《现代思想政治教育学》，人民出版社2006年版。

张友渔：《中国法学四十年》，上海人民出版社1989年版。

赵聪：《文革运动历程述略》第1—4卷，友联研究所出版社1979年版。

赵信：《法治新闻传播》，中国检察出版社2013年版。

中共中央文献研究室：《三中全会以来重要文献选编》（上、下），人民出版社1982年版。

中共中央文献研究室：《十八大以来重要文献选编》上册，中央文献出版社2014年版。

中共中央文献研究室：《十二大以来重要文献选编》，人民出版社1986年版。

中共中央文献研究室：《十七大以来重要文献选编》上、中、下册，中央文献出版社2009、2011、2013年版。

中共中央文献研究室：《十三大以来重要文献选编》，人民出版社1991年版。

中共中央政法委员会：《社会主义法治理念读本》，中国长安出版社2009年版。

中华人民共和国司法部、全国普法办公室：《中共中央法制讲座汇编》，法律出版社1998年版。

朱景文：《中国法律发展报告数据库和指标体系》，中国人民大学出版社2007年版。

朱立恒：《法治进程中的高等法学教育改革》，法律出版社2009年版。

祖嘉合、宇文利：《思想道德修养与法律基础前沿问题研》，安徽人民出版社2012年版。

［德］哈特穆特·毛雷尔：《行政法学总论》，高家伟译，法律出版社2000年版。

［德］黑格尔：《法哲学原理》，范扬译，商务印书馆1982年版。

参考文献

［德］黑格尔：《美学》第1卷，朱光潜译，商务印书馆1979年版。

［德］康德：《道德形而上学的奠基》，李秋零译，中国人民大学出版社2013年版。

［法］埃米尔·涂尔干：《社会分工论》，渠敬东译，生活·读书·新知三联书店2000年版。

［法］卢梭：《社会契约论》，李平沤译，商务印书馆2011年版。

［法］孟德斯鸠：《论法的精神》，张雁深译，商务印书馆1961年版。

［法］托克维尔：《论美国的民主》，董果良译，商务印书馆1989年版。

［古罗马］西塞罗：《论共和国》，王焕生译，中国政法大学出版社1997年版。

［古希腊］柏拉图：《理想国》，郭斌和、张竹明译，商务印书馆1929年版。

［古希腊］亚里士多德：《政治学》，吴寿彭译，商务印书馆2007年版。

［美］W.理查德·斯格特：《组织理论：理性、自然和开放系统》，黄洋等译，华夏出版社2002年版。

［美］博登海默：《法理学——法律哲学与法律方法》，潘汉典译，中国政法大学出版社1999年版。

［美］戴维·M.沃克《牛津法律大辞典》，邓正来等译，光明日报出版社1988年版。

［美］德沃金：《法律帝国》，李常青译，中国大百科全书出版社1996年版。

［美］弗朗西斯·福山：《政治秩序的起源》，毛俊杰译，广西师范大学出版社2014年版。

［美］哈罗德·伯尔曼：《法律与宗教》，梁治平译，生活·读书·新知三联书店1991年版。

［美］亨利·詹金斯：《融合文化——新媒体和旧媒体的冲突地带》，杜永明译，商务印书馆2012年版。

［日］川岛武宜：《现代化与法》，王志安等译，中国政法大学出版社1994年版。

[日] 大木雅夫:《比较法》,范愉译,法律出版社1999年版。
[意] 阿奎那:《阿奎那政治著作选》,马清槐译,商务印书馆1982年版。
[英] 戴雪:《英宪精义》,雷宾南译,中国政法大学出版社2001年版。
[英] 洛克:《政府论》,瞿菊农、叶启芳译,商务印书馆2017年版。
[英] 汤姆·宾汉姆:《法治》,毛国选译,中国政法大学出版社2012年版。

三 期刊论文

习近平:《加快建设社会主义法治国家》,《求是》2015年第1期。
习近平:《做党和人民满意的好老师——同北京师范大学师生代表座谈时的讲话》,《中国高等教育》2014年第18期。
习近平:《加强党对全面依法治国的领导》,《奋斗》2019年第4期。
蔡晓卫:《论高校大学生法治思维的养成》,《中国高教研究》2014年第3期。
曹宏伟、姜立哲:《浅谈国外公民意识教育及其借鉴意义》,《前沿》2013年第15期。
陈楚庭:《大学生法思维方式的培育》,《黑龙江高教研究》2015年第6期。
陈大文、孔鹏皓:《论大学生社会主义法治思维的培养》,《思想理论教育导刊》2015年第1期。
陈大文:《论大学生社会主义法治理念教育的目标定位》,《思想理论教育导刊》2010年第4期。
陈芳妹:《论大学生法治思维方式的培养》,《长春工业大学学报(高教研究版)》2015年第1期。
陈金钊:《对"法治思维和法治方式"的诠释》,《国家检察官学院学报》2013年第2期。
陈金钊:《法学意义上的法治思维》,《国家检察官学院学报》2017年第1期。
陈金钊:《"法治思维和法治方式"的意蕴》,《法学论坛》2013年第

5 期。

陈金钊、袁付平：《简析法治的概念》，《山东大学学报（社会科学版）》2000 年第 6 期。

陈晋：《从家风看社会主义核心价值观的培育》，《思想政治工作研究》2014 年第 4 期。

程连珍：《大学生法治教育现状及改进对策》，《法治与社会》2016 年第 34 期。

丁相顺：《日本法科大学院构想与司法考试制度改革》，《法制与社会发展》2001 年第 5 期。

董翼：《大学生法治教育存在的主要问题及对策思考》，《思想理论教育》2016 年第 3 期。

杜东、王珊珊：《国外青少年法治教育的启示》，《中国共青团》2015 年第 3 期。

杜珊珊：《善用法治思维与方式化解社会矛盾》，《法制与社会》2018 年第 1 期。

杜艳艳：《当代马克思主义法治思想的理论与实践创新》，《学习与实践》2017 年第 1 期。

段凡：《确立中国特色的法治思维》，《马克思主义研究》2017 年第 2 期。

方流芳：《中国法学教育观察》，《比较法研究》1996 年第 2 期。

高瑞红：《试论培养大学生法治思维的重要意义》，《科技展望》2015 年第 12 期。

高燕：《"思想道德修养与法律基础"如何培养大学生的法治思维》，《人力资源开发》2016 年第 16 期。

谷栋：《论高校大学生社会责任感与法治思维的培育》，《法制博览》2016 年第 23 期。

郭新建、岳雪：《当代大学生法治意识提升路径研究》，《人民论坛》2015 年第 35 期。

韩大元、王德志：《中国公民宪法意识调查报告》，《政法论坛》2002 年第 6 期。

胡俊生、李期：《现代化进程中的价值选择——新加坡的"公民与道德教育"及其对我们的启示》,《延安大学学报(社会科学版)》2003年第1期。

黄建钢:《"法治":"思维"与"方式"的统一》,《阅江学刊》2013年第5期。

黄艳娥:《国外公民意识的培育与启示》,《求索》2012年第9期。

惠洋:《董仲舒法律思想浅析》,《法治博览》2012年第4期。

江必新:《试论社会主义法治的几个新命题》,《中国法学》2010年第4期。

江必新:《严格依法办事:经由形式正义的实质法治观》,《法学研究》2013年第6期。

姜明安:《法治、法治思维与法律手段——辩证关系及运用规则》,《人民论坛》2012年第14期。

蒋传光:《良法、执法与释法》,《东方法学》2011年第3期。

蒋一之:《培养积极公民的另一种努力——美国中小学法治教育述评》,《外国中小学教育》2003年第9期。

金晶:《国外公民教育对我国的启示》,《中国农业教育》2009年第5期。

柯卫:《中西方法治意识生成因素的比较》,《河北法学》2007年第8期。

赖怡芳:《大学生法治实践的价值导向与模式初探》,《法治博览》2018年第12期。

蓝艳:《运用法治思维方式践行群众路线》,《法制与社会》2014年第31期。

李昌盛、王彪:《"程序公正感受"研究及其启示》,《河北法学》2012年第3期。

李春明、王金祥:《以"法治认同"替代"法律信仰"——兼对"法律不能信仰"论题的补充性研究》,《山东大学学报(哲学社会科学版)》2008年第6期。

李辉:《思想政治教育价值与功能研究进展》,《思想教育研究》2014年第6期。

李继辉:《国外高校法治教育的借鉴与启示》,《科教文汇》2015年第

10 期。

李立群：《学校法治教育的核心内容及其实施路径》，《教学与管理》2015 年第 30 期。

李升平：《新加坡德法并施思想对中国现代思想政治教育的启示》，《当代世界》2009 年第 8 期。

李素敏：《美国少年法制教育与青少年法庭变革》，《法制博览》2015 年第 34 期。

李先军、张晓琪：《美国中小学法治教育的历史演进、特点及启示》，《外国中小学教育》2015 年第 5 期。

李学明：《大学生法治思维培育探索——以"思想道德修养与法律基础"课为例》，《法制与社会》2016 年第 36 期。

李瑜青：《"法治思维"的核心内涵——兼论中国古代何以存在"法治思维"的雏形》，《社会科学辑刊》2016 年第 1 期。

梁治平：《"礼法"探原》，《清华法学》2015 年第 1 期。

刘晖、刘小新：《新闻宣传与大众趣味》，《当代传播》2003 年第 1 期。

刘巧梅：《充分发挥优良家风家教在大学生思想政治教育中的作用》，《法制与社会》2016 年第 10 期。

刘世丽、杨连生：《"美国"政治社会化"教育方法的启示》，《思想教育研究》2002 年第 9 期。

刘徐州、陈路坤：《法治新闻传播的当代特征》，《新闻与写作》2012 年 11 期。

刘咏梅：《美国青少年法制教育的特点及其启示》，《中国青年研究》2005 年第 9 期。

吕世伦、金若山：《法治思维探析》，《北方法学》2015 年第 1 期。

罗国杰：《〈中国家训史〉序言》，《高校理论战线》2004 年第 1 期。

骆郁廷：《论网络思想政治教育的主体与客体》，《马克思主义与现实》2016 年第 2 期。

马小平：《加强依法行政，优化法治环境》，《前沿》2004 年第 10 期。

宁立成、邓超：《法治思维与法治中国建设》，《广东行政学院学报》2016 年第 6 期。

牛凤燕：《媒介融合视域下中华优秀传统文化传播的现代转换》，《理论学刊》2018年第5期。

牛凤燕：《全媒体时代社会主义核心价值观传播的新生态》，《青年记者》2019年第32期。

牛凤燕：《新媒体时代大学生思想政治教育话语的现代转换》，《社会科学战线》2018年第12期。

牛丽：《论公安刑事执法的法治思维方式》，《党史纵横》2015年第3期。

漆明春：《马克思主义教育哲学研究探析》，《理论月刊》2008年第9期。

齐琳琳：《关于培育大学生法治思维的思考——高校应加强"思想品德修养与法律基础"课的教学》，《西华大学学报（哲学社会科学版）》2016年第3期。

申家字：《传统家风家训对大学生道德文化自觉养成的作用探究》，《教育教学论坛》2018年第34期。

申素平、李娟娟：《中美中学校规比较研究——教育法治的视角》，《中国教育学刊》2011年第12期。

神彦飞、金绍荣：《提升大学生网络思想政治教育实效性的困境与路径》，《思想理论教育导刊》2015年第7期。

石一龙：《新媒体时代下大学生法治思维培育的养成》，《当代教育实践与教学》2015年第5期。

史立梅：《程序公正与实体真实》，《国家检察官学院学报》2013年第5期。

宋诚：《我国依宪治国与西方宪政的本质区别》，《红旗文稿》2018年第4期。

宋建申、陈延华：《依法治国背景下大学生"四微一体"法治思维培养模式实证研究》，《法制博览》2016年第11期。

孙彪：《论大学生法治思维的培养》，《安徽工业大学学报（社会科学报）》2015年第4期。

孙来斌：《马克思主义"灌输论"的当代视界——"列宁的灌输理论及其当代价值研究"课题成果介绍》，《思想政治教育研究》2015

年第 6 期。

孙宁光：《从法律思维到法治思维：中国法治进程的拓展与深化》，《学术交流》2015 年第 1 期。

孙阳：《论大学生法治思维的架构》，《科教文汇》2015 年第 11 期。

孙由体、胡方红：《略论大学生法治思维的培育》，《教育理论与实践》2015 年第 12 期。

唐献玲、张成飞：《90 后大学生法治思维与培育对策探究——以苏北某高校调研为例》，《科学大众（科学教育）》2015 年第 12 期。

陶西平：《学校教育应有法治思维》，《人民教育》2014 年第 24 期。

田刚：《行政管理中的法治思维方式的运用》，《中共山西省委党校学报》2014 年第 6 期。

汪蓓：《日本青少年法治教育改革经验及其启示》，《学校党建与思想教育》2015 年第 19 期。

汪永清：《法治思维及其养成》，《求是》2014 年第 12 期。

王贺：《网络时代大学生思想政治教育实效性探析》，《思想教育研究》2012 年第 5 期。

王建国：《法治思维的误区反思与培育路径》，《法治研究》2016 年第 1 期。

王建敏：《青年法治思维培育探析》，《马克思主义与实现》2017 年第 1 期。

王晶、王凌皓：《先秦儒家思想视域的当代大学生德性培育路径》，《黑龙江高教研究》2017 年第 5 期。

王敬波：《法治思维的逻辑起点》，《新疆师范大学学报（哲学社会科学版）》2014 年第 3 期。

王西阁：《大学生法治信仰培育》，《当代青年研究》2011 年第 3 期。

王雅楠：《当代中美高校思想政治教育灌输法之比较》，《新西部》2016 年第 24 期。

王岩、冯爱玲：《高校思想政治"三全育人"模式组成要素解析》，《高教学刊》2018 年第 16 期。

魏玮、张世昌、王启佩：《当代大学生法治意识的养成研究》，《当代教育实践与教学研究》2015 年第 6 期。

吴笛：《公民意识教育视野下的法治宣传——以法国青少年法治宣传教育为例》，《中国共青团》2015 年第 11 期。

夏越新：《马克思主义教育观及其中国化》，《学习论坛》2013 年第 11 期。

肖凤城：《良法是善治之前提》，《红旗文稿》2014 年第 21 期。

肖红旗：《董仲舒的"阳德阴刑"思想》，《衡水学院学报》2015 年第 2 期。

肖建国：《程序公正的理念及其实现》，《法学研究》1999 年第 3 期。

肖杰、刘贤芳：《浅析大学生法治思维能力和依法处事能力的培养教育》，《教育现代化》2016 年第 27 期。

谢芳：《依法治国背景下大学生法治教育路径研究》，《中国成人教育》2015 年第 18 期。

谢佑平、王永杰：《多元视野下的美国青少年法治教育：途径、策略及启示》，《青少年犯罪问题》2007 年第 3 期。

徐公喜、吴京红：《中：宋明理学法治核心价值》，《学术界》2015 年第 8 期。

徐科琼、赵红梅：《试析当代大学生法治思维的养成路径》，《西南石油大学学报（社会科学版）》2016 年第 4 期。

徐蓉：《法治教育的价值导向与大学生法治信仰的培育》，《思想理论教育》2015 年第 2 期。

徐松林：《"法治思维"的新探索》，《同舟共进》2014 年第 3 期。

徐亚文：《"马克思主义法学中国化"与当代中国的社会主义法治精神》，《武汉大学学报（人文科学版）》2005 年第 4 期。

杨明佳、董英栋：《法治优先：中国治理转型的战略选择——以亨廷顿和福山的政治发展理论为视角》，《武汉理工大学学报（社会科学版）》2017 年第 1 期。

杨时敏：《美国的公民法治教育及启示》，《中国司法》2015 年第 9 期。

杨士林：《论社会主义法治理念的基本内涵》，《山东社会科学》2010 年第 6 期。

杨叶红：《论法治思维的具体运用》，《湖南省社会主义学院学报》

2017 年第 1 期。

杨兆山:《关于人的全面发展的几点认识——兼论马克思人的全面发展思想的时代价值》,《东北师大学报》2003 年第 3 期。

伊鑫:《国外高等教育法制建设经验及其启示》,《当代教育科学》2012 年第 23 期。

殷啸虎:《法治思维内涵的四个维度》,《毛泽东邓小平理论研究》2014 年第 1 期。

殷啸虎:《推进依法治国,建设法治中国——学习习近平同志关于法治中国建设的重要论述》,《上海市社会主义学院学报》2014 年第 1 期。

于浩:《当代中国语境下的法治思维》,《北方法学》2014 年第 3 期。

喻军、张泽强:《美国高校法制教育的经验及其启示》,《当代教育理论与实践》2012 年第 12 期。

臧宏:《高校法治教育的目标体系探析》,《东北师大学报(哲学社会科学版)》2016 年第 5 期。

曾宪义:《新中国法治 50 年论略》,《中国人民大学学报》1999 年第 6 期。

张端、龚旖凌:《当代大学生法治意识现状调查与分析》,《法制博览》2017 年第 22 期。

张金明:《两课教学中大学生法治思维的培养》,《高等农业教育》2005 年第 2 期。

张鸣起、袁曙宏、姜伟等:《学习十九大报告重要法治论述笔谈》,《中国法学》2017 年第 6 期。

张培田、张晓蓓、李胜渝:《从中西近代法文化冲突看沈家本》,《法治研究》2007 年第 12 期。

张仁善、杨宇剑:《论近代"法统"理念的构建与袁世凯对民初"法统"的改造》,《法治研究》2015 年第 3 期。

张社强:《全面依法治国视域下我国公民法治教育研究》,《广西社会主义学院学报》2015 年第 3 期。

张淑芳:《行政优先权与法律优先之鉴别》,《政治与法律》2004 年第 1 期。

张文显：《法治的文化内涵——法治中国的文化建构》，《吉林大学社会科学学报》2015 年第 4 期。

张文显：《法治化是国家治理现代化的必由之路》，《法制与社会发展》2014 年第 5 期。

张文显：《全面推进依法治国的伟大纲领——对十八届四中全会精神的认知与解读》，《法制与社会发展》2015 年第 1 期。

张文显：《习近平法治思想研究（上、中、下）——习近平全面依法治国的核心观点》，《法制与社会发展》2016 年第 2、3、4 期。

张文显：《治国理政的法治理念和法治思维》，《中国社会科学》2017 年第 4 期。

赵莉丹：《论大学生社会主义法治思维方式的培养》，《中国成人教育》2015 年第 9 期。

赵宴群：《论我国大学生宪法教育与法治思维的培养》，《思想理论教育》2015 年第 12 期。

郑永廷、石书臣：《马克思主义人的全面发展理论的丰富与发展》，《马克思主义研究》2002 年第 1 期。

周琴：《市场经济条件下思想政治教育功能的若干思考》，《江西社会科学》2000 年第 4 期。

朱国良：《论大学生法治思维培养的几个着力点》，《思想理论教育导刊》2016 年第 5 期。

朱国良：《在大学生中积极推进法治宣传教育的若干思考》，《思想理论教育导刊》2015 年第 2 期。

David J. Bederman, "Appraising A Century of Scholarship in The American Journal of International Law", *American Journal of International Law*, 1, 2006.

Harold J. Berman, "The Historical Foundation of Law", *Emory Law Journal*, 54, 2005.

J. Flax, "On the Contemporary Politics of Subjectivity", *Human Study*, 4, 1993.

四　博士论文

蔡卫忠:《公民意识养成视阈下的大学生法律教育问题研究》,博士学位论文,山东大学,2014年。

陈洁:《我国大学生法治教育研究》,博士学位论文,复旦大学,2012年。

董节英:《1949—1957年的中国法学教育》,博士学位论文,中共中央党校,2006年。

范春莹:《法律思维研究》,博士学位论文,山东大学,2008年。

宋婷:《建国以来高校法制教育研究》,博士学位论文,南开大学,2013年。

五　报纸文章

刘少奇:《在中国共产党第八次全国代表大会上的政治报告》,《人民日报》1956年9月16日第8版。

江泽民:《关于教育问题的谈话》,《人民日报》2000年3月1日第1版。

江泽民:《高举邓小平理论伟大旗帜,把建设有中国特色社会主义事业全面推向二十一世纪》,《人民日报》1997年9月22日第1版。

胡锦涛:《坚定不移沿着中国特色社会主义道路前进,为全面建成小康社会而奋斗》,《人民日报》2012年11月18日第1版。

胡锦涛:《在人民日报社考察工作时的讲话》,《人民日报》2008年6月21日第4版。

胡锦涛:《在首都各界纪念中华人民共和国宪法公布施行二十周年大会上的讲话》,《人民日报》2002年12月5日第1版。

胡锦涛:《中共中央关于深化文化体制改革推动社会主义文化大发展大繁荣若干重大问题的决定》,《人民日报》2011年10月26日第1版。

习近平:《依法治国依法执政依法行政共同推进,法治国家法治政府法治社会一体建设》,《人民日报》2013年2月25日第1版。

习近平:《坚持依法治国和以德治国相结合,推进国家治理体系和治理能力现代化》,《人民日报》2016年12月11日第1版。

习近平:《中共中央关于全面深化改革若干重大问题的决定》,《人民日报》2013年11月16日第1版。

习近平:《领导干部要做尊法学法守法用法的模范,带动全党全国共同全面推进依法治国》,《人民日报》2015年2月3日第1版。

习近平:《更加科学有效地防治腐败,坚定不移把反腐倡廉建设引向深入》,《人民日报》2013年1月23日第1版。

习近平:《在2015年春节团拜会上的讲话》,《人民日报》2015年2月18日第1版。

习近平:《在首都各界纪念现行宪法公布施行30周年大会上的讲话》,《人民日报》2012年12月5日第2版。

习近平:《中共中央关于全面推进依法治国若干重大问题的决定》,《人民日报》2014年10月29日第1版。

习近平:《切实维护国家安全和社会稳定,为实现奋斗目标营造良好社会环境》,《人民日报》2014年4月27日第1版。

习近平:《决胜全面建成小康社会,夺取新时代中国特色社会主义伟大胜利》,《人民日报》2017年10月28日第1版。

习近平:《坚持正确方向创新方法手段,提高新闻舆论传播引导力》,《人民日报》2016年2月20日第1版。

习近平:《把思想政治工作贯穿教育教学全过程,开创我国高等教育事业发展新局面》,《人民日报》2016年12月9日第1版。

习近平:《立德树人德法兼修抓好法治人才培养,励志勤学刻苦磨炼促进青年成长进步》,《人民日报》2017年5月4日第1版。

习近平:《在全国政协举行新年茶话会上的讲话》,《人民日报》2015年1月1日第2版。

习近平:《切实把思想统一到党的十八届三中全会精神上来》,《人民日报》2014年1月1日第2版。

习近平:《习近平总书记同出席全国两会人大代表、政协委员共商国是纪实》,《人民日报》2015年3月15日第1版。

鲍鹏山:《家风乃吾国之民风》,《光明日报》2014年2月24日第3版。

吴邦国:《全国人民代表大会常务委员会工作报告》,《人民日报》2011年3月10日第1版。

《中共中央关于制定国民经济和社会发展第十三个五年规划的建议》,《人民日报》2015年11月4日第1版。

《中共中央国务院发出〈关于进一步加强和改进大学生思想政治教育的意见〉》,《人民日报》2004年10月15日第1版。

附　　录

附录1：大学生法治思维培育研究调查问卷

亲爱的同学：

　　为调查当代大学生法治思维状况，特设计本问卷，只用于相关问题研究。请认真客观答题，感谢您的支持！

　　1. 你的性别是：A. 男　B. 女
　　2. 你的专业属于：
　　　A. 理工农医　B. 经管法　C. 文史哲　D. 教育
　　3. 你的学历层次是：A. 大一　B. 大二　C. 大三　D. 大四
　　4. 你认为当今社会解决问题的主要方式是什么？
　　　A. 法律　B. 权力　C. 武力　D. 金钱　E. 关系
　　5. 你认为维护社会秩序最有效的方式是什么？
　　　A. 法律　B. 道德　C. 权力　D. 武力
　　6. 你认为什么能对社会和人的行为起到最有效的规范？
　　　A. 法律　B. 道德　C. 礼仪　D. 教养
　　7. 你认为应该用何种方式治理国家？
　　　A. 法治　B. 人治　C. 德治　D. 武力
　　8. 你认为法治对一个国家的发展重要吗？
　　　A. 非常重要　B. 重要　C. 一般　D. 不重要
　　9. 你认为法律跟自己的关系密切吗？
　　　A. 非常密切　B. 密切　C. 一般　D. 可有可无

10. 你对依法治国的政策持什么样的态度？

　　A. 赞同　B. 不赞同　C. 一般　D. 不了解

11. 当你买到有质量问题的商品时，你会怎么办？

　　A. 退货　B. 能用就用，不能用就扔　C. 投诉，通过法律途径解决　D. 靠关系解决

12. 当自身的权益受到损害时，你会寻找哪种方式维护你的权益？

　　A. 法律　B. 权力　C. 武力　D. 默默忍受

13. 你认为法律能维护你的权利吗？

　　A. 能　B. 不能　C. 一般　D. 不知道

14. 你对我国的宪法了解吗？

　　A. 非常了解　B. 不甚了解　C. 不了解

15. 你了解我国的各种实体法吗？

　　A. 非常了解　B. 不甚了解　C. 不了解

16. 你愿意主动去学习法律相关知识吗？

　　A. 会　B. 偶尔会　C. 不会

17. 你觉得开设《思想道德修养与法律基础》课程有必要吗？

　　A. 非常有必要　B. 有必要　C. 没有必要

18. 《思想道德修养与法律基础》课程你认真学习了吗？

　　A. 认真学习了　B. 学习了　C. 根本没学

19. 你学习《思想道德修养与法律基础》课的目的是什么？

　　A. 养成法治思维　B. 掌握法律知识　C. 应付考试

20. 《思想道德修养与法律基础》课程的法律基础部分老师会认真讲授吗？

　　A. 认真讲授　B. 自学　C. 不讲

21. 讲授《思想道德修养与法律基础》课程的老师是法学专业吗？

　　A. 法学专业　B. 非法学专业　C. 不知道

22. 你能从《思想道德修养与法律基础》课程中学到法律知识吗？

　　A. 能学到　B. 学到一点　C. 学不到

23. 《思想道德修养与法律基础》中的法律基础部分有多少课时？

A. 5 课时以下　B. 6—10 课时

C. 11—15 课时　D. 16 课时以上

24. 你们学校对非法学专业的学生还会开设除《思想道德修养与法律基础》之外的法律课程吗？

A. 有　B. 没有　C. 不清楚

25. 你通过哪些渠道获得法律知识？

A. 学校　B. 家庭　C. 社会　D. 自学

26. 谁会传授给你法律知识？

A. 家长　B. 老师　C. 自己　D. 亲朋

27. 在你们学校，《思想道德修养与法律基础》课程除了课堂教学还有相关的法律实践课吗？

A. 有　B. 没有　C. 不清楚

28. 你获得法律知识的方式有哪些？（多选）

A. 课本　B. 广播电视　C. 网络媒体

D. 宣传栏　E. 报纸杂志

29. 你对社会上依法办事的执行状况满意吗？

A. 非常满意　B. 满意　C. 不满意　D. 非常不满意

30. 你对你所在的学校按照规章制度办事的程度满意吗？

A. 非常满意　B. 满意　C. 不满意　D. 非常不满意

附录2：大学生法治思维培育研究访谈提纲

1. 你认为当代大学生在法治思维方面存在哪些问题？
2. 你认为当代大学生在法治思维方面存在问题的原因是什么？
3. 你认为从事大学生法治思维培育的主体应该是谁？
4. 你认为从事大学生法治思维培育的主体应该具备哪些素质？
5. 你认为当代大学生法治思维水平如何？